Vegetarische Rezepte aus Italien

Vegetarische Rezepte aus Italien

Emanuela Stucchi

Vorwort von Lorenza de' Medici
Fotos von Gus Filgate

Christian Verlag

Aus dem Englischen übersetzt von
Susanne Vogel
Redaktion: Silvia Rehder
Korrektur: Britta Muellerbuchhof
Umschlaggestaltung: Horst Bätz
Herstellung: Dieter Lidl
Satz: Satz & Repro Grieb, München

Copyright © 1996 der
deutschsprachigen Ausgabe
by Christian Verlag, München

Die Originalausgabe unter dem Titel
Italian Vegetarian Cooking
wurde erstmals 1994 im Verlag
Pavilion Books Limited, London,
veröffentlicht

Copyright © 1994 für Text und
Rezepte by Emanuela Stucchi-Prinetti

Copyright © 1994 für Fotos
by Gus Filgate

Druck und Bindung: New Interlitho,
Mailand
Printed in Italy

Alle deutschsprachigen Rechte
vorbehalten

ISBN 3-88472-294-8

INHALT

Vorwort von Lorenza de' Medici	6
Einführung	7
DIE WICHTIGSTEN GEMÜSE DER ITALIENISCHEN KÜCHE	8
DIE WICHTIGSTEN FRÜCHTE DER ITALIENISCHEN KÜCHE	22
DER VORRATSSCHRANK FÜR DIE VEGETARISCHE KÜCHE	30
Getreide	32
Getrocknete Hülsenfrüchte	36
Kräuter und Gewürze	39
Käse, Eier und Joghurt	44
Salatsaucen	46
Getränke	49
DIE REZEPTE	50
Vorspeisen	52
Gerichte für den ersten Gang	64
Hauptgerichte	90
Beilagen	112
Desserts	134
Brote und klassische Saucen	151
Register	159

VORWORT

Schon als Kind kam ich in den Genuß ausgezeichneten Essens. Unsere Familienköchin war in ganz Mailand für ihre herrlichen und aufwendigen Menüs berühmt. Blätterteig, Pasteten, Gemüseterrinen und andere Köstlichkeiten aus dem Ofen – alles stammte stets aus eigener Herstellung. Mit der gleichen Sorgfalt und Aufmerksamkeit wurden die täglichen Mahlzeiten zubereitet: leicht und appetitlich, so wie mein Vater es liebte, ein leidenschaftlicher Feinschmecker, der immer wieder neue Rezepte nach Hause mitbrachte, die meine Mutter dann mit großer Sorgfalt in ein Heft übertrug.

Bei meiner Heirat brachte ich diese Wertschätzung guten Essens gewissermaßen als Mitgift in meine eigene Familie ein. Inzwischen waren große Köche vom Aussterben bedroht. Daher nahmen die Familienoberhäupter die Dinge jetzt persönlich in die Hand und machten sich selbst mit den Freuden und Geheimnissen des Kochens vertraut. Genau das tat auch ich, und so konnten meine Kinder, wieder von frühester Jugend an, durch eine gute Küche ihren Geschmack schulen. Sie setzten dann die Familientradition fort und gaben sie ihrerseits an die eigenen Kinder weiter.

Gut kochen zu können ist eine Gabe. Weit höher noch ist aber die Fähigkeit einzuschätzen, sie anderen mitzuteilen. Meine Tochter Emanuela ist nicht nur eine talentierte Köchin, sondern besitzt darüber hinaus die Begabung, diese Kunst zu vermitteln. Mit ihren Rezepten regt sie andere dazu an, an ihrem Können und ihrer Kreativität teilzuhaben. Es erfüllt mich mit besonderem Stolz, mein Vermächtnis in so guten Händen zu wissen. Da sich die Zeiten und auch die Ernährungsgewohnheiten ändern, hat Emanuela dieses Buch speziell der vegetarischen Küche gewidmet. Von jeher hegt sie eine große Vorliebe für Obst und Gemüse, Getreide und getrocknete Hülsenfrüchte, und so lag es für sie nur nahe, ein Buch zu verfassen, das vornehmlich die leichte und gesunde Küche zum Thema hat.

Wie die meisten jungen Menschen ist sie viel herumgekommen, vor allem in den letzten Jahren, seit sie die Badia a Coltibuono, das Familiengut in der Toskana, übernahm. Als Botschafterin italienischer Küche und Weine hat Emanuela immer wieder neue kulinarische Stilrichtungen und Trends kennengelernt, wobei sie der traditionellen italienischen Küche stets verbunden bleibt. Kaum ein Volk ist wohl von seiner eigenen Kochkultur so angetan wie die Italiener, und dies nicht zuletzt weil die italienische Küche so gesund ist.

Lorenza de' Medici

EINFÜHRUNG

Wenn man das Glück hat, wie wir in der herrlichen Toskana zu leben, braucht man die täglichen Mahlzeiten nicht lange zu planen. Ein Gang in den Garten genügt, und man kann sich von der Auswahl reifer Früchte und Gemüse inspirieren lassen. Unser Nutzgarten lädt besonders dazu ein, denn er liegt, einem schön gefaßten Juwel gleich, inmitten von Blumenbeeten.

Meine Mutter liebt die Gartenarbeit und bringt von ihren Reisen in alle Länder der Welt immer wieder Stecklinge oder Samen von interessanten Kräutern und Salatpflanzen mit. Deren Vielfalt hat uns gelehrt, daß der Schlüssel zu einer guten Küche darin liegt, frische Zutaten zu verarbeiten und sie so zu verwenden, daß ihr Aroma voll zur Geltung kommen kann.

Die meisten der hier vorgestellten Rezepte entstammen der überlieferten italienischen Familienküche. Doch auch die neueren Rezepte beruhen mit ihren Vorschlägen, wie Gemüse, Reis, Pasta, Olivenöl und Früchte zu verwenden sind, auf den bewährten Kochtraditionen unseres Landes. Es macht nichts, wenn Sie im Kochen noch wenig Erfahrung besitzen, denn keines der Rezepte birgt größere Schwierigkeiten. Die Einführungstexte zu den einzelnen Kapiteln und Rezepten enthalten Tips dazu, wie Sie oft allein mit aromatischen Kräutern neue und reizvolle Variationen zaubern können. Bei der Verwendung anderer oder zusätzlicher würzender Zutaten ist entscheidend, daß der Gaumen nicht mit einer Fülle von Geschmacksrichtungen überfordert wird.

Das eigentliche Geheimnis der italienischen Küche liegt in ihrer Schlichtheit. Die Zutaten wollen so behandelt werden, daß natürlicher Geschmack und Struktur erhalten bleiben und sie nicht mit zu vielen weiteren Zutaten oder Saucen überdeckt werden. Früchte und Gemüse schmecken grundsätzlich besser, wenn sie an der Sonne gereift und erntefrisch sind. Daher sind Erzeugnisse der jeweiligen Jahreszeit und aus einheimischer Produktion der Importware stets vorzuziehen. Ideal ist es, wenn Sie in der Nähe einen Bauern kennen, der ökologischen Landbau ohne den Einsatz chemischer Unkraut- und Schädlingsbekämpfungsmittel betreibt. Biologische Früchte und Gemüse schmecken einfach besser. Natürlich hat nicht jeder eine solche Bezugsquelle, und außerdem kosten diese Erzeugnisse gewöhnlich mehr als Produkte konventionell arbeitender Betriebe. Glücklicherweise aber besinnen sich immer mehr Bauern wieder auf Anbaumethoden, die zwar erheblich arbeitsintensiver sind, jedoch dem Verbraucher wie auch dem Boden zugute kommen.

Die wichtigsten Gemüse der italienischen Küche

Italien hat ein gemäßigtes Klima mit ganz unterschiedlichen Jahreszeiten. Auf seinen fruchtbaren Böden gedeiht eine schier endlose Vielfalt von Gemüsesorten, und diese Fülle hat die Ernährungsgewohnheiten entscheidend geprägt. Bis nach dem Zweiten Weltkrieg stützte sich Italiens Ökonomie, damals noch relativ unentwikkelt, vor allem auf die Landwirtschaft in Form von Ackerbau, sowie intensivem Obst- und Gemüseanbau. Fleisch hatte Seltenheitswert, und so war auch die italienische Küche vorwiegend vegetarisch ausgerichtet. Das ist auch heute noch grundsätzlich der Fall, obwohl Fleisch inzwischen bei den meisten täglicher Bestandteil der Ernährung ist.

Gemüse gehört zu den besten Lieferanten von Vitaminen, Mineral- und Ballaststoffen, die wir kennen. Wegen seines Ballaststoffgehalts ist Gemüse auch für alle, die abnehmen möchten, zu empfehlen, da es schon bei relativ geringer Kalorienzufuhr ein angenehmes Sättigungsgefühl vermittelt. Seitdem man erkannt hat, daß die Mittelmeerküche nicht nur ausgezeichnet schmeckt, sondern dank ihres reichhaltigen Angebots an Gemüsegerichten auch ausgesprochen gesund ist, wird sie immer beliebter und populärer.

Bei der Auswahl von Gemüse kommt es vor allem darauf an, zu wissen, wann die richtige Saison ist. Im allgemeinen erkennt man gute Ware an ihrer Frische, Reife und festen Beschaffenheit. Viele Gemüsesorten müssen nicht unbedingt im Kühlschrank gelagert werden, sondern sind an einem kühlen, luftigen Ort am besten aufgehoben.

Artischocke

Aubergine

Dicke Bohne

Grüne Bohne

Erbse

Broccoli

Blumenkohl

Rosenkohl

Kohl

Kardone

Bleichsellerie

Möhre

Gurke

Fenchel

Knoblauch

Lauch

Pilze

Zwiebel

Gemüsepaprika

Kartoffel

Blattsalat

Spinat

Kürbis

Mangold

Tomate

Weiße Rübe

DIE WICHTIGSTEN GEMÜSE DER ITALIENISCHEN KÜCHE

ARTISCHOCKE
Carciofo

Dieses besondere Gemüse enthält viele Nährstoffe wie Natrium, Kalium, Vitamin B1 und Vitamin C sowie Ballaststoffe. Sein leicht bitterer Geschmack deutet schon auf seine Heilkräfte hin, die sich bei Magen-, Galle- und Leberleiden bewähren. Artischocken sind roh wie gekocht gleichermaßen köstlich. Für den Rohverzehr eignen sich die kleinen, meist länglichen Exemplare, solange sie noch jung und zart sind, während die größeren, runden immer gekocht werden müssen. Achten Sie beim Kauf darauf, daß die Blätter glatt anliegen und die Köpfe sich fest anfühlen. Außer bei sehr kleinen Exemplaren muß grundsätzlich das Heu aus dem Inneren entfernt werden, was gewöhnlich nach dem Kochen geschieht.

Roh werden Artischocken mit Olivenöl und Salz angemacht oder, in Scheiben geschnitten, mit gehobeltem Parmesan als Salat serviert. Beide Versionen munden ausgezeichnet zum ersten Gang. Gekochte Artischocken serviert man entweder im ganzen, oder man verwendet nur den fleischigen Boden. Da aufgeschnittene Artischocken schnell dunkel anlaufen, gibt man sie bis zur Verwendung in eine Schüssel mit Wasser, das mit einigen Tropfen Zitronensaft gesäuert wurde.

AUBERGINE
Melanzana

Wie die Tomate und die Kartoffel gehört auch die Aubergine zur Familie der Solanazeen oder Nachtschattengewächse. Der Nährwert dieser kalorienarmen und sehr wohlschmeckenden Frucht, ist eher bescheiden, da sie zu 92% aus Wasser besteht. Sie enthält einige Mineralstoffe wie Kalzium und Eisen sowie Vitamine der B-Gruppe und Vitamin C.

In Süditalien trägt sie den Spitznamen »Fleisch des armen Mannes«, und tatsächlich bildet sie mit ihrer fleischähnlichen Konsistenz eine reizvolle Bereicherung für vegetarische Gerichte. Geschmort oder gegrillt paßt sie auch vorzüglich zu Reis- und Pastagerichten.

Um ihnen die Bitterstoffe zu entziehen und sie leichter verdaulich zu machen, schneidet man Auberginen in Scheiben, bestreut sie mit Salz, läßt sie etwa eine halbe Stunde Wasser ziehen, spült sie dann ab und tupft sie trocken. Bei jungen Früchten ist diese Prozedur nicht unbedingt erforderlich. Auberginen laufen schnell dunkel an und werden daher erst möglichst kurz vor der Verwendung aufgeschnitten.

DICKE BOHNE, GRÜNE BOHNE UND ERBSE
Fava, Fagiolino e Pisello

In Italien werden die ganz jungen dicken Bohnen gerne roh gegessen, und so ist ihr Erscheinen auf den Gemüseständen der Märkte das Zeichen, daß der Frühling gekommen ist. Gleichzeitig gibt es zu dieser Jahreszeit frischen Pecorino, denn jetzt sind die Lämmchen geboren, und die Mutterschafe haben reichlich Milch. Die Kombination aus jungen dicken Bohnen und frischem Pecorino ist etwa so unwiderstehlich wie vollreife Kirschen: Man kann einfach nicht mehr aufhören.

Wie alle Bohnen sind dicke Bohnen eine ergiebige Quelle von Vitaminen des B-Komplexes und Ballaststoffen.

Grüne Bohnen enthalten kaum Kalorien, dafür aber reichlich Ballaststoffe sowie Vitamine, Mineralstoffe und Spurenelemente.

Absolut köstlich schmecken grüne Bohnen, gedämpft und kalt, zusammen mit anderen Gemüsen als Salat serviert. Gern werden sie auch mit gekochten Kartoffeln kombiniert. Nach dem Waschen mit etwas Tropfwasser in eine Schüssel gegeben und mit feuchtem Küchenpapier abgedeckt, halten sie sich gut im Kühlschrank. Ob gedämpft oder gekocht, sind sie sehr schnell gar. Damit sie ihre knackige Konsistenz und intensiv grüne Farbe behalten, braust man sie nach dem Abgießen sogleich mit kaltem Wasser ab. Unwiderstehlich schmecken sie mit Grüner Sauce (siehe Seite 155).

Erbsen, besonders frische, sind in Italien sehr beliebt: Mit ihrem süßlichen Geschmack runden sie als Beilage die verschiedensten Speisen gelungen ab. Sie sind auch Bestandteil des klassischen Reisgerichts »risi e bisi« oder werden, mit Nudeln und Béchamelsauce gemischt, gratiniert. Sie bereichern Gemüseterrinen und viele weitere Gerichte.

Die begehrtesten sind die ganz jungen Erbsen, die noch sehr süß und nicht mehlig sind. Sie können in ganz wenig Wasser gegart und dann beispielsweise zu gebratenen Zwiebeln gegeben werden. Je eine Prise Zucker und Salz unterstreichen ihre Süße und intensivieren ihren Geschmack. Das ideale Küchenkraut für Erbsen ist Estragon.

Erbsen büßen beim Einfrieren kaum etwas von ihrem Aroma ein, so daß man ruhig eine kleine Notreserve in der Tiefkühltruhe einlagern sollte.

Mit ihrem Anteil an Ballaststoffen und ihrer äußerst ausgeglichenen Nährstoffbilanz – biologisch hochwertiges Eiweiß, Mineralstoffe, B-Vitamine, Vitamin E sowie Kohlenhydrate – verdienen sie einen festen Platz im Speiseplan.

BROCCOLI, BLUMENKOHL UND ROSENKOHL
Broccolo, Cavolfiore e Cavolini

Diese Gemüse, alle Mitglieder der Gattung *Brassica*, zeichnen sich durch einen hohen Gehalt an Kalium, Vitamin C und Karotin und einen gewissen – allerdings minimalen – Fettanteil aus.

Broccoli ist mit seinem Gehalt an Eiweiß, Mineralstoffen und besonders an Vitaminen der bei weitem nährstoffreichste unter diesen Kohlsorten. Darüberhinaus läßt er sich vielseitig zubereiten. Seine eigentliche Saison ist der Sommer. Achten Sie beim Kauf auf kompakte, geschlossene Röschen mit dunkelgrüner Färbung und feste Stiele. Die Zubereitung von Broccoli ist denkbar einfach. Nach einem köstlichen Rezept, das in Apulien sehr populär ist, werden die Röschen zusammen mit Pasta unter Zugabe von etwas Öl und Salz gekocht, abgegossen, mit gutem Olivenöl, das mit etwas Knob-

lauch und Peperoncino gewürzt wurde, vermischt und mit frisch geriebenem Pecorino serviert.

Auch Blumenkohl ist in der italienischen Küche sehr beliebt und kommt, ob zum ersten Gang oder als herzhaftes Hauptgericht, vor allem im Winter auf den Tisch.

Der wie Mini-Kohlköpfe aussehende Rosenkohl schmeckt gehobelt in einem Rohkostsalat ebenso köstlich wie gekocht. Bei überlanger Garzeit nimmt er jedoch einen überaus unangenehmen Geschmack an.

Um den oft leicht strengen Geruch zu mildern, den alle Kohlsorten beim Kochen entwickeln, gibt man etwas Essig ins Wasser. Die Stiele an der Basis tief kreuzförmig einschneiden, damit sie genauso schnell garen wie die Röschen oder Köpfe.

KOHL
CAVOLO

In den Blättern des Wirsingkohls verbirgt sich ein reicher Vorrat an wertvollen Vitaminen – besonders Vitamin C – und Mineralstoffen wie Eisen, Kalium und Phosphor, außerdem ein Schwefelöl, das im Kochgeruch nur allzu deutlich hervortritt. Dieser Effekt läßt sich mildern, indem man Bleichsellerie mitkocht.

In ganz Italien bereitet man Kohl auf vielerlei Arten zu. Weißkohl wird, in sehr feine Streifen geschnitten, als Salat gegessen (siehe Seite 62). Roh oder auch gekocht als Bestandteil von Suppen kommt Rotkohl auf den Tisch. Der fast nur in der Toskana angebaute Schwarzkohl ist aus der *ribollita*, einer herzhaften Bohnensuppe, nicht wegzudenken. Die langen Blätter werden in leicht gesalzenem Wasser gekocht, abgegossen und in Suppentellern auf mit Knoblauch eingeriebenen Brotscheiben angerichtet.

KARDONE UND BLEICHSELLERIE
CARDO E SEDANO

Die Kardone, die wie eine große Selleriestaude aussieht, hat von der Wintermitte bis ins zeitige Frühjahr Saison. Ihre langen, silbrig-grünen Stiele müssen mindestens eine halbe Stunde kochen, bis sie gar sind. Mit ihrer leicht bitteren Note bereichern sie die verschiedensten Gerichte.

Köstlich schmecken sie, in kleine Stücke geschnitten und wie Kartoffeln im Ofen gegart. Sie müssen so lange gebacken werden, bis sie fast angebrannt sind. Sehr lecker schmecken Kardonen auch, gekocht, mit Béchamelsauce überzogen und gratiniert. Kardonen enthalten etwas Vitamin C und relativ viel Kalium, Kalzium und Eisen.

Bleichsellerie ist eine entscheidende Zutat des *soffritto* (siehe Seite 156), Basis zahlloser traditioneller italienischer Saucen, Suppen und anderer Gerichte mehr. Ebenso kann man Selleriestangen mit einem Dip aus Frischkäse oder Bohnenpüree genießen. Zusammen mit Fenchel, Karotten und Frühlingszwiebeln gehören sie zum *pinzimonio*, einer traditionellen Vorspeise, bei der man rohes Gemüse in gutes, mit Salz und Pfeffer gewürztes Olivenöl tunkt.

DIE WICHTIGSTEN GEMÜSE DER ITALIENISCHEN KÜCHE

MÖHRE
Carota

Sie ist eine ergiebige Quelle von Karotin, aus dem der menschliche Körper Vitamin A erzeugt, das für Haut und Schleimhäute und besonders für die Sehkraft so wichtig ist.

Ihr hoher Ballaststoffanteil macht rohe Möhren zu einem gesunden, sättigenden Snack, und dank ihres erheblichen Zuckergehalts nehmen sie Kindern das Verlangen nach Süßigkeiten.

Biologisch angebaute Möhren besitzen einen besonders feinen Geschmack. Bei jungen Exemplaren kann man sogar die zarten Blätter für einen leichten Salat verwerten.

Wählen Sie Möhren von sattem Orange und fester Konsistenz. Köstlich schmecken sie, einfach gerieben oder in hauchfeine Scheiben geschnitten und in gutem Olivenöl und Zitronensaft mariniert.

GURKE
Cetriolo

Die äußerst erfrischenden Gurken passen vorzüglich zu Blattsalat. Als Appetithappen können Gurken in Scheiben geschnitten und einfach mit Dill, Zitronensaft und Olivenöl angemacht werden. Sehr schmackhaft ist auch eine der griechischen Küche entlehnte Zubereitung, bei der Gurkenscheiben oder -würfel mit Öl, Naturjoghurt, Knoblauchscheiben und einigen Minzeblättern vermischt werden. Gurkensuppe ist ein delikater, leichter ersten Gang: Gehackte Gurke mit einigen Kartoffelstücken mit Wasser und Milch zu gleichen Teilen bedecken und leise köchelnd garen; pürieren und vor dem Servieren mit etwas Weißwein aromatisieren. Gurkensaft ist ein wirksames Tonikum für die Haut.

DIE WICHTIGSTEN GEMÜSE DER ITALIENISCHEN KÜCHE

FENCHEL
FINOCCHIO

Mit seinem intensiven, anisartigen Geschmack spielt dieses Gemüse in zahlreichen herzhaften Gerichten der vegetarischen Küche die Hauptrolle.

Ein klassischer Risotto mit Fenchel, in Scheiben geschnitten und mit Zwiebeln angebräunt, gibt ein wundervolles Hauptgericht ab. Einige Fenchelsamen, gegen Ende des Garvorgangs hinzugefügt, runden den Geschmack perfekt ab.

Fenchel ist reich an Vitaminen und Mineralstoffen.

KNOBLAUCH
AGLIO

Knoblauch ist bekannt für seine gesundheitsfördernden Eigenschaften. Es ist wissenschaftlich belegt, daß er die Entwicklung vieler Bakterien unterbindet. Allerdings muß man wohl, damit dieser Effekt zum Tragen kommt, etwa zehn bis zwölf Zehen pro Tag essen! Auch wenn eine Erkältung naht, hilft Knoblauch dank seines Vitamin-C-Gehalts. Darüber hinaus haben Untersuchungen seine positive Wirkung bei Herzproblemen erwiesen.

Manche empfinden die Knoblauch-»Fahne« als unangenehm, doch verringert sich diese Reaktion bei regelmäßigem Knoblauchverzehr. Außerdem läßt sich das Aroma neutralisieren, indem man etwas frische Petersilie oder einige Kaffeebohnen kaut. Trotz allem sollte man Knoblauch vor einem Konzertbesuch besser meiden!

In der Küche ist Knoblauch der König: Der Duft, den er in der Pfanne entfaltet, weckt Appetit, und sein Geschmack darf bei vielen Suppen, Eintöpfen und Pastasaucen einfach nicht fehlen. In zahlreichen Saucen wird er roh verwendet. Wem er so nicht gut bekommt, der reibe statt dessen das Serviergefäß mit einer geschälten Zehe ein. So erhält man das Aroma bei gleichzeitiger absoluter Bekömmlichkeit.

LAUCH
PORRO

Lauch ist äußerst nährstoffreich und delikat. Sein feiner Geschmack ist etwas lieblicher als der von Frühlingszwiebeln, und er ist viel leichter verdaulich. Das zarte weiße Innere kann roh gegessen werden.

Gekochter Lauch harmoniert besonders gut mit Eiern. Probieren Sie das Rezept für Mangoldtorte (Seite 92) einmal mit Lauch aus. Er wird zunächst leicht vorgekocht und dann mit Ei und Ricotta gebunden. Gut schmeckt Lauch auch, gedämpft und mit gutem Olivenöl und Zitronensaft angemacht.

PILZE
FUNGHI

Wildpilze mit ihren intensiven erdigen Aromen sind ein herrliches Geschenk der Natur. Für die meisten sind frische Wildpilze aufgrund ihrer hohen Preise ein seltener Genuß. Sie selbst aufzustöbern ist jedoch nur unter sachkundiger Führung ratsam, da schon ein kleines Versehen schwere Folgen haben kann.

Wichtig ist bei Wildpilzen, daß man Stiel und Hut sorgfältig inspiziert. Denn auch viele wilde Tiere sind ganz gierig nach ihnen, und durch die Bißstellen dringen mitunter Würmer ein und fressen sie von innen an. Pflücken Sie die Pilze einzeln nach vorheriger genauer Betrachtung.

Wildpilze müssen nicht gewaschen, sondern nur behutsam mit einem Tuch abgewischt und schadhafte Stellen geschält oder herausgeschnitten werden. Man gart sie nur kurz und mit wenigen würzenden Zutaten, etwa einem Hauch Knoblauch und etwas gutem Olivenöl. Sie lassen sich auch hervorragend mit etwas Butter und Zitronensaft braten oder mit Rosmarin und Petersilie grillen. Wenn sie nicht von makelloser Qualität sind, kann man sie mit Zwiebeln, Butter, Rosmarin und einem kleinen Lorbeerblatt schmoren. Gute, hausgemachte Pasta verlangt förmlich nach Steinpilzen, die einfach in Scheiben geschnitten und mit Butter gebraten werden. Die Aromen sind so komplex und intensiv, daß außer Salz und Pfeffer keine weitere Würze nötig ist.

Getrocknete Pilze sind eine nützliche Zutat für Eintöpfe und Füllungen. Sie müssen lediglich etwa 20 Minuten in warmem Wasser eingeweicht werden. Das Wasser bildet – sorgfältig durchgeseiht, da es kleine Erdpartikel enthalten kann – eine vorzügliche Grundlage für Suppen und Saucen.

Wenn Wildpilze nicht verfügbar sind, bilden frische Zuchtpilze eine gute Alternative. Da sie weniger fest sind, haben sie kürzere Garzeiten. Normale Zuchtpilze können mit Weißwein geschmort, püriert und zur Geschmacksverfeinerung an Saucen und Würzmischungen gegeben werden. Da Zuchtpilze weniger geschmacksintensiv als ihre wilden Verwandten sind, empfiehlt sich die Zugabe von Kräutern und Gewürzen. Gut passen Knoblauch, Thymian, Oregano und Minze, um nur einige zu nennen.

ZWIEBEL
CIPOLLA

Die schlichte Zwiebel bildet die Grundlage beinahe jeden herzhaften Gerichts. Sie kann gekocht, gedämpft, gebraten, geschmort oder im Ofen gegart werden, bereichert Pizzas und Pasta. Frühlingszwiebeln – eine besonders zarte, kleine und feine Zwiebelsorte, die nicht nur im Frühjahr auf dem Markt ist – werden oft an Salate gegeben.

Zwiebeln sollten makellos aussehen, sich fest anfühlen und noch nicht ausgetrieben haben. Sie sind ein gesundes Gemüse, das zahlreiche Körperfunktionen unterstützt.

GEMÜSEPAPRIKA
Peperone

Die roten, gelben, orangefarbenen oder auch grünen Schoten sind außerordentlich vielseitig und schmackhaft. Ihre leuchtenden Farben beleben Salate, Pasta- und Reisgerichte oder auch Suppen. Man kann sie mit unterschiedlichen Füllungen zubereiten und im Ofen überbacken. Ein besonders köstliches Aroma entwickeln sie, wenn man sie im Ofen röstet. Anschließend mit Olivenöl beträufelt, mit Knoblauch und Petersilie gewürzt und auf Röstbrot serviert, ergeben sie eine wundervolle, herzhafte Vorspeise (siehe Seite 54). So zubereitet lassen sie sich gut im Kühlschrank aufbewahren. Ihr Geschmack verbessert sich sogar im Laufe der nächsten Tage noch. In dem Rezept auf Seite 88 lassen sich die Tomaten durch Paprikaschoten ersetzen, wobei die Reisfüllung dann häufig mit etwas Gemüsebrühe beträufelt wird.

Gemüsepaprika zeichnet sich durch einen hohen Vitamin-C-Gehalt aus: Jede Schote besitzt ebensoviel von diesem kostbaren Vitamin wie zwei Orangen.

KARTOFFEL
Patata

Dieses Gemüse erlebt derzeit eine Aufwertung. Reich an Ballast- und Nährstoffen, liefert die Kartoffel einen wertvollen Beitrag zu einer ausgewogenen vegetarischen Ernährung. Bratkartoffeln schmecken köstlich, sollten aber nicht zu häufig auf dem Speiseplan stehen, da sie viel Fett aufnehmen können. (Aus diesem Grund sollte hochwertiges Öl verwendet werden, möglichst natives Olivenöl extra.) Da Kartoffeln beim Kochen viele ihrer Nährstofffe einbüßen, werden sie besser gedämpft.

Sie sollten erst unmittelbar vor dem Kochen zerteilt werden, da die Schnittstellen schnell dunkel anlaufen. Exemplare mit Grünfärbung oder Keimen werden aussortiert.

DIE WICHTIGSTEN GEMÜSE DER ITALIENISCHEN KÜCHE

BLATTSALAT
INSALATA

Salat kommt in Italien täglich auf den Tisch. Die Auswahl reicht von Kopfsalat in einer seiner zahlreichen Varianten über Zichorienarten wie Chicorée und Frisée bis zu den besonders aromatischen Sorten wie Brunnenkresse und Rucola.

Beliebt ist auch Radicchio – ebenfalls eine Zichorienart –, nicht nur seines leicht bitteren Geschmacks und seiner knackigen Blätter wegen. Das in ihm enthaltene konzentrierte Eisen kann leichter aufgenommen werden als das im Spinat.

Es ist empfehlenswert, bei jeder Hauptmahlzeit einen Salat zu servieren, um die Ausgewogenheit zwischen rohem und gekochtem Gemüse zu sichern. Wählen sie knackige, zarte Blätter von intensivem Geschmack, die Sie gründlich, aber zügig waschen – bei zu langem Wässern werden alle Vitamine ausgeschwemmt.

SPINAT
SPINACI

Dieser wichtige Vertreter der grünen Blattgemüse ist wegen seiner ausgeprägten mineralisch-würzigen Note äußerst geschätzt. Er enthält neben Mineralstoffen viel Vitamin C und auch Eisen, das der Organismus jedoch aufgrund der zugleich vorhandenen Oxalsäure nur zu zwei bis fünf Prozent verwerten kann.

Spinat schmeckt roh ausgezeichnet. Dafür verwendet man nur die kleinen, zarten Blätter aus der Mitte, die man mit verschiedensten anderen Gemüsen mischen kann.

Um Spinat zu kochen, gibt man die in reichlich Wasser gründlich gewaschenen Blätter leicht abgeschüttelt in einen Topf mit Deckel. Weitere Flüssigkeit ist nicht erforderlich – das anhaftende Tropfwasser genügt. Wenn die Blätter zusammengefallen sind, läßt man sie gründlich abtropfen und dünstet sie dann in etwas Butter. Mit etwas frisch geriebenem Parmesan und einer Prise Muskatnuß gewürzt, ist gedünsteter Spinat in Kombination mit Kartoffelpüree eine beliebte Beilage zu zahlreichen Hauptgerichten.

DIE WICHTIGSTEN GEMÜSE DER ITALIENISCHEN KÜCHE

KÜRBIS
Zucca

Dieses vielseitige Gartengemüse ist sehr ballaststoffreich. Sommerkürbisse mit eßbarer Schale wie Zucchini und Squash oder Patisson versorgen den Organismus zugleich mit Vitamin C, während hartschalige Winterkürbisse, Garten- und Birnenkürbis etwa, Provitamin A enthalten. Alle Kürbisse stellen dem Körper Kalium zur Verfügung.

Der leuchtende Orangeton des Gartenkürbis und anderer Arten macht sich hübsch in Suppen und Risottos. Aus Kürbissen läßt sich auch ein leckeres Püree bereiten, das mit etwas Currypulver eine würzige Note erhält.

In der norditalienischen Poebene wird Gartenkürbis zur köstlichsten Tortelli-Füllung verarbeitet, die man sich vorstellen kann. Bei einem Besuch in dieser Gegend sollte man unbedingt in einem Restaurant nach dieser Spezialität fragen, die nirgends so samtig und delikat schmeckt wie hier.

Zucchini, ein sehr beliebtes Mitglied der Kürbisfamilie, sind leicht im Garten anzubauen und lassen sich roh, gekocht oder gebraten äußerst abwechslungsreich zubereiten. Die kleinen Exemplare schmecken, roh gerieben und mit etwas Olivenöl und Minze angemacht, geradezu traumhaft.

Auch Zucchiniblüten sind in der italienischen Küche sehr geschätzt: Mit ihrer leuchtenden Farbe und dekorativen Form beleben sie jeden Salat, und als Bestandteil des *soffritto* (siehe Seite 156) verleihen sie Tomatensaucen ein apartes Aroma. Gerne werden sie auch eingelegt oder delikat gefüllt. In einem leichten Ausbackteig fritiert, schmecken sie besonders köstlich.

MANGOLD
Bietola

Einen höheren Nährwert, als die großen grünen Blätter besitzen, könnte man von einem Gemüse kaum erwarten. Mangold gehört zur gleichen Art wie rote Beten, den *Beta*-Rüben – auch wenn von ihm nicht die Wurzelknollen sondern die Blätter und Blattrippen verwendet werden – und zur gleichen Familie wie Spinat.

Mangold ist nicht nur reich an Provitamin A, Vitamin C und Eisen, sondern enthält auch viel Protein. Halten Sie auf dem Markt Ausschau nach Stauden von intensiv grüner Farbe, und machen Sie um solche mit schlaffen, welken Blättern einen Bogen. Mangold wird beinahe ganzjährig frisch angeboten, läßt sich aber auch gut einfrieren.

Das Dämpfen oder Kochen in wenig Wasser nimmt nur einige Minuten in Anspruch. Mit gutem Olivenöl und Zitronensaft angemacht, kommt der feine Geschmack am besten zur Geltung. Sehr gut schmeckt Mangold auch, mit etwas Knoblauch und *peperoncino* in Öl gedünstet.

DIE WICHTIGSTEN GEMÜSE DER ITALIENISCHEN KÜCHE

TOMATE
POMODORO

Als unverzichtbare Grundlage von Saucen, Suppen und zahllosen anderen Gerichten ist die Tomate die Herrscherin der italienischen Küche. Im allgemeinen eignen sich runde Tomaten am besten zum Rohverzehr. Sie sollten dünnschalig, von leuchtendem Rot und möglichst kernarm sein. Eiertomaten werden üblicherweise für Saucen verwendet.

Mit ihrem Gehalt an Vitamin A, B und C sowie Mineralstoffen (Kalium, Eisen und Phosphor) sind Tomaten sehr gesund, und wenn sie richtig reif sind, besitzen sie ein wundervolles Aroma. Sie müssen nicht im Kühlschrank gelagert werden.

Eiertomaten lassen sich gut für den Winter konservieren. Sie werden lediglich gewaschen und ohne weitere Behandlung zusammen mit einem Basilikumstengel eingefroren. Vor der Zubereitung taucht man sie einige Sekunden in kochendes Wasser, zieht dann die Haut ab und läßt sie in einem Topf bei schwacher Hitze auftauen. Sobald sie weich sind, gibt man ein *soffritto* (siehe Seite 156) hinzu, und im Nu ist eine köstliche Sauce fertig.

WEISSE RÜBE
RAPA

Überraschenderweise gehört sie zur Kohlfamilie. Sie gilt als einfaches Gemüse, besticht aber durch ihr süßliches Aroma, gepaart mit erdigen und würzigen Nuancen. Wählen Sie kleine bis mittelgroße Exemplare – große weiße Rüben sind zu faserig und streng im Geschmack. Kleinere Exemplare müssen nicht einmal geschält werden.

Weiße Rüben finden sich häufig in einer *minestrone* (Gemüsesuppe), sind aber auch gedämpft oder gedünstet köstlich, und die ganz kleinen Exemplare schmecken roh in Salaten ausgezeichnet. Als Marinade paßt gut eine Mischung aus Olivenöl und Zitronensaft, in der einige zerdrückte Wacholderbeeren eine Zeitlang gezogen haben. Mit ihrem Vitamin-C-Gehalt liegen weiße Rüben im Mittelfeld.

Die wichtigsten Früchte der italienischen Küche

In der klassischen italienischen Speisenfolge bilden Früchte den Abschluß einer Mahlzeit. Doch wer sich gesundheitsbewußt ernähren will, ist von diesem Brauch abgekommen. Man hat herausgefunden, daß Obst besser verdaut wird, wenn es nicht lange im Magen verweilt. Die für eine gute Verwertung notwendigen Enzyme stehen dann zur Verfügung, wenn der Magen leer ist. Am Ende der Mahlzeit gegessen, stört Obst dagegen die Aufspaltung von Stärken – mit dem Ergebnis, daß sich infolge von Gärprozessen ein Völlegefühl einstellt. Gegarte Früchte werden indes mühelos vom Organismus verwertet, sind allerdings meist nicht gerade ein Schlankmacher. Honig statt Zucker ist eine schmackhafte und gesündere, aber nicht minder kalorienreiche Alternative bei ihrer Zubereitung.

Die italienische Küche kennt eine Vielzahl von Obstkuchen und -torten und ist berühmt für ihre Fruchtsorbets und Eiscremes. Eine andere Art, das reichhaltige Angebot sommerlicher Früchte zu nutzen, ist das Einmachen. Bei der eigenen Herstellung von Konfitüren, Gelees und anderen Konserven ist die Qualität der Zutaten garantiert, und man kann selbst entscheiden, was man zum Süßen verwendet. Neben Obst werden überall auf der italienischen Halbinsel auch Walnüsse, Haselnüsse, Kastanien, Mandeln und Pinienkerne großflächig angebaut. Sie werden in der Landesküche mit Begeisterung verwendet und verleihen den verschiedensten Gerichten eine unverwechselbare geschmackliche Note und Konsistenz.

Apfel

Aprikose

Banane

Beeren und Kirschen

Birne

Erdbeere

Feige

Marone

Melone

Pflaume

Zitrusfrüchte

DIE WICHTIGSTEN FRÜCHTE DER ITALIENISCHEN KÜCHE

APFEL
Mela

Während Äpfel bisher allgemein als sättigend galten, sollen sie neuen Forschungsergebnissen zufolge die Verdauungstätigkeit anregen.

Der Markt bietet unzählige verschiedene Sorten und Qualitäten, die ganz allgemein je nach Konsistenz und Säuregehalt in Tafeläpfel und Kochäpfel unterschieden werden. Die mehligen Sorten eignen sich ideal zum Kochen und Backen, für Füllungen und Apfelsauce, saftige Äpfel dagegen schmecken am besten roh in Obstsalaten oder pikanten Kombinationen. Nach dem Aufschneiden werden sie stets mit etwas Zitronensaft beträufelt, damit sie sich nicht unansehnlich dunkel verfärben.

APRIKOSE
Albicocca

Der Aprikosenbaum hat die kuriose Angewohnheit, alle drei Jahre Rekordernten zu liefern. Diese Schwemme wird in Italien zu köstlicher Konfitüre verarbeitet.

Aprikosen sind außerordentlich gesund und damit eine wertvolle Bereicherung für eine abwechslungsreiche Ernährung. Sie sind ein ergiebiger Lieferant von Provitamin A, was man an ihrem lebhaften Gelborange erkennt, einem untrüglichen Zeichen für einen hohen Karotingehalt. Zugleich enthalten sie reichlich Vitamin C, Kalium und Eisen.

Getrocknete Aprikosen, köstlich als sättigende Knabberei zwischendurch, sind nährstoff- und ballaststoffreicher als die frischen Früchte. Dabei sollte man jedoch nicht vergessen, daß auch der Zuckeranteil von Trockenobst das Vier- bis Fünffache frischer Früchte beträgt. Aprikosen aus der Dose sind meist viel zu stark gesüßt.

BANANE
Banana

Bananen lassen sich nicht gut im Kühlschrank lagern, sind dafür aber eine der wenigen Obstsorten, die gut nachreifen. Sie enthalten extrem viel Kalium und beugen Beinkrämpfen vor, wie sie beispielsweise in der Schwangerschaft wegen Mangel an Kalium häufig auftreten. Darüber hinaus sind sie reich an Magnesium, Vitaminen und Ballaststoffen.

Sie schmecken lecker in Obstsalaten, sind Bestandteil vieler Desserts und ein gesunde Zwischenmahlzeit für Kinder. Probieren Sie sie einmal, im Mixer mit Honig und Joghurt verrührt.

BEEREN UND KIRSCHEN
Frutti di Bosco e Ciliegie

Erstaunlicherweise sind Beeren sehr ballaststoffreich. Und sie enthalten viel Vitamin C: Erdbeeren etwa können es durchaus mit Orangen aufnehmen.

Aufgrund ihrer so unterschiedlichen Aromen werden die diversen Beerenarten für die verschiedensten Kuchen, Torten, Fruchtsalate, Eiscremes und Puddings verwendet. Beeren werden im Kühlschrank aufbewahrt und, damit sie nicht matschig werden, erst im letzten Moment und nicht zu lange gewaschen und danach trokkengetupft. Ich lege Erdbeeren gern in Weißwein ein und wälze sie anschließend in Zucker. Die meisten Beerenarten lassen sich gut einfrieren. Als Püree serviert, entfalten sie ein wunderbares Aroma und wecken im Winter Erinnerungen an die warme Jahreszeit.

Daß sie einfach »nach mehr schmecken«, sagt man Kirschen nach, was besonders auf die dunklen, beinahe schwarzen mit ihrem unwiderstehlichen, vollen und süßen Aroma zutrifft. Sortieren Sie schadhafte Exemplare gleich aus, da sie die übrigen rasch infizieren können.

Kirschen sind untrennbar mit dem herannahenden Sommer verbunden. Roh wie gegart, ob in Form von fruchtigen Konfitüren und Konserven, zu Eiscreme serviert oder als Kuchenbelag, schmecken sie gleichermaßen köstlich. Mit etwas Zucker zerdrückt, über Nacht mariniert und anschließend gebacken, ergeben sie ein wundervolles Dessert, und frischer Kirschsaft schmeckt einfach himmlisch.

DIE WICHTIGSTEN FRÜCHTE DER ITALIENISCHEN KÜCHE

MARONE
CASTAGNA

In Italien sind Maronen in den verschiedensten Zubereitungsarten sehr beliebt. Das bekannteste Rezept und ein Favorit aller Kinder ist der »Mont Blanc« (siehe Seite 138). Seine Zubereitung erfordert zwar Zeit, ist aber denkbar einfach, und man muß ihn einmal probiert haben! Manchmal findet man in Bäckereien eine Variante dieses Desserts, allerdings mit Maronenkonfitüre hergestellt. Wer jedoch die Urversion gekostet hat, gibt sich mit derlei Imitationen nicht mehr zufrieden. Probierenswert ist auch der *castagnaccio*, zu deutsch Maronenkuchen (siehe Seite 140), eine toskanische Spezialität. Darüber hinaus werden Maronen für Füllungen verwendet und an Suppen gegeben.

Alle Nußfrüchte sind reich an Kohlenhydraten, Ballaststoffen und Protein. Maronen enthalten besonders viel Stärke. Läßt man frisch gesammelte Maronen ein paar Tage trocknen, verzuckert ein Teil der Stärke und die Maronen schmecken süßer.

ZITRUSFRÜCHTE
LIMONI E ARANCE

Die gesundheitlichen Vorzüge von Zitrusfrüchten bedürfen heute keiner weiteren Erläuterung mehr: Insbesondere ihr hoher Vitamin-C-Gehalt ist inzwischen hinlänglich bekannt.

Zitronen können in der Küche vielerlei Zwecken dienen. Eine ihrer nützlichen Eigenschaften besteht darin, daß sie der Oxidation entgegenwirken: Schon einige Tropfen verhindern, daß Äpfel, Bananen, Artischocken und viele andere Früchte und Gemüse im Kontakt mit der Luft dunkel anlaufen. Weiterhin bildet Zitronensaft in Dressings mit gutem Olivenöl eine Alternative zu Essig, die besonders mit bitteren Blattsalaten wie Radicchio oder Spinat harmoniert. Vorzüglich paßt er auch zu *la mesticanza*, einer besonderen Mischung von

DIE WICHTIGSTEN FRÜCHTE DER ITALIENISCHEN KÜCHE

FEIGE
FICO

Im Sommer erfüllt der wunderschöne Feigenbaum die Luft mit seinem unverkennbaren Duft. Häufig werden die voll ausgereiften Früchte mit Parmaschinken serviert, doch munden sie auch exzellent zu frischem Ziegenkäse oder in Kombination mit Ricotta zum Dessert. Feigenkonfitüre ist ein Klassiker und besonders denen zu empfehlen, die keine zu süßen Marmeladen mögen – die Feigen werden mit grünen Zitronen gekocht.

Frisch wie getrocknet sind Feigen wertvolle Lieferanten von Kohlenhydraten, Ballaststoffen, Eisen, Kalzium und besonders Kalium.

Wildsalaten, die in Rom gerne gegessen wird. Dort sieht man häufig alte Frauen, die am Stadtrand die Blätter sammeln und dann zum berühmten Markt »Campo dei Fiori« tragen.

In Sizilien gibt es viele Gerichte mit Zitrusfrüchten, die dort großflächig angebaut werden. So bekommt man Zitronen, in sehr feine Scheiben geschnitten und mit Fenchel kombiniert als Salat. Und Orangen, angemacht mit Olivenöl, Salz und Oliven, sind eine beliebte Vorspeise oder auch Beilage.

DIE WICHTIGSTEN FRÜCHTE DER ITALIENISCHEN KÜCHE

MELONE
Melone

Unter den zahlreichen Varianten gibt es einige, die sogar die erste winterliche Kälte aushalten, während andere nur im Sommer erhältlich sind. Melonen liefern neben Ballaststoffen Vitamin C sowie Kalium und weitere Mineralstoffe. Sie sind angenehm erfrischend und wirken entwässernd. Man bekommt sie häufig zur Vorspeise und, bisweilen mit Fruchtsalat gefüllt, zum Dessert.

Die charakteristische Süße und das unverwechselbare Aroma besitzen nur solche Früchte, die an der Pflanze gereift sind. Ein Anzeichen hierfür ist die kleine Mulde am Stielansatz, die frei von Pflanzenresten ist.

BIRNE
Pera

Birnen zeichnen sich durch ein feines Aroma aus, das jedoch bei unreif geernteten Früchten fehlt. Es stimmt tatsächlich, daß Birnen, wenn sie richtig süß sind, rasch verderben. Dennoch sollte man nur voll ausgereifte Früchte wählen und lieber jedesmal, wenn man welche braucht, neue kaufen. Gute Birnen erkennt man an der intensiven Färbung, der dünnen Schale und feinkörnigem Fruchtfleisch.

In der Toskana ißt man zu Birnen gerne gereiften Pecorino. Vorzüglich schmecken sie auch mit Schokolade, zum Beispiel gedünstet zu Schokoladenkuchen (siehe Seite 143).

Birnen enthalten einen gewissen Ballaststoffanteil, Kalium und etwas Vitamin C, das vor allem in der Schale enthalten ist.

DIE WICHTIGSTEN FRÜCHTE DER ITALIENISCHEN KÜCHE

PFLAUME
Susina

Zwischen kommerziell angebauten Pflaumen und den kleinen, schmackhaften Früchten vom Bauern oder vielleicht sogar aus dem eigenen Garten liegen Welten. Frische Pflaumen enthalten die Vitamine A, B und C sowie Ballaststoffe. Ihr größtes Plus jedoch ist die sanfte, aber zuverlässige Abführwirkung der getrockneten Früchte. Diese sogenannten Backpflaumen besitzen einen relativ hohen Anteil an Ballaststoffen, und auch ihr Vitamingehalt ist gegenüber frischen Pflaumen sehr viel höher. Darüber hinaus sind alle Pflaumen eine wertvolle Kaliumquelle.

Die frischen Früchte schmecken gedünstet ganz vorzüglich, zum Beispiel zu Eiscreme, und ergeben eine besonders leckere Konfitüre.

ERDBEERE
Fragola

Mutter Natur hat sich etwas besonders Schönes ausgedacht, als sie diese Früchte schuf. Mit ihrer herrlichen Farbe, dem einmaligen Duft und delikaten Geschmack, der unter den Früchten seinesgleichen sucht, nehmen Erdbeeren von jeher in der italienischen Küche einen wichtigen Stellenwert ein. Besonders köstlich schmecken wilde Erdbeeren, doch gibt es auch sehr aromatische und schmackhafte Zuchtformen.

Da Erdbeeren beim Waschen in Wasser stark an Aroma einbüßen, empfehle ich, sie in Rotwein zu schwenken und in einer leicht gezuckerten Weinsauce zu servieren. Ein Spritzer Zitronensaft bringt ihren Geschmack besser zur Entfaltung.

DER VORRATSSCHRANK FÜR DIE VEGETARISCHE KÜCHE

Der Vorratsschrank ist gewissermaßen das Herz einer Küche. Ich darf ein äußerst geräumiges Exemplar mein eigen nennen. Hinter drei großen Türen erstrecken sich neben einem Kühlabteil zwei tiefe Regale, auf denen meine kulinarischen Schätze versammelt sind. Immer wieder erliege ich auf Streifzügen durch einheimische Läden oder bei einem Einkaufsbummel im Ausland der Versuchung und komme mit neuen Produkten und Spezialitäten nach Hause, die ich meinen Vorräten einverleibe, bis eines Tages ihr großer Moment gekommen ist. Ein solcher Schrank voll der verschiedensten Zutaten ist ein schier unerschöpflicher Quell von Ideen.

Hinter den ersten beiden Türen befinden sich Packungen mit Getreide, getrockneten Hülsenfrüchten, Reissorten aus der ganzen Welt, Pasta in den verschiedensten Formen, Gewürze, getrocknete Kräuter und Olivenöl unterschiedlicher Art und Herkunft. Eine eigene Ecke ist meiner Sammlung von Weinen vorbehalten, die zwar nicht sehr umfangreich, aber dennoch ausreichend sortiert ist. Sie umfaßt verschiedene Rot- und Weißweine, einfache für den Alltagsgebrauch und auch erlesene Tropfen für besondere Anlässe, dazu eine Reihe von Dessertweinen und einige Grappas.

Das dritte Abteil birgt einen großen Kühlschrank für die Milchprodukte. Außerdem bewahre ich hier in den heißen Sommermonaten Obst und Gemüse auf, wobei ich aber möglichst auf die Lagerung verzichte und lieber ganz frische Erzeugnisse verwende.

Getreide

Getrocknete Hülsenfrüchte

Kräuter und Gewürze

Käse, Eier und Joghurt

Salatsaucen

Getränke

GETREIDE

Gerste, Buchweizen, Mais, Hirse, Reis, Dinkel und Weizen sind so alt wie die Menschheit selbst. Man könnte sie als sehr gute, wenn nicht gar unsere besten Freunde bezeichnen, sind sie doch bei jeder unserer Mahlzeiten vom Frühstück bis zum Mitternachtsimbiß präsent. Der Getreideanbau übersteigt weltweit den jeder anderen Nutzpflanze um ein Vielfaches.

Naturbelassenes, also ungeschältes und unpoliertes, Getreide versorgt den Körper mit Proteinen, komplexen Zuckerverbindungen, Kohlenhydraten, Mineralstoffen und lebenswichtigen Vitaminen sowie wertvollen Ballaststoffen in einem sehr ausgewogenen Verhältnis.

Getreide kann auf mannigfaltige Arten serviert werden. Neben den klassischen Pasta- und Reisgerichten umfaßt das Spektrum unter anderem Aufläufe, Suppen und Salate mit Getreide. Zusammen mit Hülsenfrüchten und gutem Olivenöl bildet Getreide eine wichtige Säule unserer Ernährung.

Äußerst gesund ist gekeimtes Getreide, das noch wertvollere Aminosäuren, Proteine und Vitamine enthält. Sprossen sind aber nicht nur kleine Energiebomben, sondern auch besser verdaulich als die ungekeimten Körner.

GETREIDE Im Uhrzeigersinn von links oben: Weizenkörner, Haferflocken, Naturreis, Rundkornreis für Risotto, Gerste (auf den Löffeln), Hirse, Maismehl

GERSTE
ORZO

Wenn von Gerste die Rede ist, denken die meisten von uns unweigerlich an Bier. Dabei läßt sich das robuste Getreide auf vielerlei andere Arten verwenden. In der Toskana wird aus gerösteter und gemahlener Gerste Kaffee gebraut, dem man beruhigende und nervenstärkende Eigenschaften sowie eine erfrischende Wirkung zuschreibt.

Das Getreide kommt in Form von Rollgerste (grobe Graupen) oder Perlgraupen in den Handel. Im ersten Fall ist es nur entspelzt, so daß die wertvollen Bestandteile voll erhalten sind. Bei Perlgraupen dagegen ist überdies die innere Schale entfernt, und die Körner wurden außerdem gedämpft und poliert. Dieser Prozeß, der auch bei Reis angewandt wird, verringert den Nährwert ganz erheblich. Denn Gerste bietet viele Vitamine des B-Komplexes, Kalium, Phosphor und Magnesium, doch sind die meisten Vitamine und Ballaststoffe in der Kleie enthalten.

Servieren Sie Gerste möglichst in ihrer Garflüssigkeit, da die Vitamine der B-Gruppe wasserlöslich sind. Kocht man Gerste, bis sie zerfällt, etwa in einer Suppe, wird sie sämig und fungiert als Dickungsmittel.

BUCHWEIZEN
GRANOSARACENO

Genaugenommen handelt es sich bei den dreikantigen Körnern nicht um Getreide. Trotzdem wird Buchweizen immer wieder dieser Gruppe zugeordnet, der er ernährungsphysiologisch mit seinem hohen Anteil an Eisen, den Vitaminen E und B und Magnesium so sehr ähnelt. Beruhigenderweise kommen beim Anbau von Buchweizen niemals chemische Düngemittel zum Einsatz, da diese den Blattwuchs, zu Lasten der Samenentwicklung, übermäßig fördern. Im Veltlin, einer Alpenregion in Norditalien, bereitet man aus Buchweizen und Weizenmehl eine Pastaspezialität namens *pizzoccheri*

GETREIDE

zu, die in einer herzhaften Kombination mit Käse und Wirsing serviert wird.

Die geschälten, geschroteten Samen, als Grütze oder *kasha* (geröstet) im Handel, werden ganz ähnlich wie Reis zubereitet: Gründlich waschen und in einem trockenen Topf einige Minuten anrösten, bis sich das charakteristische nussige Aroma entfaltet; den Buchweizen zur doppelten Menge kochenden Salzwassers geben und zugedeckt 20 Minuten leise köchelnd garen. Wann immer in den nachfolgenden Rezepten Hirse verlangt wird, eignet sich ersatzweise auch Buchweizen.

MAIS
MAIS

Neben einem schmackhaften Gemüse liefert dieses Getreide auch Mehl und Öl, dient als Viehfutter und bildet die Grundlage für den amerikanischen Whisky. In der italienischen Küche wird Mais fast ausschließlich in gemahlener Form gegessen. Das preiswerte Nahrungsmittel war einst aus dem Leben der Bergbauern, in deren kleinen Hütten den ganzen Tag an einer Kette über dem offenen Feuer ein Topf mit köchelnder Polenta hing, nicht wegzudenken. Der Rauchgeruch, den die Speise unweigerlich aufnahm, während sie geduldig gerührt wurde, machte durchaus einen Teil ihres Reizes aus.

Für die Zubereitung von Polenta bringt man dreimal soviel Wasser zum Kochen, wie Maismehl verwendet wird, läßt dieses unter ständigem Rühren einrieseln, salzt nach Geschmack und kocht den Brei mindestens 20 Minuten, wobei man weiterhin rührt. Polenta läßt sich zu den verschiedensten wohlschmeckenden Gerichten verarbeiten. Beispielsweise kann man sie in Scheiben schneiden, mit Tomatensauce und Parmesan überziehen, backen oder grillen und zu guter Letzt ein Spiegelei darauf anrichten. Früher übergossen die Bauern sie mit frischer Milch, um sie dann warm oder auch kalt zu essen – empfehlenswert noch heute, sofern man sahnige Milch vom Bauern zur Verfügung hat.

HIRSE
MIGLIO

Hirse zeichnet sich unter allen Getreiden durch die höchste Nährstoffdichte im Verhältnis zu den Kalorien aus. Um so bedauerlicher, daß beträchtliche Teile der Erträge als Vieh- und Vogelfutter dienen. Sie enthält besonders viel Eisen und Magnesium und wirkt aufgrund ihres Kalziumgehalts als natürliches Schönheitsmittel für Haut, Haare, Nägel und Zähne, und nicht zuletzt ist sie in der Schwangerschaft sehr zu empfehlen.

Das Getreide ist äußerst gut verdaulich. Mit seinem relativ neutralen, leicht süßlichen Geschmack paßt es zu vielen Zubereitungen, besonders zu Gemüsegerichten. Es wird vor dem Kochen gründlich gewaschen und, um den Geschmack zu intensivieren, in etwas Olivenöl angeröstet. Anschließend gibt man die Hirse zur doppelten Menge kochenden Salzwassers und läßt sie 20 Minuten leise köcheln. Falls bis dahin nicht das gesamte Wasser aufgenommen ist, das Ganze noch einige Minuten ruhen lassen. Als Zutat in Gemüsesuppen wird Hirse zuvor nicht angeröstet.

REIS
RISO

Dieses Getreide ist seit mindestens 5500 Jahren in Kultur. Nach Europa gelangte der Reis angeblich durch Alexander den Großen, doch galt er noch im gesamten Mittelalter als absoluter Luxus. Damals fand er Eingang in die italienische Küche, insbesondere im Norden des Landes, wo er heute in der fruchtbaren Poebene intensiv angebaut wird. Hier wurden die so erfolgreichen Rundkornarten gezüchtet, etwa Arborio, Carnaroli und Vialone Nano, derzeit die begehrtesten Reissorten für Risotto.

Bei Braun- oder Naturreis sind lediglich die ungenießbaren Strohhülsen entfernt, nicht aber die vitamin- und mineralstoffreiche Silberhaut, die bei poliertem – weißem – Reis ebenfalls abgeschliffen ist. Angereicherter weißer Reis aber kann unter Umständen mehr Nährstoffe enthalten als Naturreis. Alle Reissorten schließlich sind eine gute Quelle von Vitaminen des B-Komplexes und von Kohlenhydraten.

Naturreis wird gründlich gewaschen und mit der doppelten Menge kalten Wassers in einen Topf gegeben. Einige Tropfen Öl, einen Rosmarinzweig und Salz nach Geschmack zufügen. Das Ganze bei hoher Temperatur zum Kochen bringen, die Temperatur nach 10 Minuten auf die kleinste Stufe reduzieren und den Reis 40–50 Minuten weich kochen, ohne zu rühren. Vor dem Servieren noch einige Minuten im geschlossenen Topf ruhen lassen, wobei das Restwasser von den Körnern aufgenommen wird.

DINKEL
Farro

Dinkel ist dem Weichweizen sehr ähnlich. Einst wurde er intensiv genutzt, geriet in unserem Jahrhundert dann aber weitgehend in Vergessenheit. Mit dem zunehmenden Interesse an einer vollwertigen und fleischarmen Ernährungsweise und der Rückbesinnung auf die überlieferten Kochtraditionen erlebt dieses uralte Getreide jetzt eine Renaissance. Die herrliche Stadt Lucca in der Toskana kann auf die größte Zahl von Dinkelrezepten verweisen, nachdem sie sich bereits mit ihrem exzellenten Olivenöl einen Namen gemacht hat. Beide sind entscheidende Zutaten eines traditionellen Rezeptes der ländlichen Küche, das inzwischen wiederentdeckt wurde (siehe Seite 72).

Dinkel wird wie alle anderen Kornfrüchte gekocht: Über Nacht einweichen und gründlich abspülen; die doppelte Wassermenge zugießen, bei hoher Temperatur aufkochen und etwa eine Stunde sanft köchelnd garen.

WEIZEN
Grano

Seit undenklichen Zeiten dient Weizen, die vielseitigste aller Getreidearten, den Mittelmeervölkern als Grundnahrungsmittel. In Italien bereitet man aus ihm Pasta, Pizza, Brot und Gebäck zu. Das volle Korn ist äußerst vitamin-, mineralstoff- und proteinreich. Je höher jedoch sein Ausmahlungsgrad, desto stärker schwinden die wunderbaren ernährungsphysiologischen Eigenschaften. Um die ganzen Körner zu kochen, weicht man sie zunächst über Nacht ein und läßt sie dann in der dreifachen Wassermenge unter Zugabe von etwas Salz knapp eine Stunde bei mäßiger Hitze köcheln.

GETROCKNETE HÜLSENFRÜCHTE

Getrocknete Bohnen, Erbsen und Linsen sind außergewöhnlich nahrhaft. Sie gehören zu den Spitzenreitern, was Proteine und Kohlenhydrate betrifft, und enthalten darüber hinaus Vitamine, Ballast- und Mineralstoffe. In der Kombination mit Getreide garantieren sie damit eine komplette Versorgung mit Nährstoffen.

Als Maßnahme gegen die blähende Wirkung werden Hülsenfrüchte zunächst gründlich gewaschen. Danach bringt man sie zum Kochen, nimmt sie nach 10 Minuten vom Herd und läßt sie dann 4–6 Stunden oder über Nacht einweichen. Abgießen, mit frischem Wasser bedecken und nach Rezept zubereiten. (Linsen müssen vor dem Kochen nicht eingeweicht werden.)

Damit Hülsenfrüchte beim Kochen nicht hart werden, salzt man sie erst gegen Ende des Garvorgangs. Sie vertragen reichlich Kräuter und Gewürze.

HÜLSENFRÜCHTE Im Uhrzeigersinn von links oben: Kichererbsen, Linsen, dicke Bohnen, Borlotti-Bohnen, Cannellini-Bohnen

BOHNEN
Fagioli

Getrocknete Bohnen erfreuen sich in Italien großer Beliebtheit. In der Toskana werden Cannellini-Bohnen langsam im Holzofen gebacken und anschließend einfach mit dem exzellenten Olivenöl heimischer Produktion und etwas Pfeffer abgeschmeckt. Das Ergebnis ist ein unvergeßlicher Genuß, bei dem jede der drei Zutaten voll zur Geltung kommt. Borlotti-Bohnen, der zweite besondere Favorit, sind ideal für Suppen, Pürees und Beilagen in Kombination mit allen möglichen Gemüsen, besonders Tomaten. Getrocknete Bohnen kocht man zusammen mit einem Salbei- oder Rosmarinzweig.

KICHERERBSEN
Ceci

Sie finden schon in den frühesten Aufzeichnungen aus dem Mittelmeerraum Erwähnung, und im alten Rom wurden sie gebraten auf der Straße verkauft. Die unregelmäßig runden Samen besitzen einen milden, nußähnlichen Geschmack. Kichererbsen enthalten reichlich Ballaststoffe, Eisen, Kalium und B-Vitamine und lassen sich sehr gut lagern. Geben Sie beim Kochen einige Salbeiblätter hinzu.

LINSEN
Lenticchie

Im italienischen Volksglauben bescheren Linsen Wohlstand, und so ißt man am Silvesterabend traditionsgemäß zumindest ein paar Löffel davon. Das Marktangebot umfaßt Linsen in verschiedensten Größen von winzig bis dick und in unterschiedlichen Farben. Ihr größter Vorzug ist ihr beträchtlicher Eiweißgehalt. Zwar handelt es sich nicht um die gleichen Proteine, wie sie im Fleisch enthalten sind, doch können Linsen sich in Kombination mit Getreide durchaus mit einem Steak messen. Je nach ihrer Größe und Lagerzeit beträgt die Kochzeit 20 Minuten bis zu einer Stunde.

GETROCKNETE HÜLSENFRÜCHTE

DER VORRATSSCHRANK FÜR DIE VEGETARISCHE KÜCHE

KRÄUTER UND GEWÜRZE

Kräuter und Gewürze dienen nicht allein der geschmacklichen Verfeinerung von Speisen. Mit ihren konzentrierten Aromastoffen wirken sie anregend auf zwei unserer wichtigsten Sinne, Geschmack und Geruch, und tragen zudem nicht unwesentlich zu unserer Gesundheit bei.

Die traditionelle italienische Küche macht intensiven Gebrauch von Kräutern, und dies wohl nicht zuletzt deshalb, weil sie überall im Land, an der Küste wie im Gebirge, in Gärten und in freier Natur, in großer Zahl wachsen. Nach und nach wurden die vielfältigsten Geschmackskombinationen entdeckt, die bis heute landauf, landab die Freunde dieser Küche begeistern. Zugleich gewann man umfassende Erkenntnisse über die Wirkung von Kräutern, etwa die, daß sie gekochtes Getreide leichter verdaulich machen, und über ihre Heilkräfte, die uns durch den Genuß von Tees zugute kommen.

Vor der Entwicklung moderner Kühltechniken wurden Gewürze zum Konservieren von Fleisch verwendet, denn man hatte festgestellt, daß sie eine antiseptische Wirkung besitzen und damit schädlichen Bakterien entgegenwirken. Heute sind wir auf diese Eigenschaft von Gewürzen nicht mehr angewiesen, als Kochzutat aber sind sie nach wie vor unverzichtbar.

KRÄUTER Im Uhrzeigersinn von links unten: Basilikum, Thymian, Oregano, Rosmarin, Majoran, Estragon, Lorbeerblätter

LORBEER
Alloro

Der Lorbeerbaum wächst wild im gesamten Mittelmeerraum. Schon den alten Römern und Griechen war er bekannt. Er ist sehr anspruchslos und liefert aromatisch duftende Blätter mit leicht bitterer Note, die viele Gerichte bereichern. Ein interessantes Aroma nehmen Öl oder Essig an, wenn man einige Lorbeerblätter eine Zeitlang darin ziehen läßt. Kartoffeln erhalten einen aparten Geschmack, wenn man sie einschneidet, ein Lorbeerblatt hineinschiebt, etwas Olivenöl darüberträufelt und die Kartoffeln dann im Ofen backt.

Lorbeer regt die Verdauung an und wirkt konservierend und antiseptisch. Als Tee getrunken, lindert er Husten.

BASILIKUM
Basilico

Kaum ein italienischer Haushalt, in dem nicht ein Topf mit Basilikum in der Küche stünde. Im Frühjahr werden auf allen Märkten die Jungpflanzen angeboten, die man dann zu Hause selbst eintopft. Bei Basilikum denkt man sofort an Tomaten: Vor allem im Süden des Landes bildet diese Kombination die Grundlage zahlreicher Gerichte. Doch auch allein spielt Basilikum eine wichtige Rolle, etwa als Würze für *minestrone* (Gemüsesuppe), im Pesto (siehe Seite 154), als Ersatz für Petersilie in der Grünen Sauce (siehe Seite 155) und zur geschmacklichen Verfeinerung von Käse.

Basilikum ist ein zartes Kraut, das schnell welkt, und wird daher erst in letzter Minute an die Gerichte gegeben. Man zerzupft es grob mit den Fingern, denn geschnitten läuft es leicht dunkel an und wird bitter.

Dem Basilikum wird heilende Wirkung bei Gastritis zugeschrieben, es soll aber auch Verstimmungen beheben, Müdigkeit vertreiben und die Gehirntätigkeit anregen. Überdies vertreibt es Fliegen und Mücken – ein weiterer guter Grund, einen Basilikumtopf am Küchenfenster aufzustellen.

DER VORRATSSCHRANK FÜR DIE VEGETARISCHE KÜCHE

ZIMT
CANNELLA

Zimt gilt in Italien als exotisch und wird daher nicht unbedingt intensiv gebraucht, doch begegnet man ihm in den Alpenregionen in Apfel- und Birnenkonfitüren, die man dort für Kuchen und Torten verwendet. Steckt man Zimtstangen in ein Glas mit Zucker, nimmt dieser ein betörendes Aroma an und eignet sich so vorzüglich zum Süßen von Tee, warmer Milch, Joghurt und Kaffee.

Zimt wirkt stark anregend und keimtötend: Ist eine Grippe im Anzug, hilft oft ein Glas Zimttee. Außerdem erleichtert er angeblich die Geburt.

FENCHEL
FINOCCHIO

Die anmutige Pflanze mit ihren gelben, schirmförmigen Blüten ist häufig im heißen, trockenen Mittel- und Süditalien anzutreffen. In der Toskana sind die Fenchelsamen mit ihrem charakteristischen Aroma sehr geschätzt und würzen viele Klassiker der dortigen Küche, vor allem Gerichte mit Schweinefleisch. Ihnen verdankt eine toskanischen Wurstspezialität, die »Finocchiona« ihren Namen. Möglicherweise ist die häufige Kombination von fettreichem Fleisch mit Fenchel kein Zufall: Immerhin hilft er, selbst das schwerste Essen zu verdauen.

Von jeher wird Fencheltee von Frauen während der Stillzeit getrunken, und, warm oder kalt genossen, löscht er zuverlässig den Durst und ist sehr erfrischend. Um einen Tee zu bereiten, kocht man einfach einen Teelöffel der Samen 1–2 Minuten in einer Tasse Wasser. Einige Samen schließlich, vor dem Essen gekaut, dämpfen den Appetit.

WACHOLDER
GINEPRO

Der Wacholder ist in den mediterranen Macchien ein nur zu vertrauter Anblick. Zwischen seinen nadelförmigen Blättern bildet er aus mehreren Schuppen bestehende Beerenzapfen, die anfangs grün sind und im Spätsommer das charakteristische blauschwarze, bereifte Aussehen annehmen. Von alters her sind Wacholderbeeren wegen ihrer zahlreichen Heilkräfte bekannt, allen voran die, das Blut zu reinigen und die Durchblutung zu fördern. Wacholderbeeren besitzen einen sehr intensiven Geruch und Geschmack mit einer leicht süßlichen Note. Unter anderem gibt man sie an eingelegten Kohl und rote Bete.

Wacholderöl, zur Massage verwendet, hilft, Wasser aus dem Gewebe zu schwemmen. Dem stark aromatischen Holz verdankt Balsamessig, neben anderen Holzarten, sein unvergleichliches Bukett.

MAJORAN
MAGGIORANA

Der kleine Busch mit den hübschen Blättchen ist in heißen Ländern heimisch. Er ist mit dem Oregano verwandt und schmeckt auch ganz ähnlich, jedoch etwas lieblicher und weniger kräftig. Genauer gesagt, ist Majoran zwischen Thymian und Oregano einzuordnen und kann daher für beide als Ersatz dienen. Er schmeckt wundervoll in Füllungen und in Minestrone (Gemüsesuppe) und paßt auch zu vielen Gemüsen, vor allem Tomaten und Auberginen.

Wie viele Kräuter, ist Majoran Gegenstand zahlreicher Legenden. Majoran beruhigt die Nerven, und das aus ihm gewonnene Öl lindert Muskelschmerzen und seelische Spannungen.

KRÄUTER UND GEWÜRZE

MINZE
Menta

Es gibt mehr als zwanzig verschiedene Arten dieses stark aromatischen Krautes. Eine der verbreitetsten ist die Pfefferminze, die ein angenehm frisches Gefühl vermittelt. Minze wird gern zum Würzen von Omelettes und anderen Eierspeisen verwendet, denen sie einen charakteristischen, anregenden Geschmack verleiht. Mit Minze und Knoblauch gewürzter Naturjoghurt schmeckt vorzüglich zu Gurken, Kartoffeln, Tomaten und Zucchini. Läßt man das Kraut auch nur kurze Zeit in Essig ziehen, erhält dieser eine pikante Note und eignet sich dann gut zum Marinieren von Fleisch oder Fisch.

Pfefferminztee wirkt wohltuend bei Husten und Entzündungen in der Mundhöhle. Man kocht ein paar Blätter einige Minuten in Wasser, nimmt sie heraus, süßt den Tee mit etwas Honig und serviert ihn heiß oder eiskalt. Ein Krug Eiswasser, in das ein Minzezweig gegeben wurde, ist im Sommer eine willkommene Erfrischung mit delikater Note.

MUSKATNUSS
Noce Moscata

Die auf den Molukken heimische Muskatnuß wurde von den Arabern in Europa eingeführt. Ohne sie wäre die Béchamelsauce nicht das, was sie ist, und so könnte man sie als das Tüpfelchen auf dem i für viele italienische Gerichte bezeichnen. Denn Béchamelsauce wird in der italienischen Küche nur zu oft zum Gratinieren von Gemüse- und Pastagerichten verwendet. Im letzteren Fall wird sie dabei häufig mit Tomatensauce kombiniert, und das Ganze wird großzügig mit geriebenem Parmesan und Fontina bestreut, so daß eine leckere Kruste entsteht. Mit Muskatnuß abgeschmeckte Béchamelsauce eignet sich auch gut zum Überziehen von Kartoffelpüree.

Weiterhin verleiht dieses Gewürz einer Minestrone (Gemüsesuppe) eine aparte Note und macht sich auch in Risotto vorzüglich. Es ist der ideale Partner für leicht süßliche Gemüse wie Kürbis, weiße Rüben und Möhren. Gut paßt es auch zu Früchten, namentlich Äpfeln, Birnen und Pflaumen, besonders, wenn sie mit etwas Butter oder Sahne im Ofen gebacken sind.

OREGANO
Origano

Diese sehr aromatische kleine Pflanze ist häufig auf den trockenen Berghängen der Mittelmeerländer zu sehen. Selbst noch im getrockneten Zustand weckt das Kraut unweigerlich Gedanken an Wärme, Sonne und Meer.

In der Küche ist Oregano allgegenwärtig. So würzt er die klassische und zugleich einfachste aller Pizzas, die nur mit Tomaten belegt ist. Eine Prise Oregano peppt jede Sauce oder Gemüsezubereitung auf. Darüber hinaus werden dem Kraut verdauungsfördernde Eigenschaften zugeschrieben, und neuste Forschungen ergaben auch die antispetische und antibakterielle Wirkung des aus ihm gewonnenen Öls.

MOHN
Papavero

Diese herrliche Blume, deren farbenfrohe Blüten einen zauberhaften Anblick bieten, reagiert so empfindlich wie kaum eine andere Wildblume auf Veränderungen der Umwelt. Daher sind ihre Blüten ein besonderer Anlaß zur Freude, bedeuten sie doch, daß die Natur dort noch intakt ist.

In den Alpenregionen Norditaliens verwendet man Mohnsamen für eine exquisite Füllung von Tortelli (große Teigtaschen). Gekeimte Mohnsamen schmecken vorzüglich in Suppen, Risottos und Omelettes.

Die Blütenblätter des Schlafmohns, der auch die Samen liefert, lassen sich als Tee aufbrühen, der wohltuend müde macht. Süßen Sie das Getränk mit Akazienhonig.

DER VORRATSSCHRANK FÜR DIE VEGETARISCHE KÜCHE

KRÄUTER UND GEWÜRZE

ROSMARIN
ROSMARINO

Rosmarin ist eines der verbreitetsten Kräuter im Mittelmeerraum. Sein sehr intensives Aroma würzt zahlreiche Gerichte, und dies vor allem in der Toskana, wo er an Brote, Fladen und sogar Süßspeisen gegeben wird, etwa an den beliebten Maronenkuchen (siehe Seite 140).

Rosmarinöl wirkt adstringierend. Einige Tropfen, ins Badewasser geträufelt, wecken nach körperlicher Anstrengung die Lebensgeister. Wie alle ätherischen Öle übt auch das aus Rosmarin gewonnene eine stark anregende Wirkung aus und wird daher am besten morgens verwendet.

SAFRAN
ZAFFERANO

Safran ist in Italien von alters her bekannt. Eine Legende erzählt, daß bei der Errichtung des Mailänder Doms im Mittelalter Safran als Farbpigment für einige der Malereien verwendet wurde; eines Tages rieselte etwas Safran von der Decke auf den Teller mit Reis eines der Arbeiter – und so wurde der berühmte Risotto alla Milanese geboren!

Die gelbe Farbe, die Safran den Speisen verleiht, hat die Köche immer inspiriert, und so fand er seinen Weg in so manche Suppe und Minestrone. Löst man eine Prise Safran in etwas Wasser auf und gibt es zum Kochwasser für Pasta, erhält diese dadurch eine attraktive Färbung, die sich besonders in kalten Nudelsalaten sehr hübsch macht.

SALBEI
SALVIA

Nicht von ungefähr geht der Name dieses Krautes auf das lateinische *salvus*, gesund, zurück: Schon die alten Römer kannten und nutzten die mannigfaltigen Heilkräfte von Salbei. Er besitzt ein ausgeprägtes, durchdringendes Aroma und einen leicht bitteren Geschmack. Eben diese Bitterstoffe regen die Verdauung an und reinigen das Blut. Nach einem zu reichhaltigen Essen stellt eine Tasse warmer Salbeitee das Wohlbefinden wieder her. Und bei Halsentzündungen ist er ein altbewährtes Gurgelmittel.

Salbei spielt in der italienischen Küche eine nicht unerhebliche Rolle. Mit etwas Knoblauch und Salbei gewürzte Ricotta ergibt eine herrliche Füllung für Teigtaschen, und häufig wird Salbei auch mit Fleisch oder Fisch kombiniert.

ESTRAGON
DRAGONCELLO

Obgleich kein einheimisches Kraut, wird Estragon in einigen Gegenden Italiens kultiviert. Er zeichnet sich durch einen sehr aparten Geschmack aus, der sich exzellent in Marinaden macht. Guter Weißweinessig erhält durch ein paar Estragonstengel, eine Weile hineingegeben, ein angenehmes Aroma, das vorzüglich mit Blatt- und Kartoffelsalaten harmoniert. Gut paßt Estragon auch zu Eiern, und Mayonnaise schmeckt mit Estragon besonders delikat.

THYMIAN
TIMO

Der anmutige, kleine, immergrüne Strauch, der vor allem in Süditalien an trockenen, sonnigen Plätzen wächst, ist von jeher für seine anregende Wirkung bekannt. Vor der Blüte besitzen die Blätter das intensivste Aroma. Eine kleine Handvoll davon verleiht Brühen und Suppen eine einmalige Note und macht Eierspeisen schmackhafter und leichter verdaulich. Schon eine Prise Thymian weckt, beinahe wie ein Zaubermittel, sommerliche Gefühle – probieren Sie seine magische Wirkung, die er auf Tomaten hat, ob in einer Pastasauce, auf Pizza oder zu einer Tortelli-Füllung verarbeitet.

GEWÜRZE Von links nach rechts: Zimt, Muskatnuß, Wacholderbeeren, Safran

KÄSE, EIER UND JOGHURT

Fleisch ist ein natürlicher Bestandteil der menschlichen Ernährung, und der völlige Verzicht darauf ist ein ziemlich radikaler Schritt. Sollten Sie dennoch dazu entschlossen sein, müssen Sie sich eingehend mit der Frage befassen, wie Sie eine ausreichende Versorgung mit Proteinen aus rein pflanzlichen Quellen gewährleisten. Dies ist machbar, zumal wir bei unserer üblichen Ernährung viel zuviel tierisches Eiweiß zu uns nehmen. Allerdings enthalten Fleisch und Fisch auch zahlreiche andere wertvolle Nährstoffe, insbesondere leicht verwertbares Eisen. Etwas Fleisch oder Fisch ab und an tut unserem Körper also durchaus gut, doch muß es längst nicht in der Häufigkeit auf den Tisch kommen, wie allgemein üblich.

Proteine bestehen aus Aminosäuren in unterschiedlichen Kombinationen. Der Organismus kann zwar die meisten Aminosäuren, die er braucht, selbst herstellen, die neun sogenannten »essentiellen Aminosäuren« aber müssen wir ihm mit der Nahrung zuführen. Tierische Nahrungsmittel – Fleisch, Eier, Milchprodukte – enthalten alle essentiellen Aminosäuren, liefern also »komplettes« Protein. Anders pflanzliche Nahrungsmittel, die so kombiniert werden müssen, daß eine ausgewogene Versorgung mit Aminosäuren gewährleistet ist.

Wer sich also entschließt, tierische Produkte völlig von seinem Speisezettel zu streichen, muß eine vollwertige Ernährung mit pflanzlicher Kost sicherstellen. Ich persönlich esse zwar sehr wenig Fleisch, nehme dafür aber täglich etwas Käse, Ei und Joghurt zu mir.

KÄSE Von oben nach unten: Pecorino, Parmesan, Mozzarella

KÄSE
FORMAGGIO

Die Auswahl an italienischen Käsesorten ist groß. Sie werden aus Kuh-, Schafs- und Ziegenmilch hergestellt und kommen in verschiedenen Formen, als Frisch-, Weich- und Hartkäse, auf den Markt. Zu beachten beim Genuß von Käse ist sein Salz- und Fettgehalt, der im Verhältnis zum Gewicht sehr hoch ist. Die bekömmlichste Wahl stellen unter diesem Aspekt frische Weichkäse dar, die einen sehr viel geringeren Anteil an Salz und gesättigten Fettsäuren aufweisen.

EIER
UOVA

Eier sind ein vielseitiges Nahrungsmittel und spielen in der italienischen Küche ein wichtige Rolle, unter anderem bei der Herstellung von Mayonnaise, Cremes und hausgemachten Eiernudeln. Verwenden Sie nur Eier von freilaufenden Hühnern, sie schmecken einfach besser. Wichtig ist auch das Legedatum: Je frischer, desto fester und geschmacksintensiver sind Eier. Ohne Fett gegart, sind sie leichter verdaulich.

JOGHURT
YOGURT

Joghurt ist die gesündeste Form von Milchprodukten, denn die ihm zur Gerinnung zugesetzten Bakterien üben eine heilende Wirkung aus. Zudem hat man erkannt, daß Joghurt den Cholesterinspiegel senken und sich bei der Behandlung von Herzproblemen günstig auswirken kann. Viele handelsübliche Fruchtjoghurterzeugnisse enthalten viel Zucker – besser ist es, Naturjoghurt mit Früchten und etwas Honig zu mischen. Beim Kochen ist Joghurt insofern sehr wertvoll, als es den Fettgehalt von Speisen senkt. Mayonnaise etwa, mit Joghurt gemischt und mit Kräutern aromatisiert, ergibt eine köstliche Sauce für Gemüsegerichte und Salate.

KÄSE, EIER UND JOGHURT

SALATSAUCEN

Das italienische Dressing für rohes oder gekochtes Gemüse schlechthin besteht einfach aus gutem Olivenöl, Essig oder Zitronensaft und Salz. So kommt es tagtäglich in Italien auf den Tisch, und so findet es immer wieder Anklang. Alle anderen Salatsaucen sind speziellen Anlässen vorbehalten.

Die Italiener legen großen Wert auf die Qualität einer Salatsauce. Sie soll den Geschmack des Salates oder Gemüses hervorheben, ihn aber keinesfalls übertönen. Daher erfreut sich die zuvor beschriebene, schlichte Version der Vinaigrette so großer Beliebtheit. Salatsaucen müssen immer frisch zubereitet werden.

Von links nach rechts: Essig, natives Olivenöl extra, Balsamessig

NATIVES OLIVENÖL EXTRA
OLIO EXTRAVERGINE DI OLIVA

Die Olive ist eine seltsame Frucht. Im Rohzustand ungenießbar, muß sie in Salzlake eingelegt oder zu Öl gepreßt werden. Bei der Ölgewinnung sind bestimmte Punkte zu beachten, etwa die, in welchem Klima die Oliven gereift sind und wie der Hain bewirtschaftet wurde. Bei sehr warmem Wetter weist das Olivenöl einen hohen Fettgehalt und ein schwaches Aroma auf, während ein kalter Winter ein leichtes, fruchtiges Öl ergibt. Oliven müssen von Hand geerntet werden, denn bei Einsatz mechanischer Erntehilfen fallen sie auf den Boden, bekommen Schadstellen und gehen in Gärung über. Natürlich schlagen sich die arbeitsintensiven Produktionsverfahren im Preis von Olivenöl nieder. Die Oliven müssen möglichst bald nach der Ernte gepreßt werden. Auch sind zu weite Transportwege zu vermeiden, da sie dabei Druckstellen bekommen und somit ranzig werden, was den Säuregehalt des Öls erheblich verstärkt. Die Ölgewinnung muß mechanisch – durch Pressen – und ohne chemische Hilfsmittel erfolgen, ebenso muß das Reinigen ohne Chemie, zum Beispiel durch Abgießen, geschehen. All diese Maßnahmen zur Qualitätssicherung haben ihren Preis, doch erhält der Käufer für sein Geld ein Erzeugnis von höchster Güte und einzigartigem, vollem Aroma.

Das hochwertigste Olivenöl ist das aus erster Pressung, unraffiniert und weder mit Wärme noch chemisch behandelt. Für diese Qualitätsstufe gelten hinsichtlich Aroma, Geschmack und Farbe sehr hohe Standards. Ein gutes natives Olivenöl extra besitzt einen Säuregehalt von 0,2 bis höchstens 0,4 Prozent.

Gutes Olivenöl ist relativ leicht zu erkennen. Gießen Sie etwas Öl in ein sauberes Glas und studieren Sie aufmerksam die Farbe. Erwünscht ist ein sattes Goldgelb mit grünen Reflexen. Als nächstes begutachten Sie den Duft: Er sollte frisch und sauber sein, an Gemüse, etwa Artischocken, denken lassen und eine feinfruchtige Note besitzen, die leicht an Bananen erinnert. Zuletzt

SALATSAUCEN

prüfen Sie den Geschmack, wie man es mit einem erlesenen Wein macht.

Eine Theorie sieht einen Zusammenhang zwischen der niedrigen Rate von Herzerkrankungen in den Mittelmeerländern und dem dortigen hohen Verbrauch von Olivenöl, dessen einfach ungesättigte Fettsäuren zum Sinken des Cholesterinspiegels im Blut beitragen können. Außerdem unterstützt Olivenöl die Verdauung und das normale Knochenwachstum.

ESSIG
ACETO

Qualität ist auch hier das A und O – ein billiger, herber Essig ruiniert jeden Salat. Guter Essig ist aus hochwertigem Wein – ob rot, weiß oder Sherry – hergestellt. Das beste Verfahren besteht darin, den Essig langsam durch Holzspäne sickern zu lassen, denen die für die Gärung verantwortlichen Essigsäurebakterien zugesetzt sind. Während der Essig zwischen dem Holz hindurchrinnt, nimmt er zugleich dessen feine Aromen auf. Seinen vollen Geschmack entwickelt der Essig anschließend während einer längeren Reifezeit, die in kleinen Fässern erfolgen sollte.

BALSAMESSIG
ACETO BALSAMICO

Balsamessig ist ein außergewöhnliches Würzmittel, ersonnen in der geheimnisvollen Atmosphäre der langen, nebligen Wintermonate in zwei großen norditalienischen Städten, Modena und Reggio Emilia. Echter Balsamessig darf per Gesetz nur aus diesen beiden Städten stammen und muß auf dem Etikett den Vermerk »Traditioneller Balsam« tragen.

Die Herstellung von Balsamessig ist sehr langwierig und aufwendig, und so sind absolute Spitzenerzeugnisse fast nicht zu bezahlen – sie werden einmal im Jahr auf einer Auktion versteigert.

Balsamessig durchläuft eine lange Reifezeit in mehreren kleinen Fässern aus jeweils anderen Holzarten, denen er sein vielschichtiges Aroma verdankt. Dabei reduziert er sein Volumen und nimmt eine samtige, likörartige Konsistenz und einen Geschmack an, der unbeschreiblich lieblich und zugleich äußerst komplex ist. Schon einige Tropfen davon bringen einen Genießer in den siebten Himmel.

In Modena und Reggio Emilia wird inzwischen ein weiterer Essig erzeugt, der allerdings nicht auf der traditionellen Methode für *aceto balsamico* beruht. Vielmehr handelt es sich um einen interessanten Kompromiß: Der Essig absolviert keine so lange Reifezeit und ist etwas weniger konzentriert, für gewöhnliche Salatdressings oder zum Aromatisieren von Saucen jedoch durchaus akzeptabel.

Bedauerlicherweise ist daneben eine Vielzahl weiterer, minderwertiger Erzeugnisse auf dem Markt, die mit Balsamessig nicht das Geringste zu tun haben. Man erkennt diese Billigprodukte, bei denen Essig einfach mit karamelisiertem Zucker angereichert wird, an dem unangenehm sauren Nachgeschmack, den sie auf der Zunge hinterlassen.

GETRÄNKE

Obst und Gemüse in flüssiger Form zu sich zu nehmen ist ein sehr angenehmer Weg, in den Genuß ihrer Vorzüge zu kommen. Wein ist in Italien traditionsgemäß fester Bestandteil eines Essens und tut meiner Meinung nach, in Maßen genossen, außerordentlich gut. Auch Bier ist ein nahrhaftes Getränk.

SÄFTE
Succhi

Wieviel Flüssigkeit man aus den verschiedenen Obst- und Gemüsesorten gewinnt, hängt von der Saftigkeit der einzelnen Früchte und der Effizienz des Entsafters ab. In der Regel aber ergeben die nachfolgend angegeben Mengen ein volles Trinkglas. Die Zutaten werden, bevor man sie in den Entsafter gibt, zunächst gewaschen und gehackt.

Möhren-Sellerie-Saft

Diese Kombination besänftigt – interessant für alle, die abnehmen möchten – den Hunger und tut aufgrund des hohen Gehalts an Provitamin A der Haut gut. Je 2–3 Möhren und Selleriestangen, 1 Bund glatte Petersilie und einige Tropfen Zitronensaft in den Entsafter geben.

Möhren-Orangen-Saft

Dieser zuverlässige Durstlöscher schmeckt nicht nur ganz vorzüglich, sondern entgiftet auch den Körper. Geben Sie 1 Orange, 2 Möhren und einen Spritzer Zitronensaft in den Entsafter. Noch erfrischender wird das Getränk, wenn Sie einige Eiswürfel und einen Minzezweig hineingeben.

Saft aus Tomaten, Gurken und roter Bete

Die intensiv rote Farbe läßt die stärkende Wirkung dieses Cocktails, die hauptsächlich von der roten Bete herrührt, bereits ahnen. Darüber hinaus reguliert dieser Saft die Verdauung. Wer es etwas würziger mag, gibt eine halbe Knoblauchzehe und einige Thymianblättchen hinzu. 1 Tomate, 1 geschälte Gurke und 1 kleine rote Bete in den Entsafter geben.

Salat-Apfel-Sellerie-Saft

Die beruhigende Wirkung von Salat war schon im antiken Griechenland bekannt, wo man ihn scherzhaft ›Eunuchenpflanze‹ nannte. Äpfel enthalten viele Nährstoffe, die der Haut zugute kommen, und Sellerie könnte man fast schon als Medizin bezeichnen. Geben Sie 1 Salatherz, $1/2$ Apfel, 1 Stange Bleichsellerie und einige Tropfen Zitronensaft in den Entsafter.

WEIN UND BIER
Vino e Birra

Wein ist in Italien untrennbar mit dem Essen verbunden und gilt daher fast schon als Nahrungsmittel. Man sollte es sich zur Regel machen, in Maßen, aber Gutes zu trinken. Es gibt keine starren Gesetze für die Kombination von Speisen und Wein, vielmehr sollte man sich bei der Wahl von seinem persönlichen Geschmack und Gefühl leiten lassen. Wichtig ist nur, daß der Wein mit den Gerichten, die er begleitet, harmoniert. Probieren Sie also ruhig immer wieder neue Kombinationen.

Bier entsteht durch Vergären von Getreidesaft. Nach den bewährten, überlieferten Verfahren hergestellt, enthält es viele Vitamine.

DIE REZEPTE

Die Wurzeln der italienischen Eßkultur liegen in der Schönheit der Landschaft und dem ausgeprägten, im Laufe der Jahrhunderte immer weiter verfeinerten Sinn ihrer Bewohner für die Freuden des Lebens. Dieser Sinn findet seinen Ausdruck in der Vorliebe für Blumen, Gärten, schön angelegte Parks und, vor allem, in einem achtungsvollen und zugleich kreativen Umgang mit den Produkten der Natur. Der jahreszeitliche Rhythmus bestimmt, was in den Obst- und Gemüsegärten reift, und somit auch das, was auf den Tisch kommt. Die italienische Küche richtet sich nach den Zyklen der Bodenbestellung und nutzt stets die allerfrischesten Zutaten der Saison.

Professionelle Meisterköche bescheren uns in erlesenen Restaurants exquisite Gaumenfreuden. Eine mindestens ebenso große Aufgabe stellt sich am heimischen Herd, wo jeden Tag aufs neue ein Essen gezaubert werden muß, das köstlich aussehen und schmecken soll, ohne zuviel Zeit, die kostbarste aller Ingredienzen, in Anspruch zu nehmen. Doch dies ist in Wirklichkeit keine Zauberei, vorausgesetzt man verfügt neben den erforderlichen Zutaten über ein wenig Organisationstalent – und die Kenntnis einiger Tricks.

Vorspeisen

Gerichte für den ersten Gang

Hauptgerichte

Beilagen

Desserts

Brote und klassische Saucen

VORSPEISEN

Antipasti sind bei uns keineswegs die Regel. Außer bei Geburtstagen oder anderen speziellen Anlässen beginnt ein Essen in meiner Familie sehr selten mit einer Vorspeise. Nur wenn wir Gäste haben, seien es mehrere oder auch nur einige wenige, gibt es einen kleinen Appetithappen vorneweg. Früher dagegen waren die Mahlzeiten erheblich ausgedehnter, reichhaltiger und aufwendiger. Zu meinen Kindheitserinnerungen gehören die Aufenthalte in Coltibuono bei meinen Großeltern, wo drei Gänge und dazu mehrere Gemüsebeilagen an der Tagesordnung waren. Manchmal wurde das Gemüse auch anstelle einer Vorspeise gereicht, eine im Sommer allgemein beliebte Sitte, wenn man aufgrund der Hitze eine besonders leichte Mahlzeit bevorzugt.

Um bei einem Essen das Servieren zu vereinfachen, stellen wir die *antipasti* oft schon auf den Tisch, bevor die Gäste Platz nehmen. Bei anderen Gelegenheiten werden sie vielleicht mit einem Aperitif gereicht. *Crostini*, kleine Röstbrotschnitten, sind hierfür ideal. Wir bieten sie mit Papierservietten auf einer Platte zu einem Glas gut gekühlten Weißwein an. So haben die ersten Gäste etwas zum Knabbern, bis alle eingetroffen sind.

VORSPEISEN

Bei einem großen Empfang oder einer Stehparty gibt es eine reichhaltige Auswahl warmer und kalter *antipasti*, von denen sich viele gut ohne Besteck essen lassen. Neben verschiedensten verlockenden Gemüsezubereitungen umfaßt das Angebot häufig auch aufgeschnittenen Schinken und Salami. Diese Vorspeisen regen den Appetit der Gäste an und stimmen sie, schon durch ihr ansprechendes Aussehen, auf das Kommende ein.

Die Präsentation spielt bei *antipasti* stets eine wichtige Rolle, wobei es nicht zuletzt auf eine ansprechende Garnierung ankommt. Frische Kräuter bieten sich hierfür geradezu an, makellose Blätter oder zierliche Stengel verleihen Ihren Kreationen einen Hauch von Frische und Anmut. Die klassischen Sommerkräuter sind Basilikum und Minze, und meine besondere Vorliebe gilt Thymian und Majoran. Auch kleine Oliven, Kapern, Scheiben von hartgekochtem Ei, Zitronenspalten und Karotten- oder Selleriestifte eignen sich vorzüglich zum Garnieren von Speisen. In unserem Garten stehen viele alte Weinstöcke, die Spaliere umranken und behagliche Lauben schaffen. Besonders im Herbst, wenn es so herrliche, intensive Töne annimmt, verwende ich das Weinlaub gerne zum Garnieren.

REZEPTE

BRUSCHETTA MIT BROCCOLI
BRUSCHETTA DI BROCCOLI

8 Broccoliröschen
4 Scheiben kerniges Weizenvollkornbrot, geröstet
2 Knoblauchzehen
4 EL natives Olivenöl extra
Salz und Pfeffer

Es handelt sich um eine herzhafte Variante der klassischen Bruschetta, die nur aus Brot, Knoblauch und Öl bereitet wird.

Den Broccoli etwa 10 Minuten dämpfen, bis er gar ist. Die Röschen längs halbieren und warm stellen.

Die frisch gerösteten Brotscheiben mit den Knoblauchzehen einreiben und leicht mit Öl beträufeln. Auf jede Scheibe vier Broccolistücke geben. Nach Geschmack salzen und pfeffern, mit dem restlichen Öl beträufeln und sogleich servieren.

Für 4 Personen

BRUSCHETTA MIT PAPRIKASCHOTEN
BRUSCHETTA DI PEPERONI

1 gelbe Paprikaschote
1 rote Paprikaschote
4 Scheiben grobes Landbrot, geröstet
1 Knoblauchzehe, halbiert
1 EL frisch gehackte glatte Petersilie
Salz und Pfeffer
4 EL natives Olivenöl extra

Im Ofen gegart, entfalten Paprikaschoten einen wundervollen Geschmack. So munden sie nicht nur auf knuspriger Bruschetta ganz vorzüglich, sondern ebenso, für sich genossen. Reiben Sie in diesem Fall die Platte oder Schüssel mit Knoblauch aus, der so als zartes Hintergrundaroma wahrgenommen wird.

Den Backofen auf 180 °C (Gasherd Stufe 2–3) vorheizen. Die Paprikaschoten auf einem Backblech etwa 30 Minuten rösten, dabei nach der Hälfte der Garzeit wenden. Aus dem Ofen nehmen und in ein Tuch einschlagen, bis man sie anfassen kann. Die Schoten enthäuten, entkernen und in Streifen schneiden.

Die frisch gerösteten Brotscheiben mit dem Knoblauch einreiben. Mit den Paprikastreifen belegen, mit der Petersilie bestreuen, dann mit Salz und Pfeffer nach Geschmack würzen und mit dem Olivenöl beträufeln. Sogleich genießen.

Für 4 Personen

TOMATEN MIT MOZZARELLA
POMODORI E MOZZARELLA

500 g feste Kirschtomaten, halbiert
350 g Mozzarella, in 1 cm große Würfel geschnitten
2 EL Kapern
8–10 schwarze Oliven
2 EL getrockneter Oregano
Salz und Pfeffer
4 EL natives Olivenöl extra

An heißen Tagen gibt diese beliebte Vorspeise auch ein köstliches Hauptgericht ab. Da das Rezept ausgesprochen schlicht ist, verlangt es Zutaten von bester Qualität.

Tomaten, Mozzarella, Kapern und Oliven in eine Schüssel geben. Mit dem Oregano bestreuen, nach Geschmack salzen und pfeffern und mit dem Öl beträufeln. Durchmischen und sofort servieren.

Für 4 Personen

Bruschetta mit Broccoli

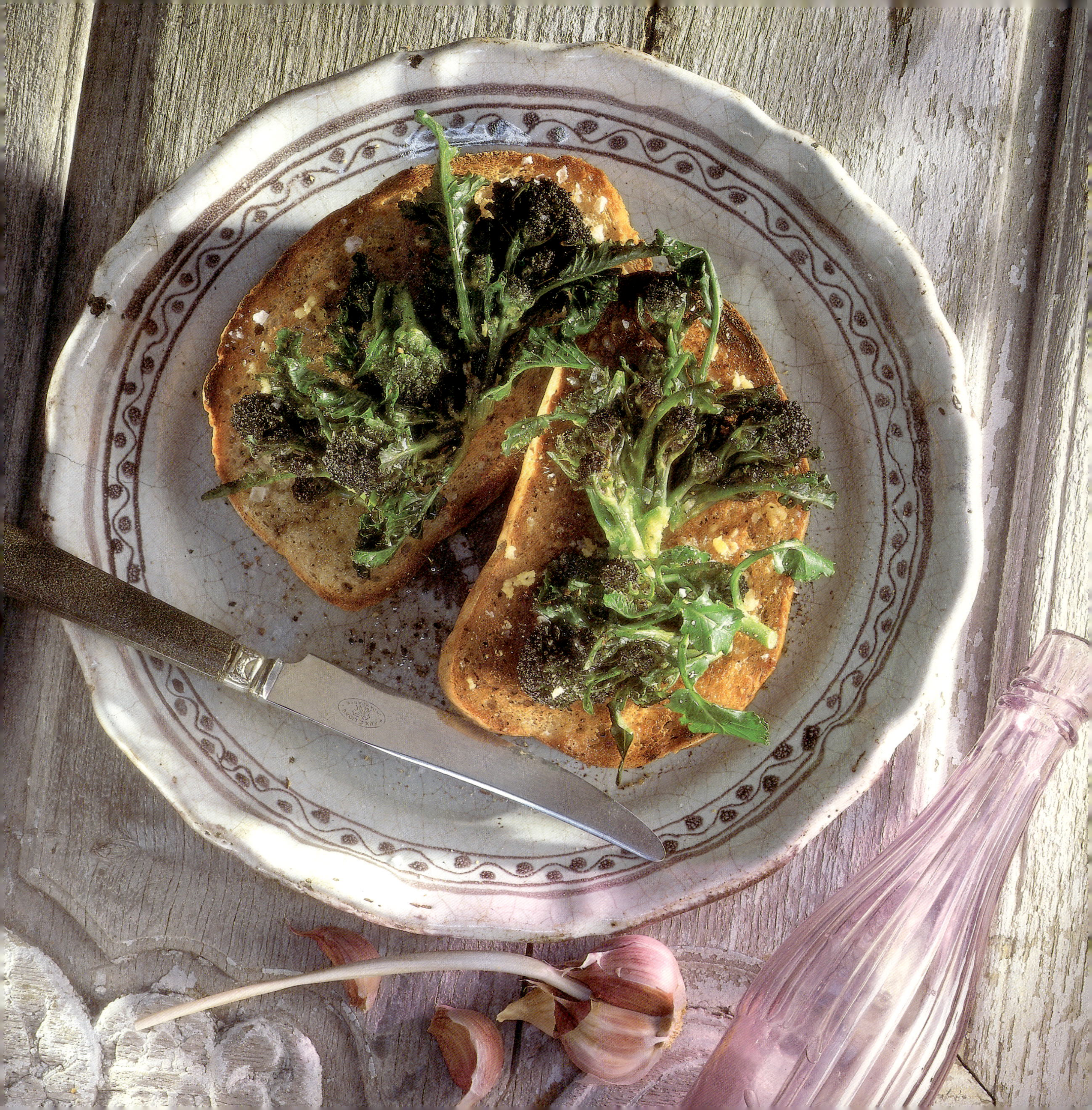

REZEPTE

GEBACKENE ZWIEBELN MIT BALSAMESSIG
CIPOLLE AL BALSAMICO

8 kleine feste braune Zwiebeln
2 EL Balsamessig
2 EL natives Olivenöl extra
Salz und Pfeffer

Zu einem eleganten Essen passen diese herzhaften Appetithappen ebenso wie auf ein Buffet. Verwenden Sie möglichst kleine Zwiebeln.

Den Backofen auf 180 °C (Gasherd Stufe 2–3) vorheizen. Die Zwiebeln ungeschält hineingeben und 1 Stunde backen. Abkühlen lassen, bis man sich nicht mehr die Finger verbrennt, dann schälen und längs halbieren. Die Zwiebelhälften mit einem scharfen Messer aushöhlen, so daß jeweils zwei Lagen als Hülle verbleiben.

Das ausgelöste Innere der Zwiebeln in etwa 2 cm große Quadrate schneiden. Diese Stücke in einer Schüssel mit dem Essig und Öl sowie Salz und Pfeffer nach Geschmack gründlich vermischen. Die Mischung in die Zwiebelhüllen füllen. Warm oder abgekühlt, aber nicht zu kalt servieren.
Für 4 Personen

AUBERGINENPASTETCHEN
SFORMATINO DI MELANZANE

250 g frische Eiertomaten, enthäutet und gehackt (ersatzweise Dosentomaten, gehackt)
10 frische Basilikumblätter
1 Prise Zucker
Salz
Natives Olivenöl extra zum Ausbacken
1 kleine eiförmige Aubergine (etwa 150 g), quer in 8 Scheiben geschnitten
120 g Mozzarella, gewürfelt
4 TL getrockneter Oregano

Diese kleinere und etwas aufwendigere Version der beliebten, in einer großen Backform zubereiteten parmigiana di melanzane *läßt sich sehr gut auch als erster Gang servieren.*

Die Tomaten in einen Topf geben und aufkochen lassen. Basilikum, Zucker und eine Prise Salz zufügen (es genügt ganz wenig Salz, da die Mozzarella schon salzig ist). Die Tomaten bei mäßiger Temperatur köcheln lassen und dabei gelegentlich rühren, bis der gesamte Saft verkocht ist und man eine sehr konzentrierte Sauce erhält.
Inzwischen reichlich Öl in einer Pfanne mit hohem Rand erhitzen. Die Auberginenscheiben portionsweise goldgelb ausbacken und auf Küchenpapier abtropfen lassen.

Den Backofen auf 180 °C (Gasherd Stufe 2–3) vorheizen. Vier kleine Formen von etwa 5 cm Durchmesser mit etwas Öl auspinseln. In jede Form eine Auberginenscheibe legen. Großzügig mit Tomatensauce überziehen, ein Viertel der Mozzarella darauf verteilen und mit 1 Teelöffel Oregano bestreuen. Das Ganze mit einer Auberginenscheibe bedecken. Die Pastetchen 20 Minuten im Ofen backen, vorsichtig aus der Form lösen, stürzen und sogleich servieren.
Für 4 Personen

VORSPEISEN

TOMATENBOMBEN MIT MAYONNAISE
Bombe di Pomodori

Besonders hübsch sieht es aus, wenn alle Tomaten gleich groß und vollständig mit Mayonnaise überzogen sind, die, damit sie gut haftet, sehr kalt sein muß. Die ›Tomatenbomben‹ ergeben auch einen aparten ersten Gang für ein elegantes Essen.

FÜR DIE MAYONNAISE:

4 Eigelb
Salz und Pfeffer
500 ml natives Olivenöl extra
250 ml Naturjoghurt
2 EL Worcestershire-Sauce
Saft von 1 Zitrone

FÜR DIE TOMATENBOMBEN:

8 mittelgroße, voll ausgereifte Tomaten
Grobes Salz
2 EL frisch gehackter Schnittlauch
2 EL frisch gehackte glatte Petersilie
2 EL frisch gehackte Thymianblättchen

Für die Mayonnaise das Eigelb mit etwas Salz und Pfeffer in den Mixer geben und kurz vermischen. Dann bei laufendem Gerät das Öl in dünnem Strahl dazugießen, bis sich eine glatte Creme ergibt. Joghurt, Worcestershire-Sauce und Zitronensaft einrühren. Die Mayonnaise für mindestens 1 Stunde in den Kühlschrank stellen, bis sie richtig kalt und fest ist.
Einen kleinen Topf zur Hälfte mit Wasser füllen und bei hoher Temperatur sprudelnd aufkochen lassen. 2 Tomaten hineingeben, nach $1/2$ Minute mit einer Schaumkelle herausnehmen und sogleich mit einem kleinen Küchenmesser enthäuten. Die übrigen Tomaten paarweise genauso blanchieren und enthäuten.

Von jeder Tomate einen Deckel abschneiden, der nicht verwendet wird, und die Tomaten mit einem Löffel sorgfältig aushöhlen. Etwas grobes Salz hineinstreuen und die Tomaten zum Abtropfen für $1/2$ Stunde umgekehrt auf Küchenpapier setzen.
Das Salz aus den Tomaten entfernen. Die Kräuter vermischen und die Tomaten damit füllen.
Die Tomaten aufrecht auf eine Servierplatte setzen und die Wände ringsum gleichmäßig mit Mayonnaise überziehen. Die Tomaten sofort servieren und die restliche Mayonnaise in einer Sauciere dazu reichen.
Für 4 Personen

MELONENBÄLLCHEN IN MAYONNAISE
Palline di Melone con Maionese

Ein erfrischender Genuß für warme Tage. Verwenden Sie reife Melonen, die bis zur Verarbeitung im Kühlschrank aufbewahrt werden.

1 Eigelb
1 TL Zitronensaft
Salz und Pfeffer
125 ml natives Olivenöl extra
125 ml Sahne, mit etwas Salz steif geschlagen
2 reife, runde Melonen (Charantais oder Kantalupe)

Das Eigelb mit dem Zitronensaft und etwas Salz und Pfeffer im Mixer kurz verrühren. Dann bei laufendem Gerät das Öl in feinem Strahl hinzufügen. Die Mayonnaise in eine Schüssel füllen und teelöffelweise vorsichtig die Sahne unterheben, so daß die Mayonnaise nicht zusammenfällt. Kalt stellen.
Die Melonen quer halbieren und die Kerne entfernen. Mit einem Melonenausstecher Bäll-

chen ausstechen und in eine Schüssel geben. Mit einem Löffel das restliche Fruchtfleisch aus den Melonen herausschaben und anderweitig verwenden.
In jede Schalenhälfte ein Viertel der Melonenbällchen füllen und mit einem Viertel der Mayonnaise vermischen. Die Melonen gut gekühlt servieren.
Für 4 Personen

PAPRIKASCHOTEN MIT REISFÜLLUNG
Peperoni Ripieni

4 große, feste Paprikaschoten
200 g Arborio Reis
Salz und Pfeffer
2 Knoblauchzehen, gehackt
4 Anchovisfilets
3 EL frische, gehackte Rosmarinblättchen
6 EL natives Olivenöl extra, dazu
1 EL Öl zum Einfetten der Form
3 EL frische glatte gehackte Petersilie
4 EL gehackte Kapern
120 g Mozzarella, gewürfelt

Gut lassen sich die gefüllten Paprikaschoten auch zum ersten Gang servieren. Wählen Sie möglichst runde Schoten aus.

Den Backofen auf 190 °C (Gasherd Stufe 3) vorheizen und die Paprikaschoten auf einem leicht geölten Backblech etwa 20 Minuten rösten, dabei einmal wenden. Die Schoten längs halbieren, Stiel und Kerne entfernen.
Den Reis in einen Topf mit reichlich leicht gesalzenem, kochendem Wasser geben und 15 Minuten bei mäßiger Temperatur garen, dann abgießen.
Das Öl in einer Pfanne leicht erhitzen. Die Anchovisfilets zerdrücken und zusammen mit dem Knoblauch und dem Rosmarin anbraten. Den Reis hinzufügen und einige Sekunden unter Rühren mitbraten. Petersilie und Kapern hinzufügen. Die Paprikahälften mit dieser Mischung füllen und mit Mozzarella bestreuen. In eine eingeölte Backform legen und vor dem Servieren noch einmal für 5 Minuten in den Ofen schieben.
Für 4 Personen

BLUMENKOHL »SURPRISE«
Cavolfiori a Sorpresa

1 mittelgroßer Blumenkohl
1 EL Essig
2 hartgekochte Eier, in dünne Scheiben geschnitten

FÜR DIE MAYONNAISE:

1 Eigelb
Saft von ½ Zitrone
1 EL Dijon-Senf
Salz
175 ml natives Olivenöl extra

Zusammen mit den Tomatenbomben mit Mayonnaise (Rezept Seite 57), den Kartoffel-Grissini mit Sesam (Rezept Seite 152) und einigen Scheiben frischer Mozzarella ergibt diese Zubereitung ein ansprechendes kaltes Vorspeisenbuffet. Die Überraschung ist der Blumenkohl, der unter einer Hülle aus Mayonnaise und Eischeiben verborgen ist. Legen Sie zum Aufschneiden ein sehr scharfes Messer bereit.

Den Blumenkohl putzen und den Strunk von unten kreuzförmig einschneiden. Mit so viel Wasser in einen Topf geben, daß der Kopf bedeckt ist, und den Essig zufügen. Zum Kochen bringen und etwa 15 Minuten leise köcheln lassen, bis der Blumenkohl gar, aber noch fest ist. Abgießen und abkühlen lassen.
Für die Mayonnaise das Eigelb mit dem Zitronensaft, dem Senf und einer Prise Salz in den Mixer geben. und alles kurz vermischen. Dann bei laufendem Gerät das Öl in dünnem Strahl dazugießen. Die fertige Mayonnaise für etwa 1 Stunde kalt stellen, bis sie fest ist.
Den Blumenkohl mit der Mayonnaise überziehen und die Eischeiben leicht hineindrücken. Sofort auftragen oder bis zum Servieren kalt stellen.
Für 4 Personen

Paprikaschoten mit Reisfüllung

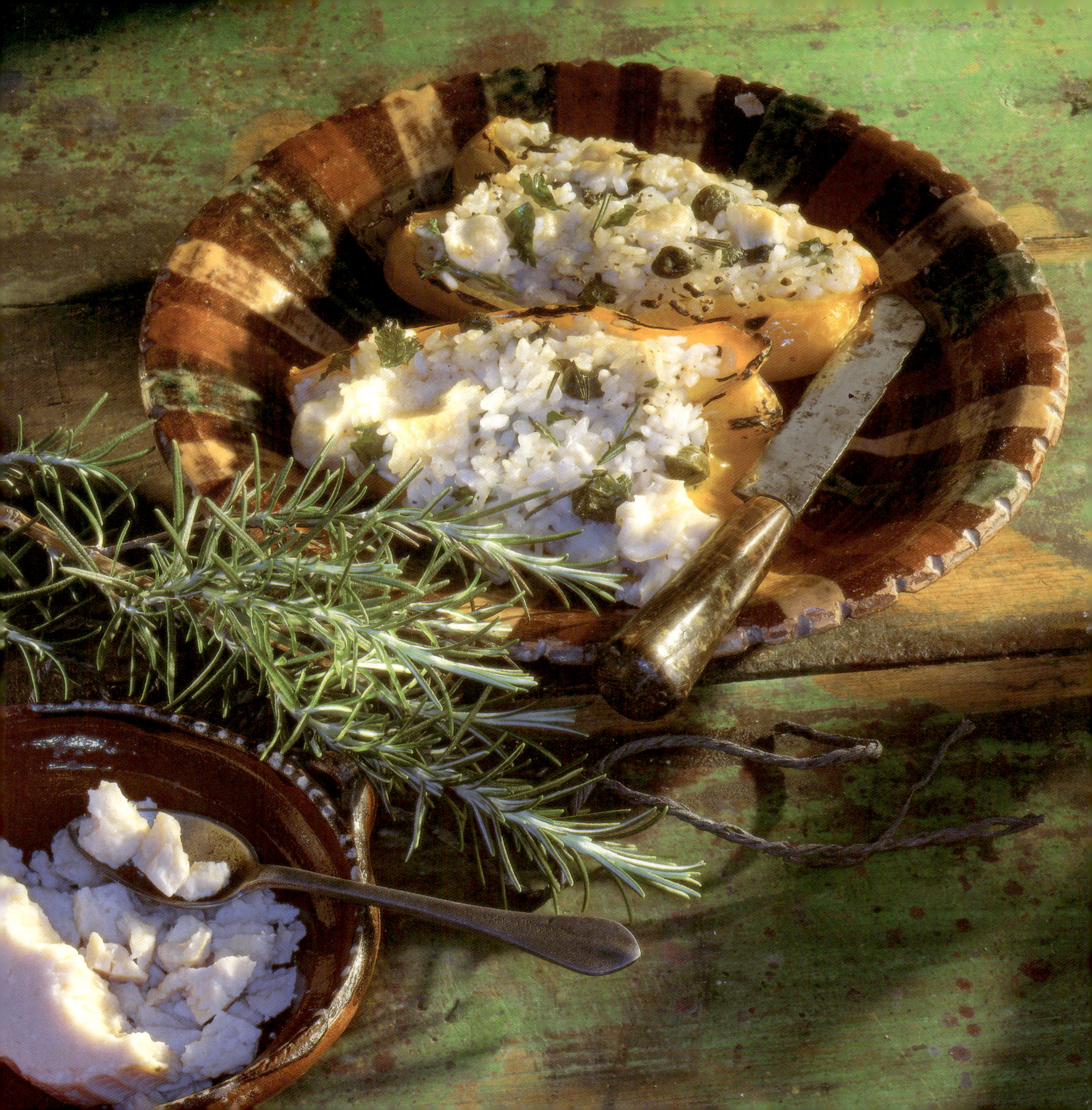

PAPRIKA-KÄSE-ROULADEN
Involtini di Peperone

*2 große rote oder gelbe
Paprikaschoten
200 g Ziegenfrischkäse
2 EL Kapern, gehackt
3 EL natives Olivenöl extra
2 EL frisch gehackte glatte
Petersilie, dazu einige Sträußchen
zum Garnieren
Salz und Pfeffer
8 dünne Scheiben Fontina
(italienischer halbfester Schnittkäse)*

*Nicht nur ihre hübschen Farben, sondern auch der reizvolle Kontrast zwischen
dem leicht süßlichen Geschmack der Paprikaschoten und der säuerlich-pikanten Note
des Käses machen diese Rouladen zu einem besonderen Genuß.*

Den Backofen auf 180 °C (Gasherd Stufe 2–3) vorheizen. Die Paprikaschoten auf einem Blech etwa 30 Minuten backen, bis sie gar sind, dabei nach der Hälfte der Zeit einmal wenden. Die Schoten für einige Minuten in ein sauberes Tuch einschlagen und anschließend enthäuten. Aufschneiden, die Samen und Scheidewände entfernen und jede Schote längs vierteln. Die Stücke auf einer Arbeitsfläche ausbreiten.
Ziegenkäse, Kapern, Öl, gehackte Petersilie und Gewürze nach Geschmack in einer kleinen Schüssel vermengen.
Auf jedes Paprikastück eine passend zugeschnittene Scheibe Fontina legen. Die Ziegenkäsemischung gleichmäßig darauf verteilen. Das Ganze sauber zusammenrollen und mit einem Zahnstocher feststecken. Die Rouladen mit Petersiliensträußchen garnieren. Dazu passen gut Kartoffel-Grissini mit Sesam (Rezept Seite 152).
Für 4 Personen

CROSTINI MIT KICHERERBSENPÜREE
Crostini di Pane e Ceci

*300 g getrocknete Kichererbsen
1 Bund frischer Salbei
1 Prise Salz
2 Knoblauchzehen
125 ml natives Olivenöl extra
4 Scheiben grobes Weizenvollkornbrot
2 EL frisch gehackte glatte Petersilie
Einige Prisen Paprikapulver*

*Diese Zubereitung ist sehr nahrhaft und somit perfekt für die kalte Jahreszeit. Für
ein eleganteres Essen schneiden Sie die Scheiben jeweils in drei Schnittchen.*

Die Kichererbsen mindestens 12 Stunden in kaltem Wasser einweichen, danach abspülen und abtropfen lassen. In einem Topf Wasser zum Kochen bringen. Die Kichererbsen zusammen mit dem Salbei hineingeben und mindestens 1 Stunde leise köchelnd garen, bis sie weich sind. Abgießen und dabei 250 ml des Kochwassers auffangen.
Den Salbeibund entfernen. Die Kichererbsen mit dem Salz, dem Knoblauch und der Hälfte des Olivenöls im Mixer pürieren.
Die Brotscheiben rösten, auf eine Servierplatte legen und mit etwas Kochwasser befeuchten. Jede Scheibe mit einem Viertel des Kichererbsenpürees bestreichen. Mit Petersilie und Paprikapulver bestreuen und je 1 Eßlöffel Olivenöl darüberträufeln. Sofort servieren.
Für 4 Personen

VORSPEISEN

SELLERIE MIT WALNÜSSEN IN SAFRANGELEE
Aspic di Sedano e Noci

4 TL Gelatinepulver
500 ml Gemüsebrühe
1 Prise Safran
1 TL Zitronensaft
4 EL feingehackte glatte Petersilie
Salz und Pfeffer
350 g Knollensellerie,
sehr fein geraspelt
120 g Walnüsse, feingehackt

Etwas für besondere Anlässe ist dieser elegante, leichte Rohkostsalat, der sich in einer dekorativen gelben Geleehülle präsentiert. Er kann nach Belieben auch in einzelnen Förmchen zubereitet werden und gerät nicht minder köstlich etwa mit geraspelten Karotten oder Fenchel und Trauben, um nur zwei weitere Varianten zu nennen.

Die Gelatine mit einer Tasse Brühe in einen Topf geben und auf dem Herd bei sehr niedriger Temperatur quellen lassen. Den Safran hinzufügen und rühren, bis sich die Gelatine aufgelöst hat. Von der Kochstelle nehmen und die restliche Brühe, den Zitronensaft, die Petersilie sowie Salz und Pfeffer nach Geschmack dazugeben. Alles gründlich verrühren.
Eine 1-Liter-Form ausspülen und so viel von der Safranbrühe hineingeben, daß der Boden bedeckt ist. Die Form für etwa $1/2$ Stunde in den Kühlschrank stellen, bis die Brühe zu Gelee erstarrt ist.

Sellerie und Walnüsse zur restlichen Brühe geben und diese in die Form gießen. Für einige Stunden kalt stellen, bis das Ganze durch und durch fest ist.
Vor dem Servieren mit einem Messer am Rand der Form entlangfahren und ein in heißes Wasser getauchtes und ausgedrücktes Tuch um die Form legen. Eine Servierplatte mit der Oberseite auf die Form legen und diese mit Schwung umdrehen. Falls nötig, mehrmals kräftig gegen die Unterseite der Form klopfen. Die Form abnehmen und das Safrangelee sofort servieren.
Für 4 Personen

KÄSEROLLE IM KRÄUTERMANTEL
Rotolo di Formaggio alle Erbe

100 g frisch geriebener Parmesan
100 g (6 EL) Mascarpone
100 g geriebener Emmentaler
100 g Gorgonzola
1 EL feingehackter frischer Schnittlauch
2 EL feingehackter frischer Oregano
1 EL feingehacktes frisches Basilikum
1 EL feingehackter frischer Rosmarin

Die leckere Käsemischung, in einer attraktiven Form präsentiert, wird Ihre Gäste begeistern. Für ein elegantes Buffet formen Sie eine lange, 2–3 cm dicke Rolle, schneiden sie in Scheiben und servieren diese auf frisch geschälten und geschnittenen Gurkenscheiben. Paprikapulver, zart darübergestäubt, erhöht noch den optischen und geschmacklichen Reiz.

Die vier Käsesorten zusammen in den Mixer geben und vermischen – die Masse soll nicht zu glatt werden.
Die Mischung einige Stunden im Kühlschrank fest werden lassen.
Schnittlauch, Oregano, Basilikum und Rosmarin vermischen. Die Käsemasse zu einer langen Rolle formen und mit den Kräutern überziehen. Die Käserolle bis zum Servieren kalt stellen. Im Ganzen oder in Scheiben geschnitten servieren.
Für 4 Personen

WEISSKOHL MIT BALSAMESSIG
Cavolella in salsa di Balsamico

2 Knoblauchzehen, gehackt
4 EL natives Olivenöl extra
2 EL Balsamessig
5–6 Wacholderbeeren
900 g Weißkohl,
in sehr feine Streifen geschnitten
Salz und Pfeffer

Für dieses Rezept muß der Kohl in feinste Streifen geschnitten werden.

In einer Pfanne den Knoblauch im Öl bei mäßiger Temperatur goldgelb dünsten.
Den Balsamessig, die Wacholderbeeren und den Kohl hinzufügen und nach Geschmack salzen und pfeffern. Die Hitze hochschalten und den Kohl unter Rühren etwa 1 Minute braten. Er sollte soeben gar und richtig heiß werden, aber noch knackig sein. Auf einer Platte anrichten und sogleich servieren.
Für 4 Personen

ZWIEBELCHEN SÜSS-SAUER
Cipolle Marinate

30 g (2 EL) Butter
700 g Perlzwiebeln, geschält
1 EL Zucker
125 ml Weißwein
2 EL Essig
Abgeriebene Schale von 1/2 Zitrone
1 Lorbeerblatt
1 Zimtstange
Salz und Pfeffer

Diese klassische Vorspeise rüttelt die Geschmacksknospen wach. Um das Schälen der Zwiebeln zu erleichtern, taucht man sie zunächst für einige Sekunden in kochendes Salzwasser.

Die Butter in einer großen Pfanne bei hoher Temperatur zerlassen. Die Zwiebeln mit dem Zucker dazugeben und einige Minuten braten, dabei häufig rühren. Wein, Essig, Zitronenschale, Lorbeerblatt und Zimt hinzufügen, das Ganze nach Geschmack salzen und pfeffern und gründlich durchmischen. Die Zwiebeln zugedeckt etwa 1/2 Stunde schmoren, bis sie gar sind.

Lorbeerblatt und Zimtstange entfernen. Falls noch zuviel Flüssigkeit in der Pfanne ist, die Zwiebeln auf einer vorgewärmten Servierplatte warm stellen und den Fond bei hoher Temperatur auf die Konsistenz einer sämigen Sauce einkochen.
Die Zwiebeln mit dem Weißweinfond überziehen und sogleich servieren.
Für 4 Personen

RICOTTA MIT PISTAZIEN
Ricotta ai Pistacchi

450 g Ricotta
100 g Pistazien, gehackt
2 EL natives Olivenöl extra
Salz und Pfeffer

Ein delikater Dip für knackigen Bleichsellerie.

Ricotta, Pistazien und Öl mit Salz und Pfeffer nach Geschmack in einer Schüssel sorgfältig vermischen.

Den Dip bis zum Servieren in den Kühlschrank stellen.
Für 4 Personen

Weißkohl mit Balsamessig

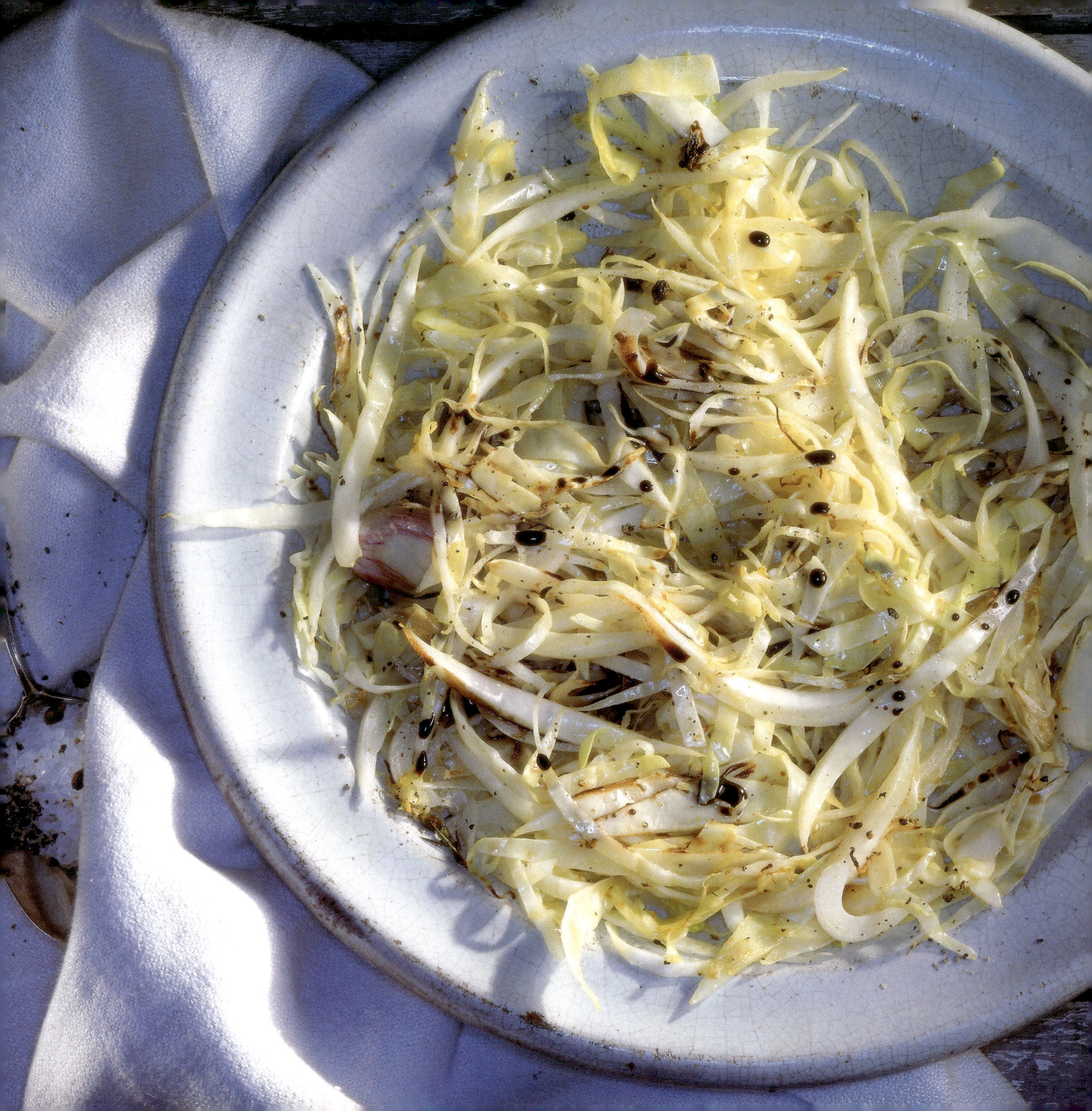

Gerichte für den ersten Gang

Ihre weltweite Popularität hat die italienische Küche wohl vor allem den Speisen zu verdanken, die traditionell zum ersten Gang serviert werden. Und wenn es in Italien so etwas wie eine Nationalspeise gibt, dann ist dies gewiß die Pasta. Ein schlichtes Pastagericht wie es in vielen Familien tagtäglich auf den Tisch kommt, stillt nicht nur den Hunger, es regt auch stets wieder den Appetit auf neue Variationen an.

Wann immer schnell ein Mittagessen zubereitet werden muß, ist eine Schüssel mit dampfender Pasta die rettende Lösung. Pasta steht in unserer gesamten Familie hoch im Kurs, und mit einer einfachen Tomatensauce ist sie, nicht nur bei den Kindern, der absolute Favorit. Der große Vorteil von Pasta ist ihre unerschöpfliche Vielseitigkeit, die sich allein schon in ihrem Formenreichtum zeigt, ganz zu schweigen von den unzähligen köstlichen und phantasievollen Saucenvarianten.

Hier in der Badia a Coltibuono empfangen wir viele Freunde und Gäste, die uns unserer guten Weine wegen besuchen. Unter ihnen befinden sich einige der berühmtesten Restaurantbesitzer der Welt. Ihnen Gerichte zu servieren, die sie zuvor nie kennengelernt haben, vor allem Pastavariationen, ist uns ein besonderes Anliegen.

Abends essen wir selten Pasta. Gewöhnlich besteht der erste Gang aus einer herzhaften Gemüsesuppe oder aber einem leichten, eleganten Consommé. Gelegentlich gibt es auch einen Risotto.

GERICHTE FÜR DEN ERSTEN GANG

Dieses Reisgericht läßt sich mit den verschiedensten Gemüsen zubereiten und ist beinahe ebenso vielseitig wie Pasta. Ohne die wundervollen Qualitäten schmälern zu wollen, die die italienische Küche landauf, landab kennzeichnen, gibt es doch wenige Restaurants südlich von Bologna, wo ich einen Risotto bestellen würde. Bei meinen Mailänder Großeltern kostete ich als Kind die ersten unvergeßlichen Risottogerichte, und selten habe ich seither eines gegessen, das dem Vergleich mit diesen Erinnerungen standhielt.

Pizza ist eines der Lieblingsessen von Kindern und findet auch bei Erwachsenen großen Anklang. Wir backen sie oft, wenn unsere Familie zu einem gemeinsamen Essen zusammenkommt. Da wir sehr viele sind, ist dies nicht allzu häufig der Fall. Wenn es aber passiert, zaubert eine Pizza stets eine familiäre, ungezwungenen Stimmung.

Während Pasta, Pizza, Gnocchi und Gemüsesuppen das ganze Jahr über zubereitet werden, kommt Polenta gewöhnlich nur im Winter auf den Tisch, vor allem in einer ihrer traditionellen Zubereitungsarten, nämlich mit Kohl und Bohnen.

REZEPTE

GRÜNE ERBSENSUPPE
Passato Di Bucce Di Piselli

1 kg grüne Erbsen samt Schoten
1 l Gemüsebrühe
30 g (2 EL) Butter
½ Gemüsezwiebel, in Scheiben geschnitten
2 EL frisch gehackte glatte Petersilie
6 EL natives Olivenöl extra
4 dicke Scheiben grobes Landbrot, in 1 cm große Würfel geschnitten
Salz und frisch gemahlener Pfeffer

Das Rezept für diese äußerst schmackhafte Suppe, für die auch die Schoten verwendet werden, stammt aus jenen Zeiten, als nichts Eßbares verschwendet wurde. Ersatzweise eignen sich auch dicke Bohnen.

Die Erbsen palen und beiseite legen. Die Schoten gründlich waschen und dann in frischem Wasser einige Stunden einweichen. Abgießen, mit der Gemüsebrühe in einen Topf geben und etwa 20 Minuten leise köcheln lassen, bis sie zart sind. Den Topfinhalt im Mixer pürieren und beiseite stellen.
Die Butter in einem Topf bei mäßiger Temperatur schmelzen. Die Zwiebel mit der Petersilie hinzufügen und unter häufigem Rühren in etwa 10 Minuten glasig dünsten.
Die Erbsen und etwas Wasser dazugeben. Zugedeckt etwa 20 Minuten garen, dabei häufig rühren und bei Bedarf immer wieder einige Eßlöffel Wasser dazugeben.
Gleichzeitig in einer Pfanne das Öl bei hoher Temperatur erhitzen. Die Brotwürfel unter häufigem Rühren braten, bis sie knusprig und appetitlich gebräunt sind. Auf Küchenpapier abtropfen lassen und warm stellen.
Die pürierten Schoten zu den Erbsen geben. Die so entstandene sämige Suppe noch einige Minuten köcheln lassen, mit Salz und Pfeffer abschmecken und servieren. Die Croûtons dazu reichen.
Für 4 Personen

GURKENCREMESUPPE
Crema Di Cetrioli

2 Gurken, geschält und in dicke Scheiben geschnitten
2 mittelgroße Kartoffeln, geschält und in Stücke geschnitten
500 ml Milch
500 ml Wasser
1 Glas trockener Weißwein
1 EL frisch gehackte glatte Petersilie
Salz und frisch gemahlener Pfeffer

Heiß oder kalt schmeckt diese leichte, cremige Suppe gleichermaßen gut. Möchten Sie sie lieber kalt genießen, können Sie die Petersilie gut durch Minze ersetzen. Nach dem gleichen Rezept lassen sich auch andere Gemüse wie Fenchel, Sellerie oder Mangold zubereiten.

Gurken und Kartoffeln in einem Topf mit der Milch und dem Wasser bedecken. Das Gemüse bei niedriger Temperatur mindestens 10 Minuten leise köcheln lassen, bis die Kartoffeln richtig weich sind. Die Mischung pürieren und zurück in den Topf geben. Den Weißwein hinzugießen, das Ganze einmal aufkochen lassen und sogleich wieder vom Herd nehmen. Die Petersilie darüberstreuen und die Suppe mit Salz und Pfeffer nach Geschmack würzen. Alles gut verrühren.
Die Suppe entweder kochend heiß servieren oder abkühlen lassen, danach mindestens für 1 Stunde in den Kühlschrank stellen und kalt genießen.
Für 4 Personen

Grüne Erbsensuppe

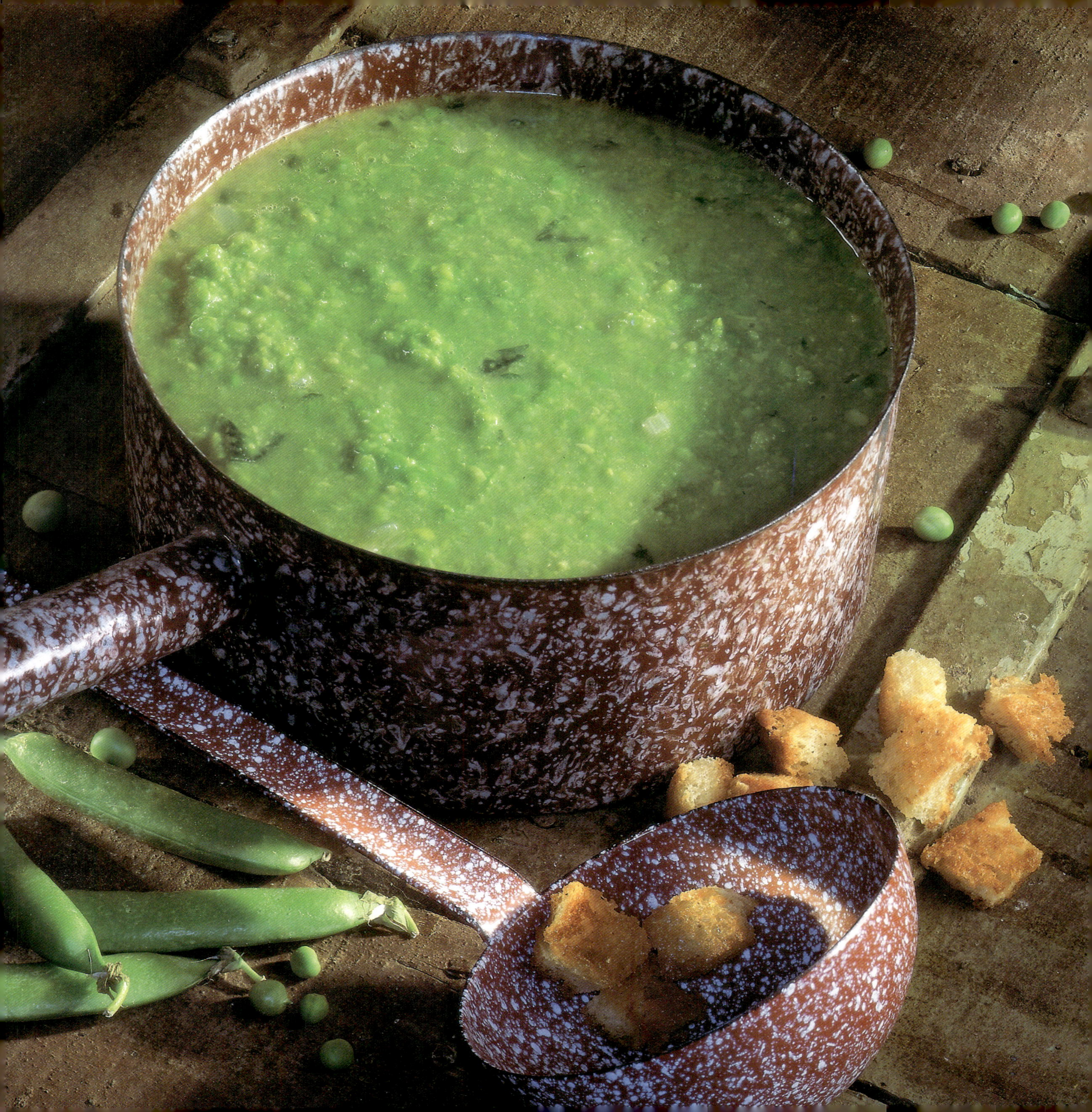

PFANNKUCHENSUPPE
Brodo con Crespelle

2 Karotten, gehackt
1 Bund Bleichsellerie, gehackt
2 Zucchini, gehackt
1 Tomate, gehackt
2 Kartoffeln, geschält und gehackt
1 Zwiebel, gehackt
2 l Wasser
Salz
250 ml Milch
120 g Mehl
1 EL natives Olivenöl extra
1 Bund glatte Petersilie, gehackt
100 g frisch geriebener Parmesan
3 Eier
30 g (2 EL) Butter, zerlassen

Das delikate, beinahe fernöstlich anmutende Gericht ist eine gelungene Einstimmung auf ein Abendessen mit Gästen.

Karotten, Sellerie, Zucchini, Tomate, Kartoffeln und Zwiebel mit dem Wasser in einen Topf geben. Alles einmal aufkochen und mindestens 1 Stunde leise köcheln lassen, bis die Flüssigkeit auf die Hälfte reduziert ist. Die Brühe durchseihen, nach Geschmack salzen und warm stellen.

Die Milch in einem kleinen Topf bei mäßiger Temperatur eben erwärmen. Mit dem Mehl, $^1/_2$ Teelöffel Salz, dem Öl, der Hälfte der Petersilie, 2 Eßlöffeln Parmesan und den Eiern in den Mixer geben und alles zu einem glatten Backteig verrühren.

Den Boden einer Pfanne mit zerlassener Butter einpinseln und diese bei mäßiger Temperatur erhitzen. Einen Löffel Teig hineingeben und die Pfanne rasch schwenken, so daß sich der Teig gleichmäßig dünn verteilt. Sobald die eine Seite zart gebräunt ist, den Pfannkuchen wenden und von der zweiten Seite ebenfalls einige Minuten goldgelb bräunen. Den Pfannkuchen auf ein Backblech gleiten lassen und im Ofen warm halten. Den restlichen Backteig genauso verarbeiten.

Wenn alle Pfannkuchen fertig sind, diese einzeln zusammenrollen und in sehr feine Streifen schneiden. Die Brühe aufkochen und in eine vorgewärmte Suppenterrine füllen. Die Pfannkuchenstreifen und die restliche Petersilie hineingeben. Die Suppe sogleich servieren, den übrigen Parmesan separat dazu reichen.

Für 4 Personen

FEINE BLUMENKOHL-HIRSE-SUPPE
Passato di Miglio e Cavolfiore

4 EL natives Olivenöl extra
1 mittelgroßer Blumenkohl, in Stücke geschnitten
120 g Hirse, gründlich gewaschen
1 l kochendes Wasser
Salz
2 EL frisch gehackte glatte Petersilie

Die süßliche Note von Hirse und der charakteristische Blumenkohlgeschmack verleihen dieser Suppe ein ungewöhnliches Aroma.

Das Öl in einem Topf bei hoher Temperatur erhitzen. Die Blumenkohlstücke hineingeben und unter häufigem Rühren leicht anbräunen. Die Hirse zum Blumenkohl geben und einige Minuten bei hoher Temperatur anrösten. Das heiße Wasser und Salz nach Geschmack hinzufügen. Das Ganze zugedeckt bei niedriger Temperatur etwa $^1/_2$ Stunde köcheln lassen, bis Blumenkohl und Hirse gar sind.

Den Topfinhalt im Mixer pürieren, bis man eine sämige Suppe erhält. Diese in eine vorgewärmte Terrine füllen, mit der Petersilie bestreuen und heiß servieren.

Für 4 Personen

GERICHTE FÜR DEN ERSTEN GANG

REIS-PETERSILIEN-SUPPE
MINESTRA DI RISO E PREZZEMOLO

2 mehligkochende Kartoffeln,
in große Stücke geschnitten
2 EL natives Olivenöl extra
Salz und frisch gemahlener Pfeffer
1 l Gemüsebrühe
200 g weißer Reis
2 EL frisch gehackte glatte Petersilie
15 g (1 EL) Butter

Traditionsgemäß wird diese leichte Suppe bei einem Essen im Kreise der Familie serviert. Besonders köstlich ist sie vor einem leichten Hauptgang aus frischen, jungen dicken Bohnen und Pecorino.

Die Kartoffeln, das Öl, etwas Salz und Pfeffer und die Gemüsebrühe in einen Topf geben. Alles leise köcheln lassen, bis die Kartoffeln gar sind. Diese mit einer Schaumkelle herausnehmen, auf einem Teller mit einer Gabel zerdrücken und zurück in den Topf geben. Das Ganze wieder aufkochen lassen, den Reis hineingeben und bei niedriger Temperatur etwa 15 Minuten weich garen.
Den Topf vom Herd nehmen. Die Petersilie und die Butter einrühren. Die Suppe abschmecken, in eine vorgewärmte Terrine füllen und servieren.
Für 4 Personen

KICHERERBSENSUPPE MIT TAGLIATELLE
PASTA E CECI

250 g getrocknete Kichererbsen,
über Nacht eingeweicht und
abgetropft
1,25 l Wasser
3 EL frisch gehackter Rosmarin
6 Knoblauchzehen, 4 davon gehackt
7 EL natives Olivenöl extra
Salz und frisch gemahlener Pfeffer
250 g Tagliatelle

Ein wahrer Klassiker der rustikalen toskanischen Küche und ein sättigendes Gericht, das, mit einer Flasche guten Chianti genossen, auch allein eine Mahlzeit ergibt.

Die Kichererbsen mit dem Wasser, dem Rosmarin, den ganzen Knoblauchzehen und 3 Eßlöffeln Öl in einen Topf geben. Alles einmal aufkochen lassen und dann bei sehr niedriger Temperatur mindestens 1½ Stunden sanft garen. Wenn die Kichererbsen weich sind, die Hälfte mit einem Schaumlöffel herausnehmen und im Mixer pürieren oder durch ein Sieb passieren. Zurück in den Topf geben, die Suppe mit Salz und Pfeffer abschmecken und weiter sehr sanft köcheln lassen.
Unterdessen die Tagliatelle in reichlich sprudelndem Salzwasser kochen, bis sie etwas mehr als halb gar sind. Zu den Kichererbsen geben und das Ganze erneut abschmecken.
Das restliche Öl in einem kleinen Topf bei hoher Temperatur erhitzen. Den gehackten Knoblauch unter Rühren knusprig braten.
Die Kichererbsensuppe mit der Pasta in eine vorgewärmte Terrine füllen, den Knoblauch darüber verteilen und die Suppe servieren.
Für 4 Personen

KÜRBIS-BOHNEN-SUPPE
ZUPPA DI FAGIOLI E ZUCCA

350 g getrocknete Borlotti-Bohnen
900 g Kürbisfleisch, in Stücke geschnitten
4-5 mehligkochende Kartoffeln, geschält und in Stücke geschnitten
Salz und frisch gemahlener Pfeffer
125 ml natives Olivenöl extra
1 rote Zwiebel, in Scheiben geschnitten
3 Knoblauchzehen, in Scheiben geschnitten
10 frische Salbeiblätter, gehackt
1 Stange Bleichsellerie, in Scheiben geschnitten

Ein attraktives Serviergefäß für diese deftige Wintersuppe ist die ausgehöhlte Kürbisschale, die im Ofen erwärmt wird. Stellen Sie eine Flasche gutes Olivenöl auf den Tisch, so daß jeder Gast seine Portion noch nach Belieben abschmecken kann.

Die Bohnen 12 Stunden in kaltem Wasser einweichen, das möglichst mehrmals gewechselt wird. Anschließend die Bohnen in einem Topf 2–3 cm hoch mit frischem Wasser bedecken und bei niedriger Temperatur 1 Stunde kochen lassen.
Die Kürbis- und Kartoffelstücke dazugeben und das Ganze bei niedriger Temperatur etwa 30 Minuten garen, bis die Kürbisstücke durch und durch weich und die Bohnen gar sind.
Bohnen, Kürbis und Kartoffeln mit einer Gabel zerdrücken, so daß man eine sämige Suppe erhält.

Den Herd abschalten und die Suppe mit der Restwärme 5–10 Minuten weiter köcheln lassen. Zuletzt die Suppe mit Salz und Pfeffer abschmecken.
Unterdessen das Öl in einem Topf bei mäßiger Temperatur erhitzen. Zwiebel, Knoblauch, Salbei und Sellerie hineingeben und etwas Farbe annehmen lassen. Die Mischung zur Suppe geben und gründlich umrühren. Die Suppe in eine vorgewärmte Terrine oder die ausgehöhlte Kürbisschale füllen und möglichst heiß servieren.
Für 4 Personen

LINSENSUPPE
MINESTRA DI LENTRICCHIE

4 EL natives Olivenöl extra
1 Zwiebel, gehackt
2 Stangen Bleichsellerie, gehackt
2 Karotten, grobgehackt
1 Bund frische Salbeiblätter
1 Lorbeerblatt
200 g Dosentomaten, abgetropft und gehackt
250 g Linsen
1 l Wasser, eventuell zusätzlich etwa 125 ml
Salz und frisch gemahlener Pfeffer

Das Gelingen dieses herzhaften italienischen Klassikers hängt entscheidend von der Qualität der Linsen ab. Verwenden Sie große Linsen, die relativ schnell weich werden.

Das Öl in einem Topf bei mittlerer Temperatur erhitzen. Die Zwiebel einige Minuten dünsten, dabei mit einem Holzlöffel rühren. Sellerie, Karotten, Salbei und Lorbeerblatt dazugeben. Die Temperatur erhöhen, alles zusammen einige Minuten braten und dann die Tomaten hinzufügen. Die Temperatur reduzieren und nach einigen Minuten die Linsen mit dem Wasser in den Topf geben. Die Suppe bei schräg aufgelegtem Deckel etwa 1 Stunde leise köcheln lassen. Dabei nach Bedarf noch weiteres Wasser hinzugießen.
Den Salbeibund und das Lorbeerblatt entfernen und die Suppe nach Geschmack salzen und pfeffern.
Die Suppe in eine vorgewärmte Terrine füllen und sogleich servieren.
Für 4 Personen

Kürbis-Bohnen-Suppe

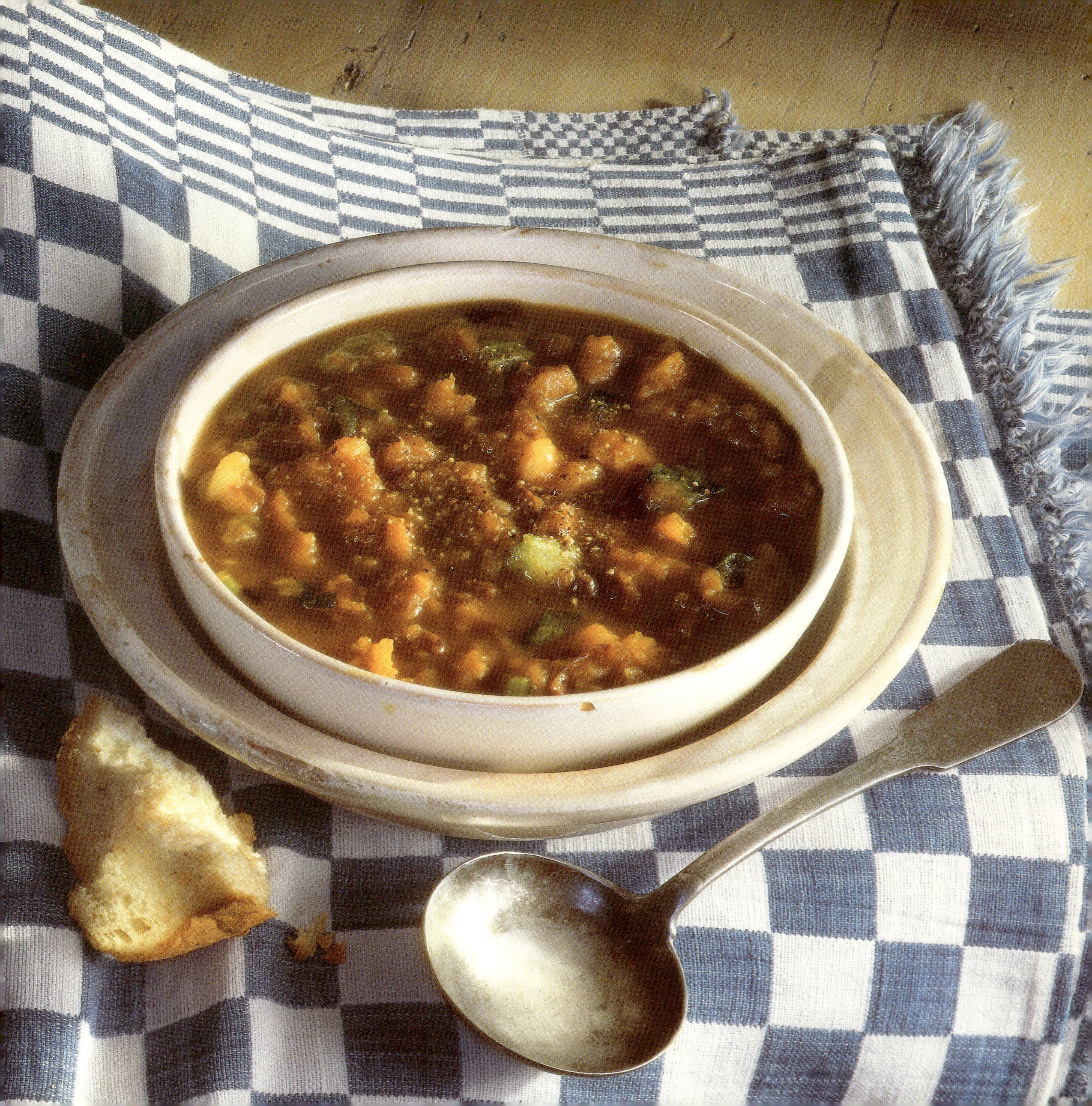

CREMIGE CANNELLINI-SUPPE MIT SALBEI UND ZITRONE
Passato di Fagioli, Salvia e Limone

200 g getrocknete Cannellini- oder andere weiße Bohnen
1,25 l Wasser
20 frische Salbeiblätter
Salz und frisch gemahlener Pfeffer
Saft von 1 Zitrone
125 ml natives Olivenöl extra
4 Knoblauchzehen, gehackt

Pürieren Sie die Bohnen durch ein Sieb anstatt im Mixer, so bleiben die etwas schwer verdaulichen Schalen zurück.

Die Bohnen 12 Stunden in kaltem Wasser einweichen, das möglichst zwei- bis dreimal erneuert wird. Danach die Bohnen abspülen, abtropfen lassen und mit dem Wasser und einigen Salbeiblättern in einen Topf geben. Alles zum Kochen bringen und etwa 1 1/2 Stunden leise köcheln lassen, bis die Bohnen ganz zart sind. Die Bohnen nach Geschmack salzen und durchpassieren. Zurück in den Topf geben, den Zitronensaft hinzufügen und die Suppe bei sehr niedriger Temperatur erneut auf den Herd setzen.

Unterdessen das Öl in einer Pfanne bei mäßiger Temperatur erhitzen. Sobald es heiß ist, den restlichen Salbei und den Knoblauch hineingeben und in etwa 5 Minuten knusprig braten. Zur Suppe geben, diese mit Salz und Pfeffer abschmecken und in einer vorgewärmten Terrine zu Tisch bringen.

Für 4 Personen

BOHNEN-DINKEL-SUPPE
Zuppa di Fagioli e Farro

200 g getrocknete Borlotti-Bohnen, über Nacht eingeweicht und abgetropft
6 EL natives Olivenöl extra
1 Zwiebel, gehackt
125 ml Dosentomaten, abgetropft und gehackt
200 g Dinkel, einige Stunden in Wasser eingeweicht und abgetropft
1 l Wasser, nach Bedarf auch mehr
Salz und frisch gemahlener Pfeffer
1 Knoblauchzehe, sehr fein gehackt

Dinkel ist ein zartes Getreide, das in der Toskana in der Gegend um Lucca angebaut wird. Er wird genauso wie Reis gegart. Der Knoblauch, der zuletzt roh in die Suppe gestreut wird, ist etwas für überzeugte Knoblauchfreunde.

Die Bohnen in einem großen Topf mit Wasser bedecken und gut 1 Stunde leise köchelnd garen, bis sie weich sind. Abgießen und im Mixer oder durch ein Sieb pürieren.

In einem großen Topf 4 Eßlöffel Öl erhitzen. Die Zwiebel bei hoher Temperatur einige Minuten unter häufigem Rühren mit einem Holzlöffel braten. Die Tomaten hinzufügen und 1–2 Minuten mitdünsten, dann den Dinkel mit dem Wasser in den Topf geben. Alles etwa 40 Minuten kochen lassen, dabei nach Bedarf weiteres Wasser hinzufügen. Mit Salz und Pfeffer abschmecken.

Das Bohnenpüree erhitzen, in die Suppe rühren und diese in eine vorgewärmte Terrine füllen. Mit dem restlichen Olivenöl beträufeln, den frisch gehackten Knoblauch darüberstreuen und alles gut verrühren. Die Suppe sofort servieren.

Für 4 Personen

GERICHTE FÜR DEN ERSTEN GANG

ZWIEBEL-CHAMPIGNON-SUPPE
Minestra di Cipolle e Funghi

In der klassischen Version wird diese leckere Wintersuppe ohne Joghurt zubereitet.

60 g (4 EL) Butter
60 g (6 EL) Mehl
1,25 l kochendes Wasser
2 Gemüsezwiebeln, in feine Scheiben geschnitten
6 EL Naturjoghurt
150 g frische Zuchtchampignons, in Scheiben geschnitten
Salz und frisch gemahlener Pfeffer
60 g geriebener Emmentaler
4 Scheiben kräftiges Landbrot

Die Butter in einem Topf bei niedriger Temperatur zerlassen. Das Mehl hinzufügen und bei etwas höherer Temperatur einige Minuten unter ständigem Rühren mit einem Holzlöffel leicht anrösten. Langsam 250 ml heißes Wasser hinzugießen und dabei ständig rühren, bis man eine glatte Mehlschwitze erhält. Die Zwiebeln dazugeben, die Temperatur nochmals leicht erhöhen und die Zwiebeln unter häufigem Rühren schön goldgelb werden lassen.

Das restliche heiße Wasser dazugießen. Das Joghurt einrühren und das Ganze bei niedriger Temperatur etwa 1/2 Stunde kochen lassen. 5 Minuten vor Ende der Garzeit die Champignons zur Suppe geben, salzen und pfeffern. Die Suppe vom Herd nehmen. Den Käse einstreuen und gut verrühren.
Vier Suppenteller mit je einer Brotscheibe auslegen, mit Suppe auffüllen und sogleich heiß servieren.
Für 4 Personen

GEMELLI MIT CHAMPIGNONS UND KNOBLAUCH
Gemelli ai Funghi e Aglio

Für dieses Rezept wird der Knoblauch im Ganzen im Ofen gebacken. So entwickelt er ein besonders feines Aroma.

4 ganze Knoblauchknollen
6 EL natives Olivenöl extra
450 g frische Zuchtchampignons, in feine Scheiben geschnitten
2 EL frisch gehackte glatte Petersilie
125 ml Wasser
450 g Gemelli (italienische Pasta-Form) oder andere mittelgroße Pasta
Salz und frisch gemahlener Pfeffer

Den Backofen auf 180 °C (Gasherd Stufe 2–3) vorheizen. Die ganzen Knoblauchknollen in Alufolie wickeln und etwa 45 Minuten backen. Herausnehmen und abkühlen lassen. Das Fruchtfleisch aus den Schalen pressen und mit der Hälfte des Öls vermischen. Die Mischung warm stellen.
Das restliche Öl in einer Pfanne erhitzen und die Champignons etwa 5 Minuten braten. Die Petersilie und das Wasser hinzufügen und die Pilze bei hoher Temperatur noch einige Minuten garen. Gleichzeitig in einem großen Topf reichlich Salzwasser zum Kochen bringen und die Pasta al dente kochen. Abgießen und mit der Knoblauchpaste und den Champignons in eine Servierschüssel geben. Das Ganze gründlich vermischen, abschmecken und servieren.
Für 4 Personen

MINESTRONE MIT BASILIKUMSAUCE
Minestrone alla Pasta e Pesto

3 mehligkochende Kartoffeln, feingewürfelt
100 g gepalte frische, kleine Erbsen
½ Kopf Wirsing, in Streifen geschnitten
150 g Bohnen, in Abschnitte geteilt
3 Zucchini, feingewürfelt
100 g frische Cannellini-Bohnen (ersatzweise getrocknete Cannellini-Bohnen, über Nacht eingeweicht)
2 l Wasser
Salz
100 g mittelgroße Pasta

FÜR DIE BASILIKUMSAUCE:
60 g Pinienkerne
30 frische Basilikumblätter
2 Knoblauchzehen
2 EL frisch geriebener Pecorino
2 EL frisch geriebener Parmesan
6 EL natives Olivenöl extra

Für dieses Rezept eignet sich jede mittelgroße Pastaform, etwa Ditalini, Maccheroni oder Conchigliette. Wer die Zeit dazu hat, kann die Basilikumsauce nach der traditionellen Methode im Mörser herstellen, wie auf Seite 154 beschrieben.

Kartoffeln, Erbsen, Wirsing, grüne Bohnen, Zucchini und Cannellini-Bohnen in einen großen Topf geben. Das Wasser und eine Prise Salz hinzufügen. Alles zugedeckt bei sehr niedriger Temperatur 2 Stunden sanft köcheln lassen.
Für das *pesto* Pinienkerne, Basilikumblätter, Knoblauchzehen, Pecorino, Parmesan und Öl in den Mixer geben und zu einer glatten, cremigen Sauce verarbeiten.

In einem großen Topf reichlich Salzwasser zum Kochen bringen und die Pasta halb gar kochen. Abgießen, zur Suppe geben und fertig garen.
Die Minestrone vom Herd nehmen und das *pesto* kurz unterrühren.
Die fertige Minestrone in eine vorgewärmte Suppenterrine füllen und dampfend heiß auf den Tisch bringen.
Für 4 Personen

GERICHTE FÜR DEN ERSTEN GANG

HAUSGEMACHTE TAGLIERINI IN ZUCCHINISAUCE
TAGLIERINI IN SALSA DI ZUCCHINE

200 g Mehl
2 große Eier
4 mittelgroße Zucchini
125 ml natives Olivenöl extra
3 frische Estragonstengel
60 g frisch geriebener Parmesan

Dieses Pastagericht besticht durch seinen zarten Geschmack. Ganz wundervoll paßt dazu Estragon, ersatzweise eignet sich aber auch Oregano.

Das Mehl mit den Eiern in eine große Schüssel geben und beides mit einer Gabel leicht vermischen. Mit den Händen Mehl und Eier vermengen und die Mischung kneten, bis man einen glatten, elastischen Teig erhält.
Den Teig mit einer Nudelmaschine oder dem Nudelholz zu 2 mm dicken Blättern rollen und diese in 5 mm breite Streifen schneiden.
Die Zucchini im Mixer zerkleinern, dafür den Schalter nur vier- bis fünfmal kurz betätigen, damit sie nicht musig werden. 6 Eßlöffel Öl in einem großen Topf erhitzen und die Zucchini darin bei sehr hoher Temperatur 2 Minuten braten. Vom Herd nehmen und warm stellen.
Die Estragonstengel in einer kleinen Schüssel mit dem restlichen Öl übergießen. Die Schüssel in einen Topf mit leise sprudelndem Wasser hängen und das Öl einige Minuten erhitzen, so daß es das Estragonaroma gut aufnimmt.
In einem großen Topf reichlich Salzwasser zum Kochen bringen. Die Taglierini hineingeben und garen, bis sie an die Oberfläche steigen. Abgießen und in den Topf mit den Zucchini geben. Das Estragonöl durch ein Sieb über die Pasta träufeln. Den Parmesan darüberstreuen und das Gericht unter ständigem Rühren und Rütteln des Topfes noch eine Minute durchwärmen. In eine Schüssel füllen und servieren.
Für 4 Personen

FUSILLI MIT BROCCOLI-PESTO
FUSILLI AL PESTO DI BROCCOLI

600 g Broccoli
125 ml natives Olivenöl extra
1 Gemüsezwiebel, gehackt
1 Knoblauchzehe, in Scheiben geschnitten
500 g Fusilli (Spiralnudeln)
60 g Kapern, gut abgetropft
12 frische Basilikumblätter
1 Prise Chilipulver
Salz

Der Begriff pesto *leitet sich von dem italienischen Verb* pestare – zerstoßen – *ab und geht auf jene Zeit zurück, als man Saucen dieser Art noch mit Mörser und Stößel zubereitete.*

Vom Broccoli die Röschen abschneiden und beiseite legen. Die Stiele schälen und in Stücke schneiden. In einem großen Topf reichlich Salzwasser zum Kochen bringen. Die Broccolistiele hineingeben, 1 Minute garen und dann mit einer Schaumkelle herausnehmen – das Wasser wird noch benötigt.
Die Hälfte des Öls in einer Pfanne bei hoher Temperatur erhitzen. Die Zwiebel mit dem Knoblauch hineingeben und in etwa 2 Minuten glasig schwitzen. Die Broccoliröschen und -stiele hinzufügen, einen Deckel auflegen und das Gemüse bei sehr niedriger Temperatur 20 Minuten dünsten. Dabei gelegentlich rühren und einige Eßlöffel des Broccolikochwassers dazugeben.
Das Kochwasser erneut erhitzen. Sobald es aufwallt, die Fusilli hineingeben und al dente kochen. Währenddessen die Broccolimischung in den Mixer geben. Das restliche Öl, die Kapern, das Basilikum, das Chilipulver und Salz nach Geschmack hinzufügen. Das Ganze durch mehrmaliges kurzes Einschalten des Mixers fein zerkleinern.
Die Pasta abgießen und in eine Servierschüssel füllen. Das Broccoli-Pesto darübergeben und alles gründlich vermischen. Sofort servieren.
Für 4 Personen

REZEPTE

BUNTER CONCHIGLIE-SALAT
Conchiglie in Insalata

500 g Conchiglie (Muschelnudeln)
6 EL natives Olivenöl extra
8 Kirschtomaten, geviertelt
1 gelbe Paprikaschote, gewürfelt
1 weiße, zarte Stange Bleichsellerie, in feine Scheiben geschnitten
8 schwarze Oliven, entsteint und in Scheiben geschnitten
30 g Rucola, in Streifen geschnitten
8 frische Minzeblätter, in Streifen geschnitten
240 g Mozzarella, in 1 cm große Würfel geschnitten
Saft von 1/2 Zitrone
Salz und frisch gemahlener Pfeffer
1/2 Knoblauchzehe, in hauchfeine Scheiben geschnitten

Im Sommer, wenn das Gemüse den intensivsten Geschmack hat, mundet dieser kalte Nudelsalat am allerbesten. Mischen Sie etwas Olivenöl unter die gekochte und abgegossene Pasta, bevor Sie sie in einer großen Schüssel bei Raumtemperatur abkühlen lassen. Es ist falsch, sie durch Abbrausen mit kaltem Wasser abzukühlen, da sie so Geschmack und Biß verliert.

Einen Topf mit reichlich Salzwasser aufsetzen. Sobald es aufsprudelt, die Conchiglie hineingeben und al dente kochen. Abgießen, in einer Schüssel mit der Hälfte des Öls vermischen und abkühlen lassen. Wenn die Pasta zimmerwarm ist, die Tomaten, die Paprikaschote, den Sellerie, die Oliven, die Rucola, die Minze und die Mozzarella dazugeben. Alles gründlich vermischen.

Das restliche Öl mit dem Zitronensaft sowie Salz und Pfeffer nach Geschmack mit einer Gabel verquirlen. Die Knoblauchscheiben unterrühren, das Dressing über die Pasta geben und gründlich durchmischen.
Nach Geschmack können Sie den fertigen Salat auch vor dem Servieren 1/2 Stunde kalt stellen.
Für 4 Personen

FADENNUDELN MIT TOMATEN
Capelli d'Angelo ai Pomodori Crudi

4 reife Tomaten
450 g Capelli d'angelo (»Engelshaar«, sehr lange, dünne Fadennudeln)
4 EL natives Olivenöl extra
2 Knoblauchzehen, gehackt
1 EL frisch gehackte Minze
1 EL getrockneter Oregano
Salz und frisch gemahlener Pfeffer

Wenn Sie das Knoblauchöl richtig heiß über die Nudeln geben, ist Vorsicht geboten, denn es kann leicht spritzen.

In einem Topf Salzwasser zum Kochen bringen. Die Tomaten für 1/2 Minute hineingeben, abgießen und noch heiß enthäuten. Halbieren, entkernen, in Stücke schneiden und in einem Sieb abtropfen lassen.
Die Pasta in kochendem Salzwasser aufsetzen. Das Öl in einer Pfanne erhitzen und den Knoblauch darin knusprig goldbraun braten.

Die Pasta abgießen, sobald sie al dente ist, und in eine Servierschüssel füllen. Tomaten, Minze und Oregano darauf verteilen, das Ganze nach Geschmack salzen und pfeffern.
Das heiße Öl mit dem Knoblauch darübergeben, alles gründlich vermischen und sogleich servieren.
Für 4 Personen

Bunter Conchiglie-Salat

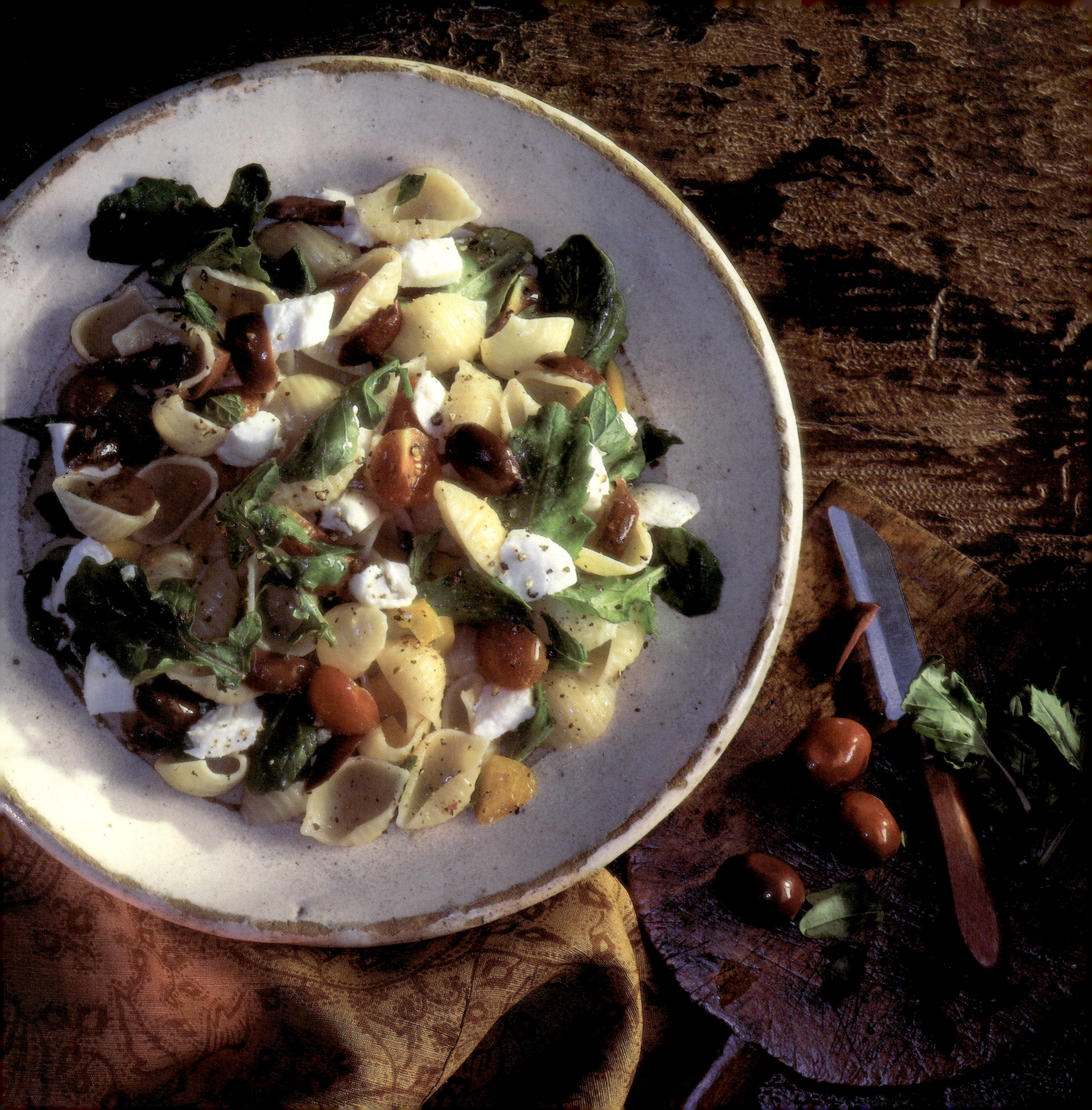

PENNE MIT ARTISCHOCKEN, DICKEN BOHNEN UND ERBSEN
Penne ai Carciofi, Fave e Piselli

3 junge runde Artischocken
1 TL Zitronensaft
6 EL natives Olivenöl extra
1 kleine Zwiebel, in Scheiben geschnitten
2 Knoblauchzehen, gehackt
120 g gepalte frische dicke Bohnen
120 g gepalte frische, grüne Erbsen
1 EL frische Thymianblättchen
Salz und frisch gemahlener Pfeffer
450 g Penne

Das Gemüse kann auch separat zur Pasta serviert werden, so daß jeder nach Belieben davon nehmen kann.

Die Artischocken putzen (harte Außenblätter entfernen, obere Blattspitzen und Stengel abschneiden) und je nach Größe in Viertel oder Achtel schneiden, dabei das im Inneren befindliche Heu entfernen. In eine Schüssel mit Wasser geben und den Zitronensaft hinzufügen, damit die Artischocken nicht dunkel anlaufen.

Das Öl in einer großen Pfanne bei mäßiger Temperatur erhitzen. Zwiebel und Knoblauch in 7–8 Minuten glasig schwitzen. Die Artischocken abgießen und mit Küchenpapier trockentupfen. In die Pfanne geben und 10 Minuten dünsten.

Die dicken Bohnen hinzufügen und etwa 10 Minuten mitgaren, dann die Erbsen und den Thymian dazugeben. Einen Deckel auflegen und alles noch 10 Minuten sanft garen, dabei gelegentlich durchmischen und etwas Wasser hinzugießen. Das Gemüse zuletzt nach Geschmack salzen und pfeffern.

Gleichzeitig in einem großen Topf reichlich Wasser zum Kochen bringen. Die Penne al dente kochen, abgießen und in eine vorgewärmte Schüssel füllen. Das Gemüse hinzufügen, gründlich durchmischen und sofort servieren.

Für 4 Personen

SPAGHETTI MIT KNOBLAUCH UND WALNÜSSEN
Spaghetti Aglio e noci

125 ml natives Olivenöl extra
3 Knoblauchzehen, feingehackt
6 EL Semmelbrösel
100 g Walnüsse, gehackt
500 g Spaghetti
Salz
Frische Majoranzweige

Hier eine Variation der klassischen spaghetti aglio e olio *(mit Knoblauch und Öl), die sehr nahrhaft ist und zu jeder Jahreszeit schmeckt.*

Das Öl in einer großen Pfanne bei mäßiger Temperatur erhitzen. Die Hälfte des Knoblauchs einige Minuten braten, dann die Semmelbrösel und Walnüsse hinzufügen und mit einem Holzlöffel rühren, bis sie gebräunt und leicht knusprig sind. Die Pfanne vom Herd nehmen.

Die Spaghetti in reichlich kochendem Salzwasser soeben al dente garen. Gründlich abtropfen lassen und dann in die Pfanne geben.

Die Majoranblätter in Streifen schneiden und mit dem restlichen Knoblauch sowie Salz nach Geschmack über die Pasta geben. Das Ganze noch einige Minuten unter häufigem Rühren durchwärmen. In eine Schüssel füllen und sogleich servieren.

Für 4 Personen

GERICHTE FÜR DEN ERSTEN GANG

TAGLIATELLE MIT ZUCCHINI, PAPRIKA UND KAROTTEN
Tagliatelle con Zucchini, Peperoni e Carote

6 EL natives Olivenöl extra
1 Knoblauchzehe, gehackt
½ Zwiebel, gehackt
4 Zucchini, in Julienne-Streifen geschnitten
1 grüne Paprikaschote, in Julienne-Streifen geschnitten
2 Karotten, in Julienne-Streifen geschnitten
1 Prise zerstoßene Chillies
1 EL getrockneter Oregano
Salz
350 g Tagliatelle

Da Tagliatelle mit Eiern zubereitet sind und somit stärker sättigen als andere Pasta, benötigt man kleinere Mengen. Das Gericht, ein feiner erster Gang für ein sommerliches Essen, sollte nicht zu scharf gewürzt sein – verwenden Sie die Chillies sparsam.

Die Hälfte des Öls in einer Pfanne erhitzen. Den Knoblauch und die Zwiebel einige Minuten bei mäßiger Temperatur dünsten. Die Zucchini, die Paprikaschote, die Karotten, die zerstoßenen Chillies und den Oregano in die Pfanne geben. Die Temperatur erhöhen und das Ganze unter häufigem Rühren etwa 10 Minuten braten, bis das Gemüse gar ist. Mit Salz abschmecken.
Gleichzeitig die Tagliatelle in reichlich kochendem Salzwasser halb gar kochen.

Abgießen und 5 Eßlöffel des Kochwassers auffangen.
Die Tagliatelle zum Gemüse geben und bei hoher Temperatur in einigen Minuten fertig garen. Dabei die Pfanne wiederholt rütteln und, damit die Pasta nicht zu trocken wird, nach und nach das aufgefangene Kochwasser hinzufügen.
Das Tagliatellegericht in eine vorgewärmte Schüssel füllen und servieren.
Für 4 Personen

POLENTA MIT LAUCH
Polenta e Porri

1,5 l Wasser
Salz und frisch gemahlener Pfeffer
250 g Polenta (feiner Maisgrieß)
30 g (2 EL) Butter
8 Stangen Lauch, nur das Weiße in feine Streifen geschnitten
1 EL Kümmelsamen
220 g Fontina (italienischer halbfester Schnittkäse), gewürfelt

Dieses köstliche und zugleich angenehm sättigende Gericht schätzt man besonders in der kalten Jahreszeit.

Das Wasser mit einer kräftigen Prise Salz in einem Topf zum Kochen bringen. Die Polenta unter ständigem Rühren einrieseln lassen und etwa 20 Minuten unter weiterem Rühren bei niedriger Temperatur kochen, bis man einen weichen Brei erhält.
Die Butter in einer großen Pfanne bei mäßiger Temperatur schmelzen. Den Lauch mit dem Kümmel hineingeben und zugedeckt sanft

dünsten, dabei gelegentlich rühren, bis das Gemüse gar ist. Die Käsewürfel hinzufügen, mehrmals umrühren und die Pfanne vom Herd nehmen. Warm stellen.
Die Polenta ringförmig in die einzelnen Teller gießen. Die Lauch-Käse-Mischung in die Mitte geben. Nach Geschmack pfeffern und sogleich servieren.
Für 4 Personen

Seite 80/81: Spaghetti mit Knoblauch und Walnüssen, Penne mit Artischocken, dicken Bohnen und Erbsen

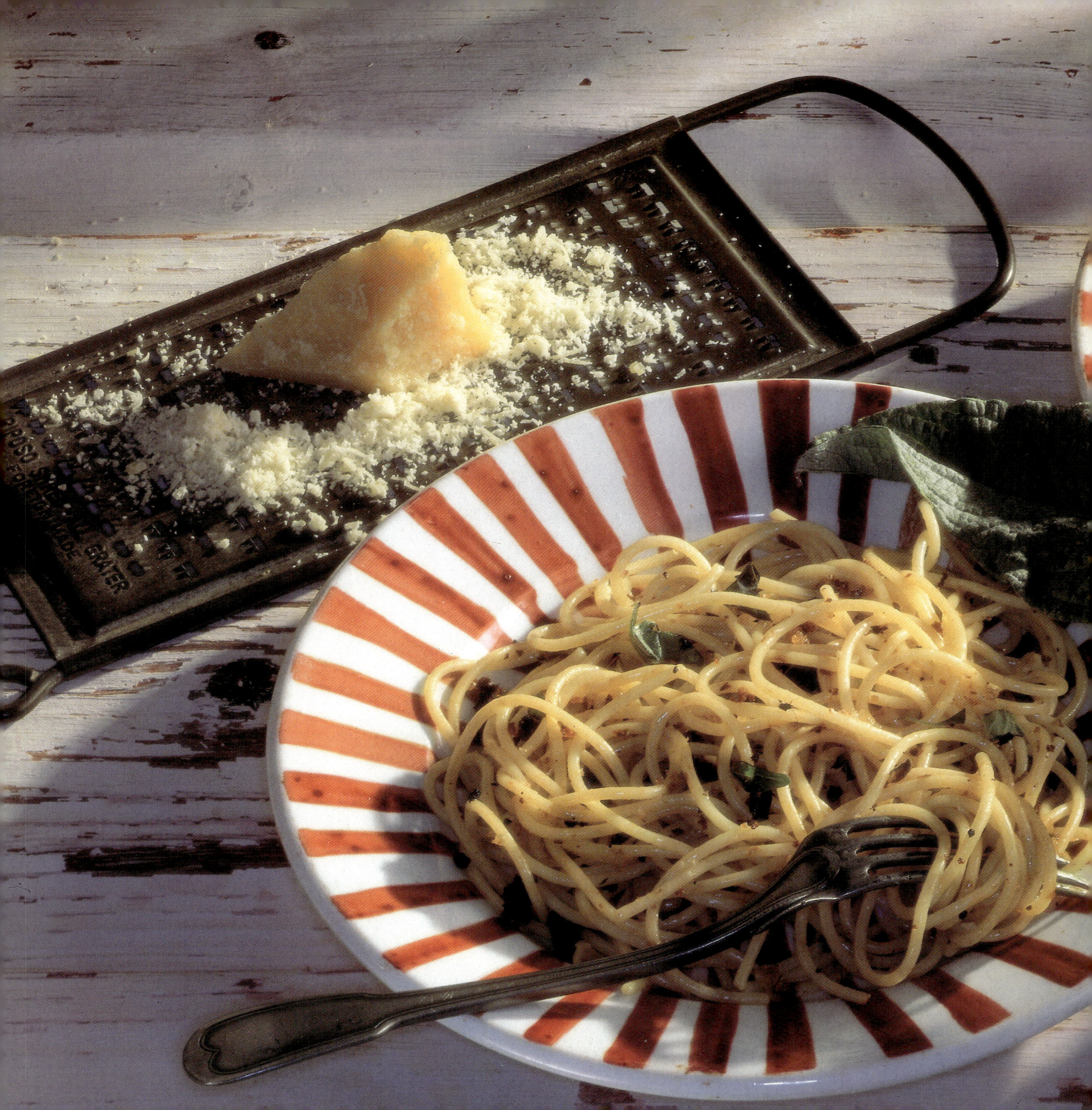
GRATER

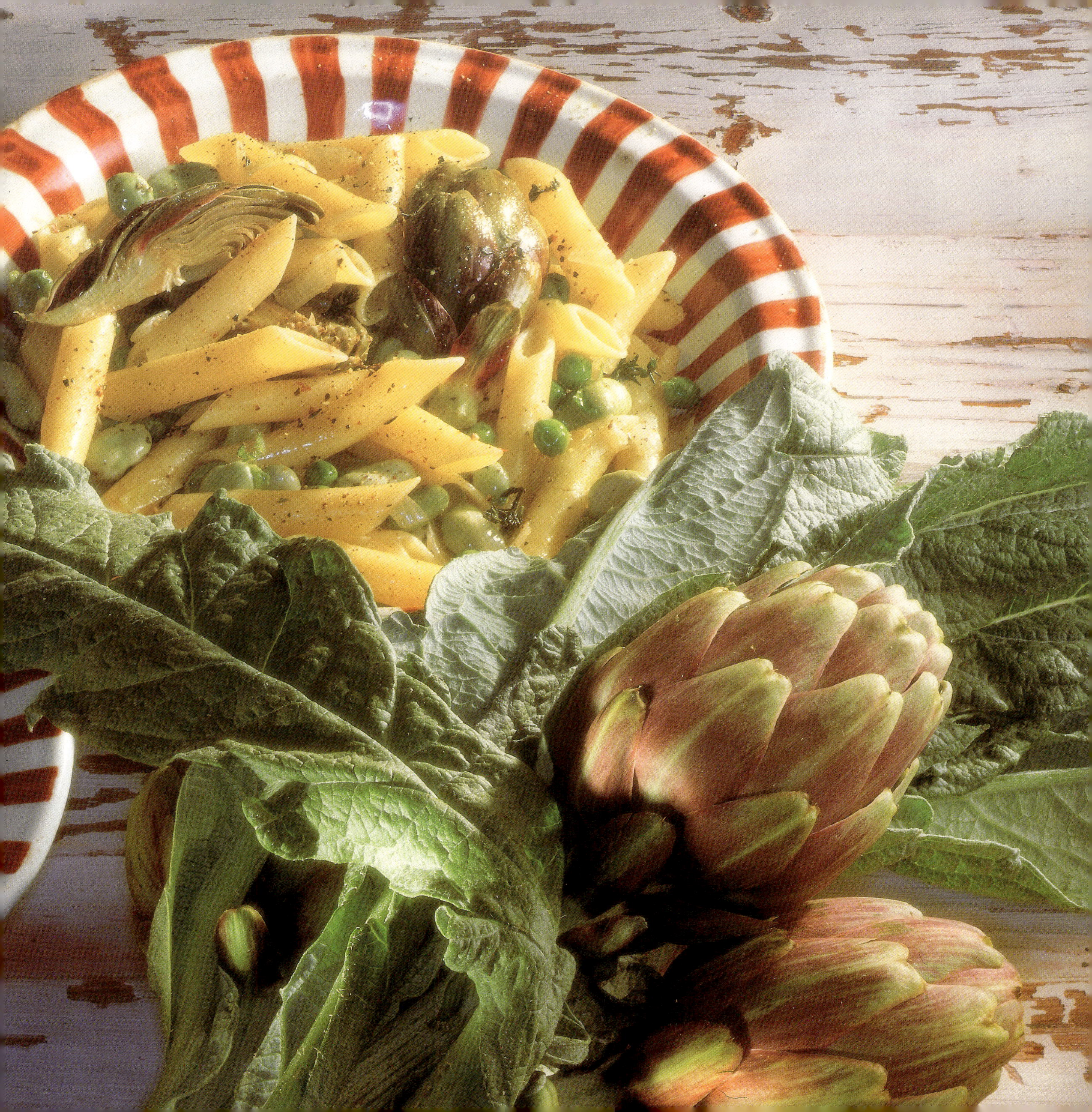

SPINAT-RICOTTA-GNOCCHI
Gnocchi di Spinaci e Ricotta

*450 g Spinat, gegart, ausgedrückt
und grobgehackt
450 g Ricotta
150 g frisch geriebener Parmesan
2 Eigelb
120 g Mehl
1 TL geriebene Muskatnuß
Salz und frisch gemahlener Pfeffer
90 g (6 EL) Butter*

Ein anderer italienischer Ausdruck für diese Gnocchi lautet malfatti, was soviel heißt wie »mißgestaltet« und auf ihre Form anspielt, die an ein kleines Ei erinnert, das an beiden Enden etwas abgeflacht ist. Der Geschmack dieser Gnocchi ist so delikat und zugleich vollmundig, daß sie keiner besonders raffinierten Sauce bedürfen – etwas Butter und geriebener Parmesan reichen vollauf. Ebenso paßt eine leichte Tomatensauce. Sie können diese Gnocchi nach Belieben auch mit Vollkornmehl herstellen.

Spinat, Ricotta, 60 g Parmesan, Eigelb, die Hälfte des Mehls, Muskatnuß und etwas Salz und Pfeffer in einer Schüssel gründlich vermengen. Die Hände mit Mehl bestäuben. Nun den Teig eßlöffelweise zwischen den Handflächen zu kleinen Ovalen formen. Die fertigen Gnocchi mit dem restlichen Mehl bestäuben. Einen großen Topf mit reichlich Salzwasser aufsetzen. Die Gnocchi portionsweise ins sprudelnde Wasser geben. Sobald sie an die Oberfläche steigen, die Gnocchi mit einer Schaumkelle herausnehmen und in einer vorgewärmten Schüssel anrichten.
Die Butter in einem Pfännchen zerlassen. Die Gnocchi damit beträufeln und sogleich zu Tisch bringen. Den restlichen Parmesan dazu reichen.
Für 4 Personen

GNOCCHI IN KARDONENCREME
Gnocchi in Crema di Cardi

500 ml Wasser
120 g Butter
1 Prise geriebene Muskatnuß
Salz und frisch gemahlener Pfeffer
240 g Mehl
150 g geriebener Emmentaler
4 Eier

FÜR DIE KARDONENCREME:

700 g Kardonen, in Stücke geschnitten und in Wasser mit etwas Zitronensaft eingelegt, damit sie nicht dunkel anlaufen
30 g (2 EL) Butter
250 ml Crème double
60 g frisch geriebener Parmesan

Gnocchi sind äußerst beliebt, denn sie lassen sich leicht und abwechslungsreich zubereiten. Da sie an sich schon ein Genuß besonderer Art sind, darf die Sauce ganz schlicht sein, etwa einfach zerlassene Butter mit Salbei oder auch eine ganz normale Tomatensauce. Daneben schätzt man aber auch elegante Varianten wie zerlassene Trüffelbutter oder gedünstete Pilze.

Das Wasser mit der Butter, der Muskatnuß und einer Prise Salz in einen Topf geben und bei hoher Temperatur zum Kochen bringen.
Den Topf vom Herd nehmen. Das gesamte Mehl in einem Schwung hineinschütten und kräftig mit einem Holzlöffel rühren, damit es nicht klumpt. Den Topf bei mäßiger Temperatur wieder aufsetzen und weiter rühren, bis der Teig sich von den Topfwänden löst und einen Kloß bildet.
Den Topf vom Herd nehmen und den Teig abkühlen lassen. Den Emmentaler und dann einzeln die Eier einarbeiten – es muß sich zuletzt ein glatter, weicher Teig ergeben.
Reichlich Salzwasser in einem Topf zum Kochen bringen. Einen Spritzbeutel mit weiter Tülle mit dem Teig füllen. Den Teig herausdrücken und jeweils 2–3 cm lange Stücke direkt über dem Topf mit dem sprudelnden Wasser abschneiden. Sobald die Gnocchi an die Oberfläche steigen, hebt man sie mit einer Schaumkelle heraus. Einige Sekunden unter fließendem kaltem Wasser abschrecken und dann nebeneinander auf einem Küchentuch trocknen lassen.
Für die Sauce die vorbereiteten Kardonen abtropfen lassen und in reichlich kochendem Salzwasser 20–30 Minuten garen, bis sie fast weich sind, dann abgießen.
Die Butter in einem Topf zerlassen. Die Kardonen etwa 15 Minuten bei mäßiger Temperatur dünsten, dabei häufig rühren. Mit der Crème double im Mixer fein pürieren und abschmecken.
Den Backofen auf 180 °C (Gasherd Stufe 2–3) vorheizen. Eine Backform mit Butter ausstreichen. Die Gnocchi einfüllen, mit der Kardonencreme überziehen und mit dem Parmesan bestreuen. Das Gericht für etwa 20 Minuten in den Ofen schieben, bis die Sauce leichte Blasen wirft.
Für 4 Personen

REZEPTE

PIZZA MIT WILDPILZEN UND RICOTTA
Pizza con Funghi di Bosco e Ricotta

30 g (2 EL) Butter
2 Knoblauchzehen, halbiert
300 g frische Wildpilze, geputzt und in Scheiben geschnitten
Salz und frisch gemahlener Pfeffer
Pizzaboden von 30 cm Durchmesser (Rezept S. 86 unten)
8 Kirschtomaten, geviertelt
150 g Ricotta, zerkrümelt

Für diese Pizza, die man ebensogut mit Zuchtpilzen zubereiten kann, empfehle ich, kerniges Vollkornmehl zu verwenden. Backen Sie doch zur Abwechslung einmal anstatt einer großen vier kleine Pizzas.

Den Backofen auf 220 °C (Gasherd Stufe 4–5) vorheizen.
Die Butter in einer Pfanne zerlassen und den Knoblauch etwa 5 Minuten braten, bis er gebräunt ist, danach herausnehmen und wegwerfen. Die Pilze in die Pfanne geben und bei mäßiger Temperatur etwa 10 Minuten braten, bis sie Farbe angenommen haben. Dabei gelegentlich rühren und erst zum Schluß salzen und pfeffern.

Die Pilze auf den Pizzaboden geben. Dann die Tomaten und die Ricottastückchen dazwischen verteilen. (Falls der Ricotta eine quarkähnliche Konsistenz besitzt, streichen Sie ihn auf den Boden.) Die Pizza etwa 10 Minuten backen. Die Temperatur auf 200 °C (Gasherd Stufe 3–4) herunterschalten und die Pizza weitere 10 Minuten backen, bis der Teig appetitlich gebräunt ist.
Für 4 Personen

PIZZA MIT RADICCHIO, PAPRIKASCHOTEN UND OLIVEN
Pizza con Radicchio, Peperoni e Olive

2 gelbe Paprikaschoten, halbiert und entkernt
4 EL natives Olivenöl extra
2 Köpfe Radicchio, geviertelt
Pizzaboden von 30 cm Durchmesser (Rezept S. 86 unten)
200 g geräucherte Mozzarella, gewürfelt
4 Knoblauchzehen, sehr fein gehackt
12 schwarze Oliven, entsteint

Der Teig wird leichter, wenn Sie statt des Vollkornmehls normales Auszugsmehl verwenden. Ebenso kann man beide Sorten zu gleichen Teilen mischen. Geräucherte Mozzarella besitzt eine kräftige, interessante Note. Sie können sie aber genausogut weglassen, denn eine Pizza schmeckt auch ohne Käse köstlich.

Den Elektrogrill einschalten. Den Backofen auf 220 °C (Gasherd Stufe 4–5) vorheizen. Die Paprikahälften dünn mit Öl bestreichen und auf einem Blech unter den Grill schieben. Von beiden Seiten einige Minuten grillen, bis sie leicht angeröstet sind. Genauso mit dem Radicchio verfahren und danach beide Zutaten in feine Streifen schneiden.
Den Pizzaboden mit dem Radicchio belegen.

Darauf eine Lage Paprikastreifen geben und das Ganze mit den Mozzarellawürfeln, dem Knoblauch und den Oliven bestreuen. Das restliche Öl darüberträufeln. Die Pizza für 10 Minuten in den Ofen schieben, dann die Temperatur auf 200 °C (Gasherd Stufe 3–4) drosseln und die Pizza weitere 10 Minuten backen, bis sie am Rand schön gebräunt ist.
Für 4 Personen

Pizza mit Radicchio, Paprikaschoten und Oliven

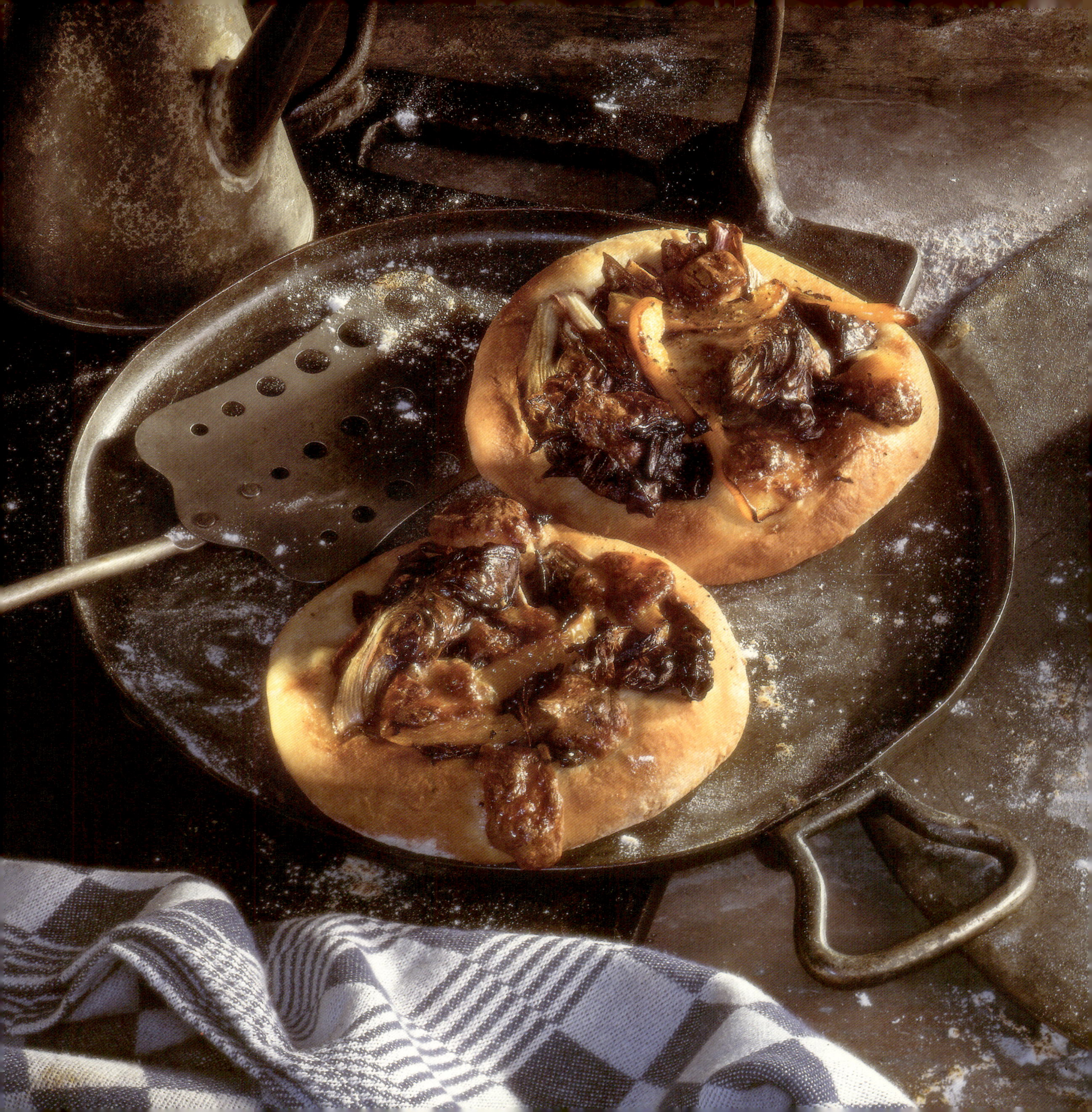

REZEPTE

PIZZA MIT ZWIEBELN UND PINIENKERNEN
Pizza con Cipolla e Pinoli

4 EL natives Olivenöl extra
4 Zwiebeln, in feine Scheiben geschnitten
2 Wacholderbeeren, zerdrückt
Pizzaboden von 30 cm Durchmesser (siehe nachfolgendes Rezept)
Salz
100 g Pinienkerne

Auch mit Lauch oder Fenchel anstelle der Zwiebeln schmeckt diese Pizza hervorragend. Wenn Sie einen dickeren Teigboden vorziehen, machen Sie die Pizza nur 24 cm groß.

Das Öl in einer Pfanne erhitzen. Die Zwiebeln mit den Wacholderbeeren bei mäßiger Temperatur etwa 15 Minuten dünsten, dabei ab und zu durchmischen. Die Pfanne vom Herd nehmen und die Zwiebeln salzen.
Den Backofen auf 220 °C (Gasherd Stufe 4–5) vorheizen.
Die Zwiebelmischung und die Pinienkerne gleichmäßig auf dem Pizzaboden verteilen. Die Pizza zunächst 10 Minuten bei 220 °C und dann nochmals 10 Minuten bei 200 °C (Gasherd Stufe 3–4) backen, bis sie appetitlich gebräunt ist.
Für 4 Personen

VOLLKORNPIZZA MIT KARTOFFELN, ZWIEBELN UND KAPERN
Pizza integrale con Patate, Cipolle e Capperi

FÜR DEN PIZZABODEN:
1 EL Trockenhefe
250 ml warmes Wasser
350 g Weizenvollkornmehl, dazu weiteres Mehl für die Teigbearbeitung
1 TL Salz
1 EL natives Olivenöl extra

FÜR DEN BELAG:
2 mehligkochende Kartoffeln, geschält und in papierdünne Scheiben geschnitten
1 Zwiebel, in papierdünne Scheiben geschnitten
30 g (3 EL) Kapern
2 EL getrockneter Oregano
Salz und weißer frisch gemahlener Pfeffer
4 EL natives Olivenöl extra

Vollkornpizza hat mehr Biß als eine Pizza aus Weißmehl. Wer einen kräftigeren Geschmack mag, ersetzt die Kapern und den Oregano durch eine Handvoll zerkrümelten Gorgonzola.

Für den Teig die Hefe im warmen Wasser verrühren und 10 Minuten beiseite stellen, bis sich auf der Oberfläche Blasen zeigen. Das Mehl in eine große Schüssel häufen. In die Mitte eine kleine Mulde drücken und die Hefe mit dem Salz hineingeben. Durch kreisförmiges Rühren mit einer Gabel das Mehl nach und nach in die Flüssigkeit einarbeiten und alles zu einem glatten Teig vermengen. Eine Arbeitsfläche mit Mehl bestäuben und den Teig darauf etwa 10 Minuten kräftig bearbeiten: Eine Kugel formen, mit den Handflächen zusammenschlagen, wieder eine Kugel formen, und so weiter.
Einen Teller mit Öl bestreichen, den Teig darauflegen und lose mit Klarsichtfolie abdecken. An einem warmen Ort 1–2 Stunden gehen lassen, bis er sein Volumen verdoppelt hat.
Die Arbeitsfläche erneut einmehlen. Den Teig daraufgeben und mit den Händen flach drücken, dabei die Teigscheibe immer wieder etwas drehen und die Ränder auseinanderziehen. Der Boden sollte zuletzt einen Durchmesser von etwa 30 cm haben und etwa 1/2 cm hoch sein, an den Rändern auch etwas dicker. Den Boden auf ein Backblech oder in eine Pizzapfanne geben und nochmals 20 Minuten gehen lassen.
Den Backofen auf 220 °C (Gasherd Stufe 4–5) vorheizen.
Den Teig mit den Kartoffelscheiben belegen, die Zwiebel darauf verteilen und alles mit den Kapern und dem Oregano bestreuen. Nach Geschmack salzen und gleichmäßig mit dem Öl beträufeln.
Die Pizza etwa 10 Minuten backen. Danach die Temperatur auf 200 °C (Gasherd Stufe 3–4) zurückschalten und die Pizza noch etwa 10 Minuten knusprig bräunen.
Für 4 Personen

CHAMPAGNER-RISOTTO
Risotto allo Spumante

30 g (2 EL) Butter
½ Gemüsezwiebel, in sehr feine Scheiben geschnitten
300 g Risotto-Reis, vorzugsweise Arborio
4 EL trockener Spumante, dazu 1 ganze Flasche
750 ml Gemüsebrühe
100 ml (7 EL) Sahne
60 g frisch geriebener Parmesan
Salz und frisch gemahlener Pfeffer

Ein spektakuläres Gericht für ein Fest. Der Champagnerkorken knallt, und der köstliche Rebensaft ergießt sich über den Risotto. Wenn die Anwesenden auch ein paar Spitzer abbekommen, macht dies nichts: Champagner hinterläßt keine Flecken.
Wer für derlei Extravaganzen nicht viel übrig hat, fügt den Champagner – besser noch einen trockenen italienischen Spumante – leicht angewärmt, während des Kochens hinzu, wobei dann weniger Brühe benötigt wird.

Die Butter in einem Topf zerlassen und die Zwiebel bei niedriger Temperatur glasig dünsten. Die Temperatur leicht erhöhen, den Reis in den Topf geben und unter häufigem Rühren einige Minuten Geschmack annehmen lassen. Die 4 Eßlöffel Spumante hinzufügen und unter Rühren verdampfen lassen.

Die Gemüsebrühe aufkochen und dann die Temperatur so weit drosseln, daß die Brühe nur noch leise simmert. So viel Brühe in den Topf geben, daß der Reis bedeckt ist. Den Reis weitere 15 Minuten garen, dabei häufig rühren und immer wieder Brühe hinzugießen, sobald der Reis nicht mehr bedeckt ist. Den Topf vom Herd nehmen, Sahne und Parmesan unterziehen und den Risotto abschmecken. Zugedeckt noch einige Minuten ruhen lassen.

Inzwischen den Spumante vorbereiten. Er sollte kalt, aber nicht eisig sein. Die obere Folie entfernen, jedoch noch nicht den Draht lösen, der den Korken hält.

Den Risotto in eine vorgewärmte Servierschüssel füllen und zu Tisch bringen. Die Spumanteflasche mitten in den Risotto stellen, den Korken knallen lassen, so daß der Spumante herausschäumt. Sobald nichts mehr aus der Flasche kommt, diese entfernen und den Spumante in den Risotto einrühren.
Jetzt sollte der Genuß sogleich beginnen.
Für 4 Personen

REIS-ERBSEN-GRATIN
Riso e Piselli al Forno

200 g Langkornreis
200 g gepalte frische, grüne Erbsen
60 g (4 EL) Butter
60 g frisch geriebener Parmesan
Salz und frisch gemahlener Pfeffer
200 g geriebener Fontina (italienischer halbfester Schnittkäse)

Einen interessanten, kräftigen Charakter erhält dieses Gericht, wenn es mit Naturreis zubereitet ist. In diesem Fall werden die Erbsen hinzugegeben, wenn der Reis halb gar ist, also etwa 20 Minuten vor Ende der Garzeit.

Den Backofen auf 180 °C (Gasherd Stufe 2–3) vorheizen. Reis und Erbsen in einen Topf mit kochendem Wasser geben und 15 Minuten leise köchelnd garen. Abgießen, in eine Schüssel geben, Butter und Parmesan unterziehen. Abschmecken und nochmals gründlich durchmischen.

Eine Backform mit Butter ausstreichen. Die Reismischung einfüllen und mit dem Fontina bestreuen.

Das Gericht für etwa 20 Minuten in den Ofen schieben, bis es appetitlich überkrustet ist. Heiß in der Form servieren.
Für 4 Personen

REZEPTE

KAROTTEN-KÜRBIS-RISOTTO
RISOTTO CON CAROTE E ZUCCA

120 g Butter
1 kleine Zwiebel, gehackt
200 g frischer Gartenkürbis (ohne Schale gewogen), in 2–3 cm große Würfel geschnitten
4 Karotten, in 2–3cm große Würfel geschnitten
2,5 l Gemüsebrühe
400 g Risotto-Reis, vorzugsweise Arborio
100 g frisch geriebener Parmesan
1 Prise geriebene Muskatnuß
Salz und frisch gemahlener Pfeffer

Ein besonderer Reiz bei diesem Risotto ist die leicht süßliche Geschmackskombination von Kürbis und Karotten.

Die Hälfte der Butter in einem großen Topf mit dickem Boden zerlassen und die Zwiebel glasig schwitzen. Kürbis und Karotten dazugeben und in etwa $^1\!/_2$ Stunde weich dünsten. Das Gemüse mit einer Gabel leicht zerdrücken, so daß unregelmäßig geformte Stücke entstehen. Die Gemüsebrühe in einem großen Topf zum Kochen bringen und dann die Temperatur so weit drosseln, daß sie nur noch leise köchelt. Den Reis zum Gemüse geben und einige Minuten bei hoher Temperatur unter häufigem Rühren glasig werden lassen. Die Temperatur herunterschalten und den Reis mit Brühe bedecken. Insgesamt etwa 15 Minuten garen, dabei häufig rühren und, sobald der Reis nicht mehr mit Flüssigkeit bedeckt ist, weitere Brühe hinzufügen.
Den Topf vom Herd ziehen. Die restliche Butter und den Parmesan unterziehen. Den Risotto mit Muskatnuß, Salz und Pfeffer abschmecken. Zugedeckt noch 5 Minuten ruhen lassen, dann in eine vorgewärmte Schüssel füllen und sogleich servieren.
Für 4 Personen

TOMATEN MIT WÜRZIGER REISFÜLLUNG
POMODORI RIPIENI DI RISO

8 sehr feste Tomaten
Grobes Salz
200 g Langkornreis, al dente gekocht
1 EL frisch gehacktes Basilikum
1 EL frisch gehackter Oregano
1 EL frisch gehackter Thymian
1 EL frisch gehackte Minze
2 Knoblauchzehen, gehackt
6 EL natives Olivenöl extra
Salz und frisch gemahlener Pfeffer

Damit dieses klassische Sommergericht wirklich gelingt, muß es mit sonnengereiften Tomaten und ganz frischen Kräutern zubereitet werden, die das volle Aroma besitzen. Wichtig ist auch, daß man die Tomaten im Ofen häufig mit dem Fond begießt. Sie schmecken heiß oder zimmerwarm gleichermaßen gut.

Von den Tomaten mit einem scharfen Messer einen Deckel abschneiden. Die Tomaten über einer großen Schüssel mit einem Löffel aushöhlen, ohne die Haut zu verletzen. Mit grobem Salz ausstreuen und umgedreht auf Küchenpapier abtropfen lassen. Den Reis, die Kräuter, den Knoblauch und 4 Eßlöffel Öl zu dem ausgelösten Tomatenfruchtfleisch geben. Alles gut mischen, mit Salz und Pfeffer abschmecken und mindestens 1 Stunde ziehen lassen, daß sich die Aromen gut vermischen. Den Backofen auf 180 °C (Gasherd Stufe 2–3) vorheizen.

Die Tomaten vom Salz befreien und bis etwas über die Hälfte mit der Reismischung füllen. Die abgeschnittenen Deckel auflegen und die Tomaten in eine Backform setzen.
Den in der Schüssel mit der Reismischung verbliebenen Saft durchseihen, mit dem restlichen Olivenöl vermischen und über die Tomaten träufeln.
Die Tomaten je nach Festigkeit 20–30 Minuten backen, dabei häufig mit dem Fond begießen.
Auf einer Servierplatte anrichten.
Für 4 Personen

Tomaten mit würziger Reisfüllung

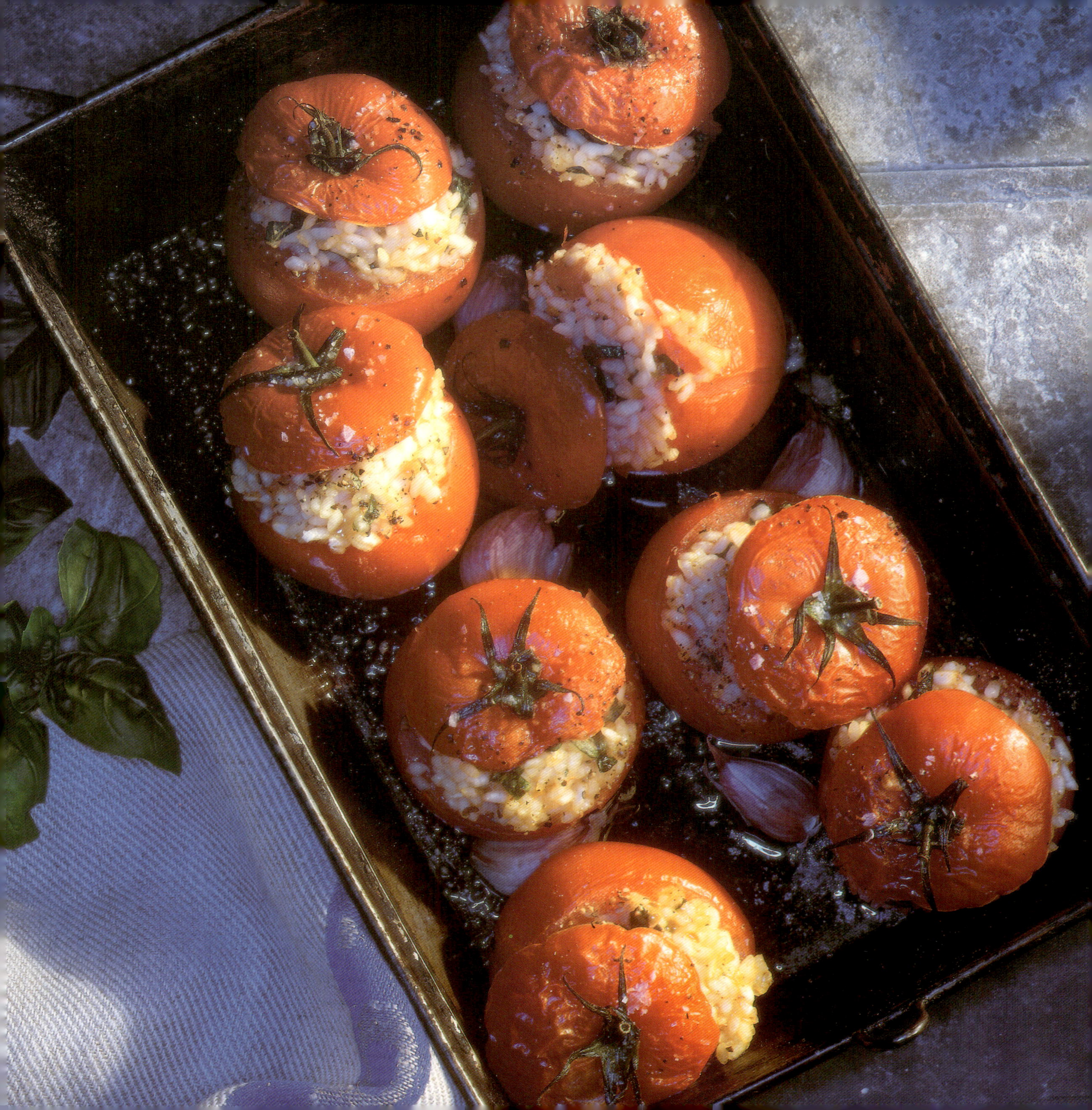

HAUPTGERICHTE

In vielen Familien gab es früher, sofern die Haushaltskasse es erlaubte, zum Hauptgang grundsätzlich Fleisch. Aber die Zeiten ändern sich, und so werden Gemüsegerichte als Schwerpunkt eines Menüs zunehmend salonfähig. Zu einem Teil ist dies wohl auf das immer größere und breitere Angebot an Gemüse zurückzuführen. Zugleich aber setzt sich mehr und mehr das Bewußtsein durch, daß ein eingeschränkter Fleischgenuß sich günstig auf das Wohlbefinden auswirkt. Es wäre übertrieben zu behaupten, Fleisch sei auf dem besten Wege, von der italienischen Speisekarte zu verschwinden, doch wird es heute meist nur noch bei besonderen Anlässen serviert, und immer öfter nehmen Zubereitungen auf der Grundlage von Gemüse und Getreide seinen Platz ein.

Auf den folgenden Seiten stelle ich vegetarische Rezepte für den Hauptgang vor. Allerdings kann man sich ebenso über die traditionelle Speisefolge hinwegsetzen und aus zwei, drei der im darauffolgenden Kapitel vorgestellten Beilagen ein Essen zusammenstellen, das eine vollständige Mahlzeit ergibt und für jeden Geschmack etwas bietet. Wir planen unsere Menüs danach, was zur jeweiligen Jahreszeit in unserem Gemüsegarten wächst. Im Winter, wenn dort nur Weiß- und Blumenkohl gedeihen, nutzen wir das Angebot im nächsten Ort, Gaiole in Chianti, wo es zwei Gemüseläden gibt. Bezeichnenderweise erhielten deren ehemals kleine, dunkle Räumlichkeiten unlängst ein neues, freundliches und helles

HAUPTGERICHTE

Gesicht, und ihre vordem äußerst magere Auswahl ist nun erheblich erweitert und umfaßt sogar exotische Früchte und Gemüse. Daran läßt sich erkennen, wie sich der Geschmack im Laufe der Zeit geändert hat.

Dieses Kapitel beinhaltet unter anderem verschiedenste Ofengerichte. So ungewöhnlich sie auch sein mögen, ihre Zubereitung nimmt doch niemals übermäßig viel Zeit in Anspruch und stellt auch Unerfahrene nicht vor unüberwindbare Probleme.

Heutzutage hat kaum jemand die Muße, den ganzen Tag in der Küche zuzubringen. Gewiß, Kochen kann ein entspannendes und auch ein lohnendes Hobby sein – denn es macht großes Vergnügen, die Ergebnisse der eigenen Kreativität mit der Familie oder Freunden zu teilen. Allerdings gewährt der hektische Alltag uns nicht immer dieses Vergnügen. So habe ich einen eigenen Kochstil entwickelt, bei dem ein geringer Zeitaufwand und der gesundheitliche Wert im Vordergrund stehen, und ich bin sicher, daß dies für viele andere ebenfalls vorrangige Faktoren sind.

MANGOLDTORTE
Torta di Bietole

180 g Mehl
90 g (6 EL) Butter, zimmerwarm und in Stückchen geschnitten
3 EL Wasser
Salz

FÜR DIE FÜLLUNG:

1,5 kg Mangold
2 EL natives Olivenöl extra
1 Knoblauchzehe, feingehackt
1 frische Chilischote, in Ringe geschnitten
60 g Ricotta
60 g Rosinen, gut eingeweicht
60 g Pinienkerne
1 großes Ei
Salz

Die Torte läßt sich ebenso mit Spinat, Lauch oder frischen Wildkräutern zubereiten.

Das Mehl mit der Butter in eine Schüssel geben und mit den Fingerspitzen zu einer krümeligen Mischung verarbeiten. Das Wasser und eine Prise Salz hinzufügen und das Ganze weiter bearbeiten, bis man einen zusammenhängenden, glatten und weichen Teig erhält. Zu einer Kugel formen, auf einer Arbeitsfläche leicht einmehlen und, mit einem Küchentuch bedeckt, 1/2 Stunde ruhen lassen.
Eine Springform von 20 cm Durchmesser großzügig einfetten. Den Teig hineingeben und mit den Fingern verteilen, so daß Boden und Rand gleichmäßig überzogen sind. Beiseite stellen.
Den Backofen auf 180 °C (Gasherd Stufe 2–3) vorheizen.
Für die Füllung die Mangoldblätter von den weißen Mittelrippen abschneiden. Einige Minuten in etwas Salzwasser leise köchelnd garen, danach abgießen, ausdrücken und in kleine Stücke hacken.
Das Öl in einer großen Pfanne bei mäßiger Temperatur erhitzen. Den Knoblauch zusammen mit der Chilischote einige Minuten andünsten. Den Mangold hinzufügen und bei hoher Temperatur etwa 5 Minuten braten, bis die überschüssige Feuchtigkeit verdampft ist. Die Pfanne vom Herd nehmen.
Ricotta, Rosinen, Pinienkerne und Ei in einer Schüssel vermengen. Den Pfanneninhalt dazugeben, das Ganze nach Geschmack salzen und gründlich durchmischen.
Den Teigboden mehrmals einstechen und etwa 15 Minuten blindbacken. Die Mangoldmasse einfüllen und die Torte 1/2 Stunde backen. Etwa 10 Minuten abkühlen lassen, aus der Form nehmen und warm servieren.
Für 4 Personen

MANGOLDROULADEN
Involtini di Bietole

12 Mangoldblätter, die Stiele entfernt
60 g frische Semmelbrösel
60 g frisch geriebener Parmesan
12 blanchierte Mandeln, gehackt
2 EL frische Thymianblättchen
Salz und frisch gemahlener Pfeffer
7 EL Wasser

Auch mit großen Salatblättern lassen sich diese Rouladen sehr gut zubereiten.

Den Backofen auf 180 °C (Gasherd Stufe 2–3) vorheizen.
Die Mangoldblätter 1 Minute in kochendem Salzwasser blanchieren. Abgießen, unter fließendem kaltem Wasser abkühlen und abtropfen lassen. Acht Blätter zum Trocknen ausbreiten, die übrigen hacken und in einer Schüssel mit den Semmelbröseln, dem Parmesan, den Mandeln, dem Thymian und Salz nach Geschmack gründlich vermischen.
Auf jedes der acht Mangoldblätter 1 Eßlöffel der Mischung geben. Die seitlichen Blattränder über die Füllung legen und die Blätter zu Päckchen zusammenrollen. Den Boden einer Backform leicht mit Wasser besprengen und die Rouladen mit der »Naht« nach unten hineinlegen. Für 15 Minuten in den Ofen schieben, danach auf einer vorgewärmten Platte anrichten und servieren.
Für 4 Personen

Mangoldtorte

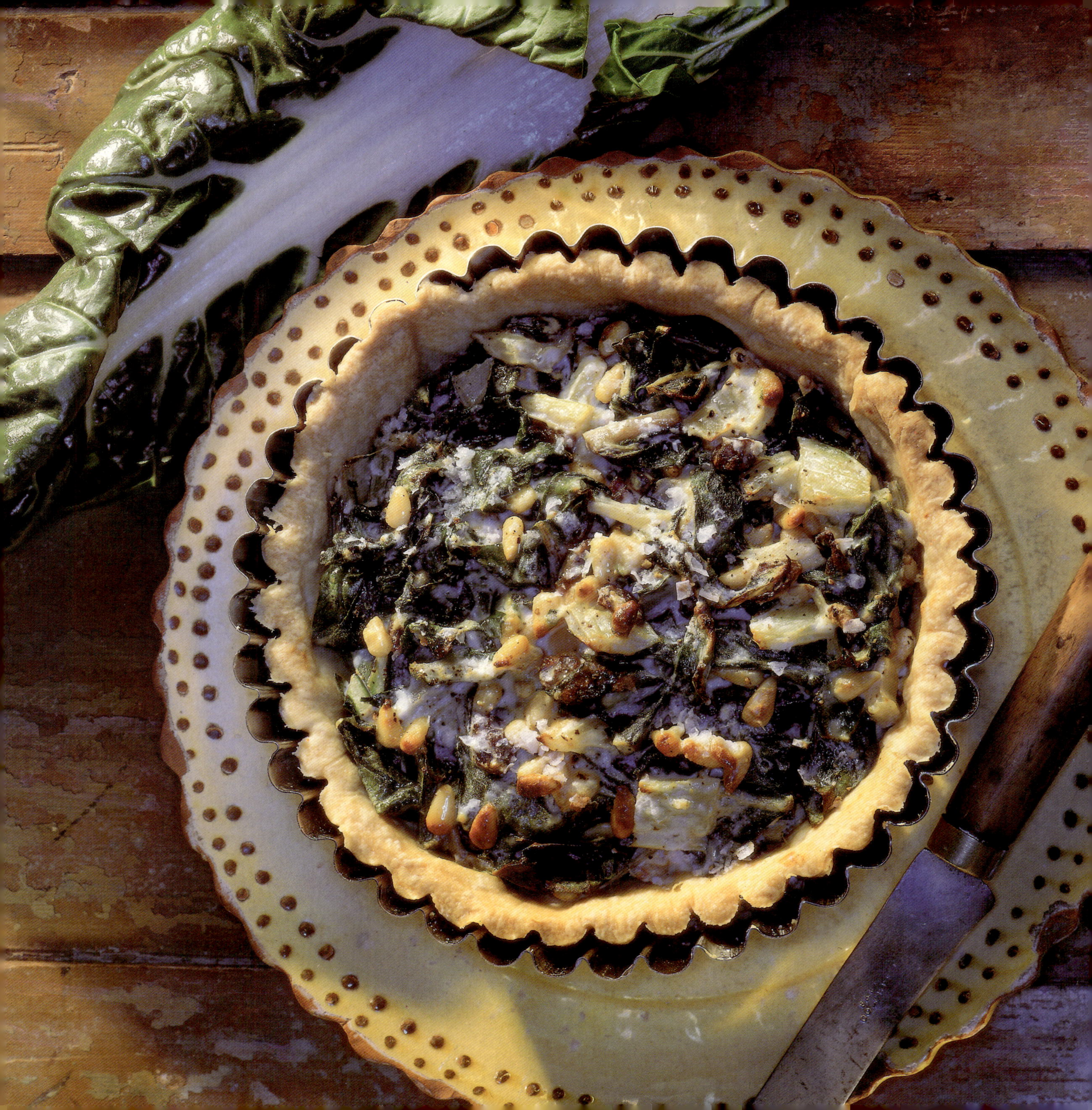

KARTOFFEL-KÜRBIS-SOUFFLÉ
Tortino di Patate e Zucca

1 Knoblauchzehe, in Scheiben geschnitten
4 EL natives Olivenöl extra
600 g Gartenkürbis (ohne Schale gewogen), in größere Stücke geschnitten
300 g Kartoffeln
30 g (2 EL) Butter, dazu Butter zum Einfetten der Form
4 EL Crème double
60 g geriebener Emmentaler
Prise geriebene Muskatnuß
Salz und frisch gemahlener Pfeffer
4 Eier, getrennt

Dieses ungewöhnliche Soufflé ergibt ein köstliches, elegantes Hauptgericht.

Den Knoblauch in einer Pfanne im Öl bei hoher Temperatur einige Minuten braten. Den Kürbis dazugeben und etwa 20 Minuten garen, bis er weich ist, dabei gelegentlich rühren. Gleichzeitig die Kartoffeln in sprudelndem Salzwasser in etwa 20 Minuten gar kochen, danach abgießen und schälen.
Den Backofen auf 200 °C (Gasherd Stufe 3–4) vorheizen.
Kürbis und Kartoffeln im Mixer pürieren. Das Püree mit der Butter in einen Topf geben und die überschüssige Flüssigkeit 7–8 Minuten bei niedriger Temperatur unter häufigem Rühren verdampfen lassen. Den Topf vom Herd nehmen. Crème double, Emmentaler, Muskatnuß sowie Salz und Pfeffer nach Geschmack unter das Püree ziehen. Die Eidotter einzeln gründlich einrühren. Die Eiweiß zu steifem Schnee schlagen und vorsichtig unter die Masse heben.
Eine 20 cm lange Kastenform mit Butter einfetten. Die Masse hineingeben und 1/2 Stunde backen, bis sie fest geworden ist. Stürzen und sogleich servieren.
Falls Ihnen das Stürzen zu heikel erscheint, backen Sie das Soufflé in einer flacheren Form, in der Sie es dann auch servieren. Die Backzeit verkürzt sich bei dieser Zubereitung auf etwa 20–25 Minuten.
Für 4 Personen

EIERKUCHEN MIT KARTOFFELN UND ZWIEBELN
Tortino di Cipolle, Patate e Uova

4 EL natives Olivenöl extra
600 g mehligkochende Kartoffeln, geschält und in streichholzfeine Stifte geschnitten
2 weiße Zwiebeln, quer in Scheiben geschnitten und die Ringe voneinander getrennt
90 g (9 EL) Mehl
6 Eier
Salz und frisch gemahlener Pfeffer
175 ml Milch

Dieser köstliche Eierkuchen ist schnell gemacht. Wenn Sie das Wenden nach der Hälfte der Garzeit umgehen möchten, können Sie die Mischung auch in eine hübsche ofenfeste Form füllen, bei mäßiger Temperatur im Ofen backen und in der Form servieren.

Die Hälfte des Öls in einer Pfanne erhitzen. Die Kartoffelstifte bei hoher Temperatur unter gelegentlichem Rühren etwa 10 Minuten braten, bis sie gar und goldgelb gebräunt sind. Vom Herd nehmen und warm stellen.
Das restliche Öl in einer zweiten Pfanne erhitzen und die Zwiebelringe glasig dünsten. Vom Herd nehmen.
Das Mehl in eine Schüssel geben. Die Eier einzeln hinzufügen und kräftig einrühren, salzen und pfeffern. Langsam die Milch hinzugießen und dabei weiter kräftig rühren.
Die Pfanne mit den Kartoffeln wieder aufsetzen. Die Zwiebeln dazugeben, den Teig darübergießen und den Eierkuchen bei niedriger Temperatur ausbacken, bis er auf der Unterseite schön gebräunt ist. Wenden und auf der zweiten Seite fertig backen. Auf eine vorgewärmte Platte gleiten lassen und servieren.
Für 4 Personen

ROSENKOHL UND MARONEN MIT THYMIAN
Cavolini e Castagne al Timo

18–20 Maronen, geschält
4 EL natives Olivenöl extra
300 g Rosenkohl
200 g Perlzwiebeln
200 g kleine, zarte Karotten
1 TL Honig
8 TL Balsamessig
2 frische Thymianstengel
Salz und frisch gemahlener Pfeffer

Mit Naturreis als Beilage und dazu einem Salat von roten Beten und jungem Spinat (Rezept S. 120) ergibt dieses schmackhafte Gericht ein vollwertiges Essen.

Die Maronen jeweils einmal oberflächlich fein einritzen. In einem Topf mit Wasser bedecken und 15 Minuten kochen. Abgießen und enthäuten.

Das Öl in einer Pfanne erhitzen. Rosenkohl, Zwiebeln und Karotten im Ganzen hineingeben und etwa 5 Minuten pfannenrühren. Den Honig mit dem Essig vermischen, zum Gemüse geben und alles noch einige Minuten unter häufigem Rühren schmoren. Die Kastanien und den Thymian unterrühren und das Ganze zugedeckt weitere 15 Minuten garen. Falls die Mischung zu sehr austrocknet, gelegentlich einige Eßlöffel Wasser hinzufügen.

Das Gemüse mit Salz und Pfeffer abschmecken, in eine vorgewärmte Schüssel füllen und servieren.

Für 4 Personen

GRATIN VON RADICCHIO, CHICORÉE UND ZUCCHINI
Radicchio, Zucchine e Indivia al Gratin

2 Köpfe Radicchio, längs geviertelt
2 Köpfe Chicorée, längs geviertelt
4 Zucchini, längs halbiert
60 g geriebener Emmentaler

FÜR DIE BÉCHAMELSAUCE:

500 ml Milch
60 g (4 EL) Butter
30 g (3 EL) Mehl
Salz und frisch gemahlener Pfeffer
Geriebene Muskatnuß

Gratiniertes Gemüse wie Rosenkohl, weiße Rüben, Sellerie oder Fenchel bildet im Winter eine einfache und köstliche Bereicherung des Speiseplans. Die Béchamelsauce kann nach Belieben auch mit Olivenöl statt Butter und mit Gemüsebrühe statt Milch zubereitet werden.

Den Backofen auf 180 °C (Gasherd Stufe 2–3) vorheizen.

Eine Backform buttern. Radicchio, Chicorée und Zucchini hineingeben. Die Form mit Alufolie abdecken und das Gemüse etwa 30 Minuten im Ofen garen, dabei die Stücke mehrmals wenden. Das Gemüse aus dem Ofen nehmen und auf einem Teller abkühlen lassen.

Die Ofentemperatur auf 200 °C (Gasherd Stufe 3–4) erhöhen.

Für die Béchamelsauce die Milch aufkochen, inzwischen die Butter in einem kleinen Topf bei niedriger Temperatur schmelzen. Das Mehl unterrühren und etwa 1 Minute anschwitzen, bis sich Blasen bilden. Den Topf von der Kochstelle nehmen, langsam die Milch hinzugießen, dabei kräftig mit einem Schneebesen schlagen. Den Topf zurück auf die Kochstelle setzen, die Sauce aufkochen und dabei weiterschlagen, bis sie eindickt. Mit Salz, Pfeffer und einem Hauch Muskatnuß abschmecken.

Die Backform säubern, erneut buttern und die Gemüsestücke wieder hineingeben. Mit der Béchamelsauce überziehen, mit dem Emmentaler bestreuen und etwa 20 Minuten überbacken. Heiß servieren.

Für 4 Personen

GRATIN VON LAUCH, FENCHEL UND KARTOFFELN
Gratin di Porri, Finocchio e Patate

300 g mehligkochende Kartoffeln
2 Zwiebeln, quer in Scheiben geschnitten und die Ringe voneinander getrennt
125 ml natives Olivenöl extra
Salz und frisch gemahlener Pfeffer
500 g Lauch, in Scheiben geschnitten
2 Fenchelknollen, feingehackt
3 EL Semmelbrösel

Auch Kardonen, auf größeren Märkten und in italienischen Feinkostgeschäften zu bekommen, eignen sich anstelle von Lauch und Fenchel vorzüglich für dieses Gericht.

Die Kartoffeln in etwa 20 Minuten in kochendem Salzwasser garen. Abgießen, schälen und in etwa 5 mm dicke Scheiben schneiden.
Den Backofen auf 200 °C (Gasherd Stufe 3–4) vorheizen.
Die Zwiebeln in einem Drittel des Öls etwa 10 Minuten unter häufigem Rühren weich dünsten. Nach Geschmack salzen und auf einem Teller beiseite stellen.
Die Hälfte des restlichen Öls in die Pfanne geben. Lauch und Fenchel 10 Minuten dünsten, dabei häufig durchmischen und bei Bedarf immer wieder einen Löffel Wasser hinzufügen.
Eine Backform dünn mit Öl ausstreichen. Eine Lage Lauch und Fenchel einfüllen, danach eine Lage Kartoffeln und anschließend Zwiebelringe. Salzen und pfeffern. Das restliche Gemüse genauso weiter einschichten. Das Ganze zuletzt mit den Semmelbröseln bestreuen, mit dem restlichen Olivenöl beträufeln und 20 Minuten im Ofen gratinieren. Heiß genießen.
Für 4 Personen

ÜBERBACKENE WEISSE RÜBEN
Rape al Gratin

30 g (2 EL) Butter
600 g Zwiebeln, in Scheiben geschnitten
600 g Kartoffeln, in Scheiben geschnitten
600 g weiße Rüben, in Scheiben geschnitten
120 g geriebener Emmentaler oder Fontina (italienischer halbfester Schnittkäse)
4 EL Milch
1 EL getrockneter Oregano
Salz und frisch gemahlener Pfeffer

Dieses Gericht wird beinahe von selbst fertig. Schieben Sie es einfach in den Ofen und vergessen Sie es, bis die Garzeit abgelaufen ist. Es ist nicht nur unproblematisch, sondern auch gut zu kombinieren. Mit Champignons anstelle der weißen Rüben erhält man eine leckere Variante.

Den Backofen auf 180 °C (Gasherd Stufe 2–3) vorheizen.
Eine größere Backform mit der Butter ausstreichen. Je eine Lage Zwiebeln, Kartoffeln und weiße Rüben in die Form füllen. Das übrige Gemüse in der gleichen Reihenfolge hineinschichten.
In einem kleinen Topf den Käse in der Milch bei niedriger Temperatur schmelzen. Diese Sauce über das Gemüse geben, das Ganze mit dem Oregano, Salz und Pfeffer würzen. Etwa 1 1/2 Stunden backen und heiß in der Form servieren.
Für 4 Personen

GEFÜLLTE AUBERGINEN
MELANZANE RIPIENE

2 Auberginen (insgesamt etwa 450 g)
125 ml natives Olivenöl extra
1 Knoblauchzehe, gehackt
1 rote Zwiebel, feingehackt
200 g Rosenkohl, die Röschen geviertelt
Salz und frisch gemahlener Pfeffer
60 g Mozzarella, feingewürfelt
1 EL frisch gehackte glatte Petersilie

Köstlich gefülltes Gemüse ist typisch für die mediterrane Küche.

Den Backofen auf 170 °C (Gasherd Stufe 3) vorheizen.
Die Auberginen längs halbieren. Die Schnittflächen mit der Spitze eines scharfen Messers mehrmals fein einritzen und jeweils mit 1 Teelöffel Öl bestreichen. Die Auberginen mit der Schnittfläche nach oben auf ein Backblech legen und für etwa 40 Minuten in den Ofen schieben, bis sie gar sind. Mit einem Löffel das Fruchtfleisch bis auf eine 5 mm dicke Wand herauslösen. Die Hüllen warm stellen, das Fruchtfleisch feinwürfeln.
Das restliche Öl in einer Pfanne bei hoher Temperatur erhitzen. Knoblauch und Zwiebel etwa 5 Minuten unter häufigem Rühren dünsten, bis sie beinahe musig sind. Das Auberginenfruchtfleisch und den Rosenkohl hinzufügen. Das Ganze zugedeckt bei niedriger Temperatur etwa 20 Minuten garen, dabei nach Bedarf gelegentlich einige Löffel Wasser dazugeben, so daß nichts ansetzt. Mit Salz und Pfeffer abschmecken.
Die Pfanne vom Herd nehmen. Mozzarella und Petersilie unterrühren, die Mischung in die Auberginenhüllen füllen und servieren.
Für 4 Personen

PIKANTER AUBERGINENTOPF
CAPONATA

4 kleine, runde Auberginen, ungeschält gewürfelt
Grobes Salz
125 ml natives Olivenöl extra
5–6 Stangen junger Bleichsellerie, in feine Scheiben geschnitten
200 g grüne Oliven
60 g Rosinen, gut eingeweicht
60 g Pinienkerne
30 g (3 EL) Kapern
2 EL Essig
Salz und frisch gemahlener Pfeffer

Dieser sizilianische Klassiker ist nicht nur sehr schmackhaft, sondern zudem äußerst gesund und ergibt mit Naturreis als Beilage eine sättigende Mahlzeit. Im Sommer schmeckt er auch kalt ausgezeichnet, und wenn er eine Zeitlang durchziehen kann, mundet er um so besser.

Die Auberginenwürfel in einem Plastiksieb mit grobem Salz bestreuen und etwa 1 Stunde abtropfen lassen. Das Salz abspülen und die Stücke trockentupfen. In einer großen Pfanne 6 Eßlöffel Öl erhitzen. Die Auberginen pfannenrühren, bis sie weich sind. Abtropfen lassen und in eine Schüssel geben. Die Pfanne mit Küchenpapier auswischen. Das restliche Öl hineingeben. Sellerie, Oliven, Rosinen, Pinienkerne und Kapern hinzufügen. Alles unter häufigem Rühren einige Minuten braten, bis der Sellerie gar ist. Den Essig darüberträufeln und bei hoher Temperatur einige Minuten verdampfen lassen.
Die Mischung zu den Auberginen geben. Das Ganze salzen und pfeffern, gründlich durchmischen und servieren.
Für 4 Personen

Seite 98/99: Gefüllte Auberginen, Pikanter Auberginentopf

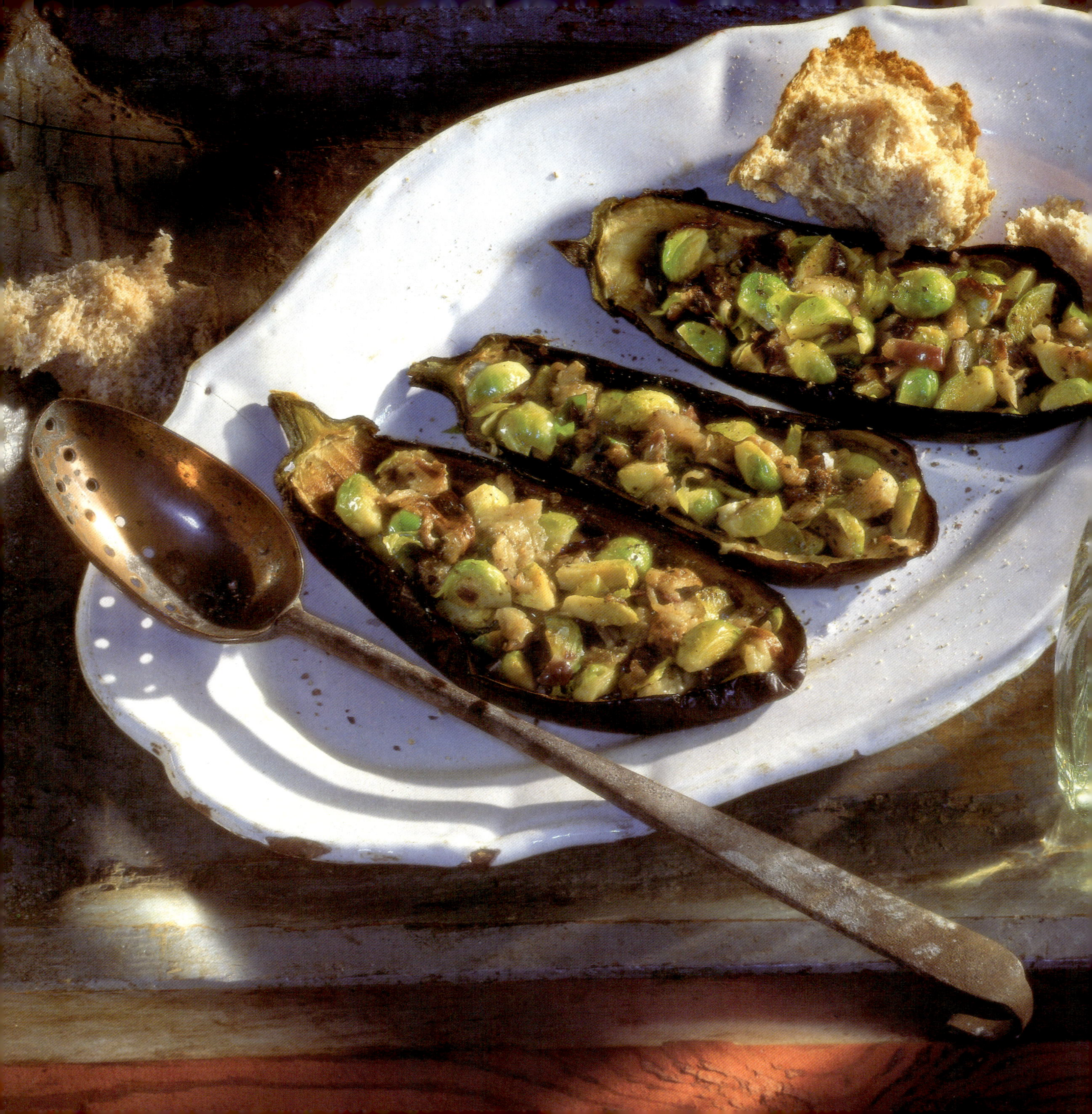

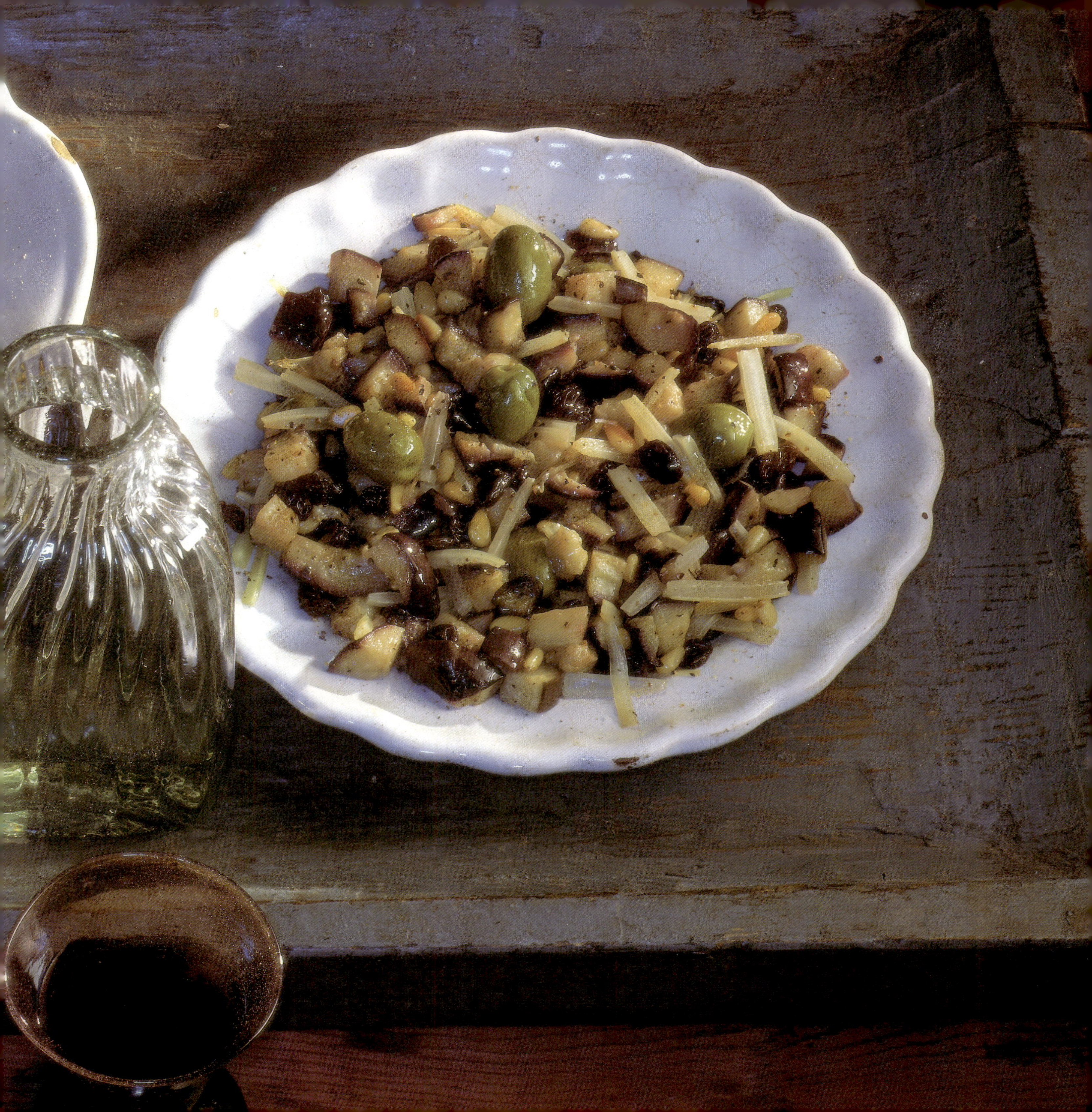

ZWIEBELN MIT SPINATFÜLLUNG
CIPOLLE RIPIENE AGLI SPINACI

8 Gemüsezwiebeln, geschält
60 g (4 EL) Butter, dazu Butter
zum Einfetten der Form
600 g Spinat, gedämpft, ausgedrückt
und gehackt
Salz und frisch gemahlener Pfeffer
100 g Pinienkerne, gehackt
3 EL frisch geriebener Parmesan
1 Prise geriebene Muskatnuß
3 EL Semmelbrösel

FÜR DIE BÉCHAMELSAUCE:

30 g (2 EL) Butter
30 g (2 EL) Mehl
250 ml Milch

Ganz vorzüglich eignet sich diese Füllung auch für Paprikaschoten, die man zuvor, damit sie weich werden, 15–20 Minuten im Ofen gart.

Die ganzen Zwiebeln in reichlich kochendem Wasser etwa 10 Minuten garen. Abgießen und abkühlen lassen, bis man sie gut anfassen kann. Jeweils einen Deckel abschneiden und das Fruchtfleisch bis auf zwei Schichten herauslösen.
Den Backofen auf 180 °C (Gasherd Stufe 2–3) vorheizen.
In einem Topf 1 Teelöffel Butter bei mäßiger Temperatur zerlassen. Den Spinat hinzufügen, würzen und unter Rühren dünsten, bis die überschüssige Feuchtigkeit verdampft ist. Beiseite stellen.
Für die Béchamelsauce die Milch aufkochen, inzwischen die Butter in einem kleinen Topf bei niedriger Temperatur schmelzen. Das Mehl unterrühren und unter ständigem Rühren leicht bräunen. Den Topf von der Kochstelle nehmen, langsam die Milch hinzugießen, dabei kräftig mit einem Schneebesen schlagen. Den Topf zurück auf die Kochstelle setzen, die Sauce aufkochen und dabei weiterschlagen, bis man eine sämige Sauce erhält. Béchamelsauce, Pinienkerne, Parmesan und Muskatnuß unter den Spinat mischen. Die Zwiebelhüllen mit der Mischung füllen und in eine gefettete Backform setzen. Mit den Semmelbröseln bestreuen und die restliche Butter als Flöckchen darauf verteilen.
Die Zwiebeln etwa 20 Minuten backen. Auf einer Platte anrichten und servieren.
Für 4 Personen

DINKEL MIT WEISSEN RÜBEN UND SELLERIE
FARRO ALLE RAPE E SEDANO

600 g weiße Rüben, in Scheiben
geschnitten
4-5 Stangen Bleichsellerie,
in Scheiben geschnitten
2 Zwiebeln, in Scheiben geschnitten
2 Lorbeerblätter
1 EL frische Thymianblättchen
450 g Dinkel, einige Stunden
gewässert
2 EL natives Olivenöl extra
2 Knoblauchzehen, durch die
Knoblauchpresse gedrückt
Salz

Diese schmackhafte und gesunde Gemüsezubereitung paßt gut zu den Linsengerichten von S. 132.

Den Backofen auf 180 °C (Gasherd Stufe 2–3) vorheizen.
Den Boden einer Backform leicht mit Öl einstreichen. Weiße Rüben, Sellerie und Zwiebeln mit den Lorbeerblättern und dem Thymian lagenweise in die Form füllen. Das Ganze mit dem abgetropften Dinkel bedecken und so viel Wasser hinzufügen, daß das Getreide bedeckt ist. Die Form mit Alufolie verschließen und für etwa 1 1/4 Stunden in den Ofen schieben.
Die Form aus dem Ofen nehmen. Das Öl mit dem Knoblauch vermischen und über das Gemüse träufeln. Salzen und alles gründlich vermischen, dabei den Lorbeer entfernen. Das Gericht ohne Folie nochmals 10 Minuten backen. Sehr heiß servieren.
Für 4 Personen

Zwiebeln mit Spinatfüllung

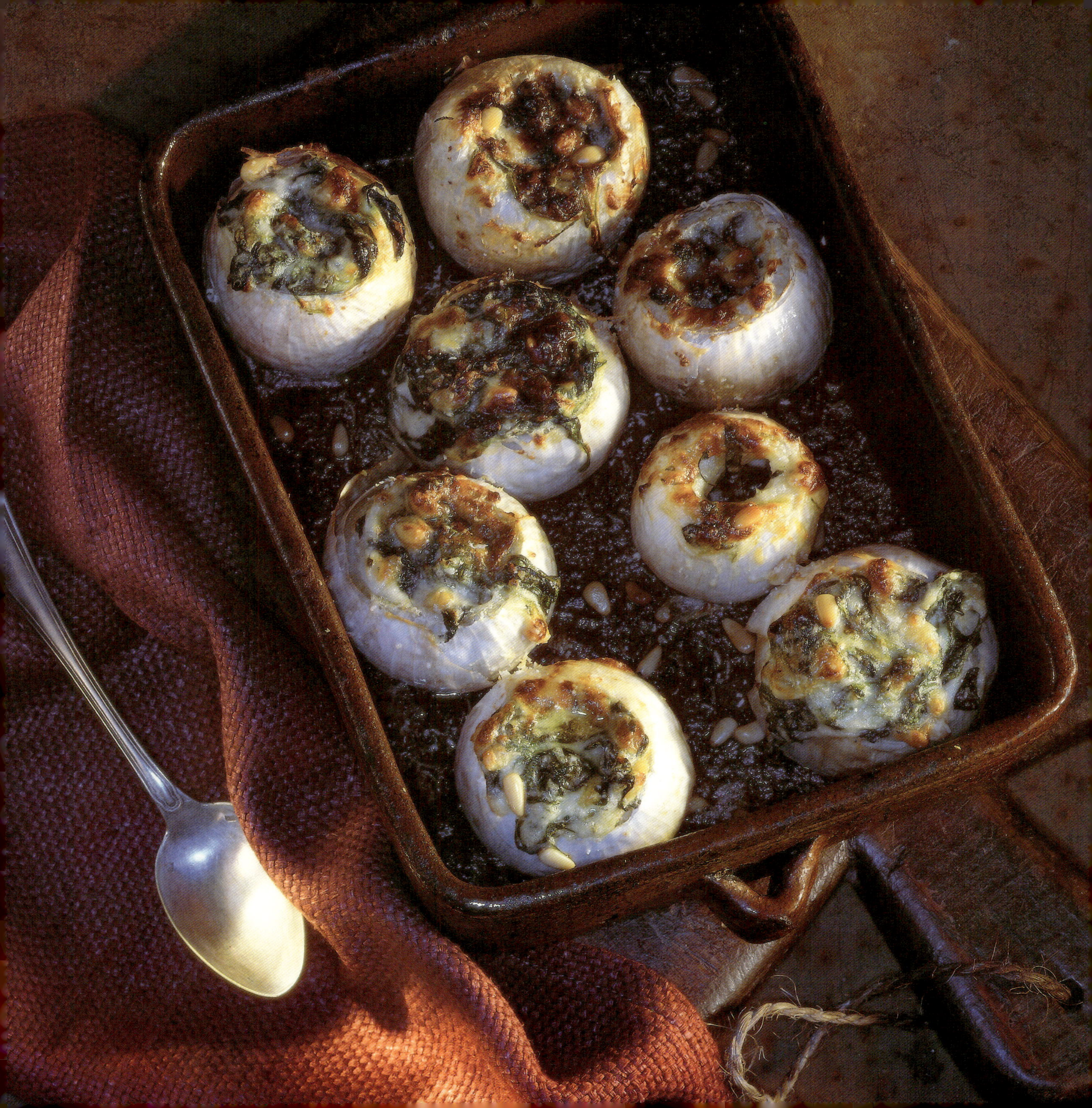

HAFER MIT SPINAT
AVENA AGLI SPINACI

200 g Hafer, über Nacht in 750 ml Wasser eingeweicht
Salz und frisch gemahlener Pfeffer
4 EL natives Olivenöl extra
3 kleine Zucchini, in Scheiben geschnitten
1 Karotte, in Scheiben geschnitten
1 Stange Bleichsellerie, in Scheiben geschnitten
300 g Spinatblätter, gehackt
60 g frisch geriebener Parmesan

Um aus diesem Gericht ein komplettes Essen zu machen, servieren Sie zuvor eine leichte Suppe, etwa eine Gurkencremesuppe (Rezept S. 66), und im Anschluß einen Salat aus Karotten und Rucola mit einem Dressing aus Olivenöl und Zitronensaft.

Die Haferkörner mit ihrem Einweichwasser in einem Topf bei hoher Temperatur aufkochen. Nach etwa 10 Minuten die Temperatur herunterschalten, die Haferkörner leicht salzen und zugedeckt etwa 50 Minuten leise köcheln lassen, bis sie das gesamte Wasser aufgenommen haben. Beiseite stellen.
Die Hälfte des Öls in einer Pfanne erhitzen. Zucchini, Karotte und Sellerie hineingeben und etwa 10 Minuten bei mäßiger Temperatur dünsten, dabei gelegentlich durchmischen. Den Spinat hinzufügen, das Ganze nach Geschmack salzen und pfeffern und einige Eßlöffel Wasser dazugeben. Das Gemüse garen, bis es weich ist.
Den Pfanneninhalt in eine Schüssel füllen. Den Hafer, den Parmesan und das restliche Olivenöl gründlich untermischen und das Gericht servieren.
Für 4 Personen

GERSTE MIT BRENNESSELN
ORZO E ORTICHE

200 g Perlgraupen (kleine, geschliffene Gerstenkörner), gründlich gewaschen und über Nacht in 750 ml Wasser eingeweicht
4 EL natives Olivenöl extra
2 Zwiebeln, in feine Scheiben geschnitten
200 g junge Brennesselblätter, gehackt
60 g geriebener Emmentaler
Salz

Verwenden Sie für dieses Frühlingsgericht nur junge, zarte Brennesseln und tragen Sie beim Sammeln Schutzhandschuhe.

Die Graupen mit ihrem Einweichwasser zum Kochen bringen und bei hoher Temperatur 10 Minuten sprudelnd garen, danach bei verminderter Temperatur noch etwa 20 Minuten leise köcheln lassen.
Das Öl in einer Pfanne rasch erhitzen. Die Zwiebeln einige Minuten anbraten. Die Brennesseln hinzufügen und etwa 5 Minuten mitgaren. Das Gemüse zu den Graupen geben und alles vorsichtig vermischen. Zugedeckt noch etwa 20 Minuten leise sprudelnd garen, bis die Körner weich sind. Falls noch zuviel Flüssigkeit im Topf ist, diese ohne Deckel einige Minuten verkochen lassen.
Den Topf vom Herd nehmen. Den Käse einrühren, das Gericht salzen und 1 Minute ruhen lassen. In eine Schüssel füllen und vor dem Servieren nochmals etwa 10 Minuten ruhen lassen.
Für 4 Personen

HAUPTGERICHTE

HIRSE MIT SPINAT
MIGLIO AGLI SPINACI

60 g (4 EL) Butter
300 g Hirse, sorgfältig gewaschen
750 ml kochendes Wasser
2 weiße Zwiebeln, in feine Scheiben geschnitten
250 g Spinat, in feine Streifen geschnitten
1 EL Mehl
250 ml warme Milch
1 Prise geriebene Muskatnuß
Salz
2 EL frisch geriebener Parmesan

Auch mit Wintergemüse wie Blumenkohlröschen oder Karottenscheiben anstelle des Spinats gelingt dieses Gericht gut und erhält einen besonders zarten Geschmack.

Die Hälfte der Butter in einem Topf zerlassen. Die Hirse etwa 5 Minuten unter häufigem Rühren anbraten. Das heiße Wasser hinzugießen und das Getreide etwa 20 Minuten kochen, bis es das gesamte Wasser aufgenommen hat. Beiseite stellen.

Die restliche Butter in einer großen Pfanne schmelzen. Die Zwiebeln mit etwas Wasser hinzufügen und zugedeckt bei mäßiger Temperatur etwa 10 Minuten dünsten, dabei gelegentlich durchmischen, bis sie schließlich glasig werden. Den Spinat dazugeben und ohne Deckel unter gelegentlichem Rühren einige Minuten mitgaren, bis er zusammenfällt. Mit dem Mehl bestäuben, gut durchmischen und langsam die warme Milch hinzugießen. Dabei rühren, damit sich keine Klumpen bilden. Das Gemüse mit einer Prise Muskatnuß und Salz nach Geschmack würzen. Die Temperatur herunterschalten, einen Deckel auflegen und den Garvorgang 10 Minuten fortsetzen. Den Parmesan und die Hirse in die Pfanne geben, alles gründlich vermischen, nochmals kurz durchwärmen und in einer vorgewärmten Servierschüssel anrichten.
Für 4 Personen

SALATROULADEN MIT HIRSE
INVOLTINI DI LATTUGA E MIGLIO

600 ml Wasser
Salz
200 g Hirse, gründlich gewaschen
12 große, kräftige Kopfsalatblätter
3 EL natives Olivenöl extra
200 g Kopfsalat, in feine Streifen geschnitten
120 g Ricotta
1 EL frische Thymianblättchen

Für diese exquisite und originelle Art der Zubereitung von Hirse können Sie statt der Salatblätter auch Kohl verwenden.

Das Wasser mit Salz nach Geschmack in einem großen Topf aufkochen. Die Hirse hineingeben und bei sehr niedriger Temperatur etwa 20 Minuten garen, bis das Wasser absorbiert ist. Den Topf vom Herd nehmen.

Unterdessen die Salatblätter einzeln für 1 Minute in kochendes Wasser tauchen. Vorsichtig herausnehmen, damit sie nicht zerreißen, kurz in kaltes Wasser halten und zum Trocknen auf ein Küchentuch legen.

Das Öl in einer Pfanne bei mäßiger Temperatur erhitzen. Die Salatstreifen einige Minuten unter häufigem Rühren dünsten, bis sie zusammenfallen. Die Hirse dazugeben und alles bei gleicher Temperatur noch einige Minuten durchmischen. Die Pfanne vom Herd nehmen. Ricotta und Thymian unterrühren.

Die Hirsemischung in zwölf gleiche Portionen teilen und jeweils eine in die Mitte eines Salatblatts geben. Die Seitenränder darüberschlagen und die Blätter zusammenrollen. Die Salatrouladen auf einem Dämpfeinsatz über kochendem Wasser 5 Minuten garen. Auf einer vorgewärmten Platte anrichten und servieren.
Für 4 Personen

KAROTTEN-HAFERFLOCKEN-AUFLAUF
Torta di Carote all'Avena

300 g Karotten, gerieben
60 g mittelgrobe Haferflocken
90 g (6 EL) Butter, dazu Butter
für die Backform
2 EL Milch
2 große Eier
120 g Mehl
1 EL frischer Oregano
20 g Backpulver
Salz und frisch gemahlener Pfeffer

Der Auflauf duftet nicht nur verführerisch, er ist durch seinen Gehalt an Vitamin A und Kalzium auch sehr gesund.

Den Backofen auf 180 °C (Gasherd Stufe 2–3) vorheizen.
Die Karotten und Haferflocken in der Butter bei mäßiger Temperatur etwa 10 Minuten dünsten, dabei häufig rühren. Abkühlen lassen.
Die Milch in einem kleinen Topf erwärmen.
Die Eier mit dem Mehl, dem Oregano, der Milch, dem Backpulver und Salz und Pfeffer nach Geschmack in der Küchenmaschine zu einem glatten Teig verrühren. Diesen zu den Karotten und Haferflocken gießen und alles gründlich vermengen.
Eine Backform mit Butter ausstreichen und die Mischung einfüllen.
Den Auflauf etwa $1/2$ Stunde backen, bis die Masse sich verfestigt hat. Dampfend heiß servieren.
Für 4 Personen

SALAT VON HAFER, KAROTTEN, SELLERIE UND RADIESCHEN
Avena Cruda, Carote, Sedano e Rapanelli

150 g Haferkörner
1 Karotte, gerieben
1 Stange Bleichsellerie, gerieben
1 Handvoll Radieschen, gerieben
1 Perlzwiebel, feingehackt
3 EL frisch gehackte glatte Petersilie
120 g Emmentaler, feingewürfelt
1 EL Kapern, gehackt
Salz
Saft von 1 Zitrone
4 EL natives Olivenöl extra

Kernige Speisen haben in den Dolomiten, einer der schönsten Alpenregionen Norditaliens, eine lange Tradition. Hier ein Rezept für einen erfrischenden und gesunden Salat.

Die Haferkörner 24 Stunden in Wasser einweichen. Abgießen und gründlich abspülen. Mit der Karotte, dem Sellerie, den Radieschen, der Zwiebel, der Petersilie, dem Emmentaler und den Kapern in eine Schüssel geben. Alles sorgfältig vermischen.
Für die Salatsauce in einer kleinen Schüssel etwas Salz im Zitronensaft verrühren. Das Öl hinzufügen und unterrühren. Das Dressing über den Salat geben, alles gut durchmischen und servieren.
Für 4 Personen

Karotten-Haferflocken-Auflauf

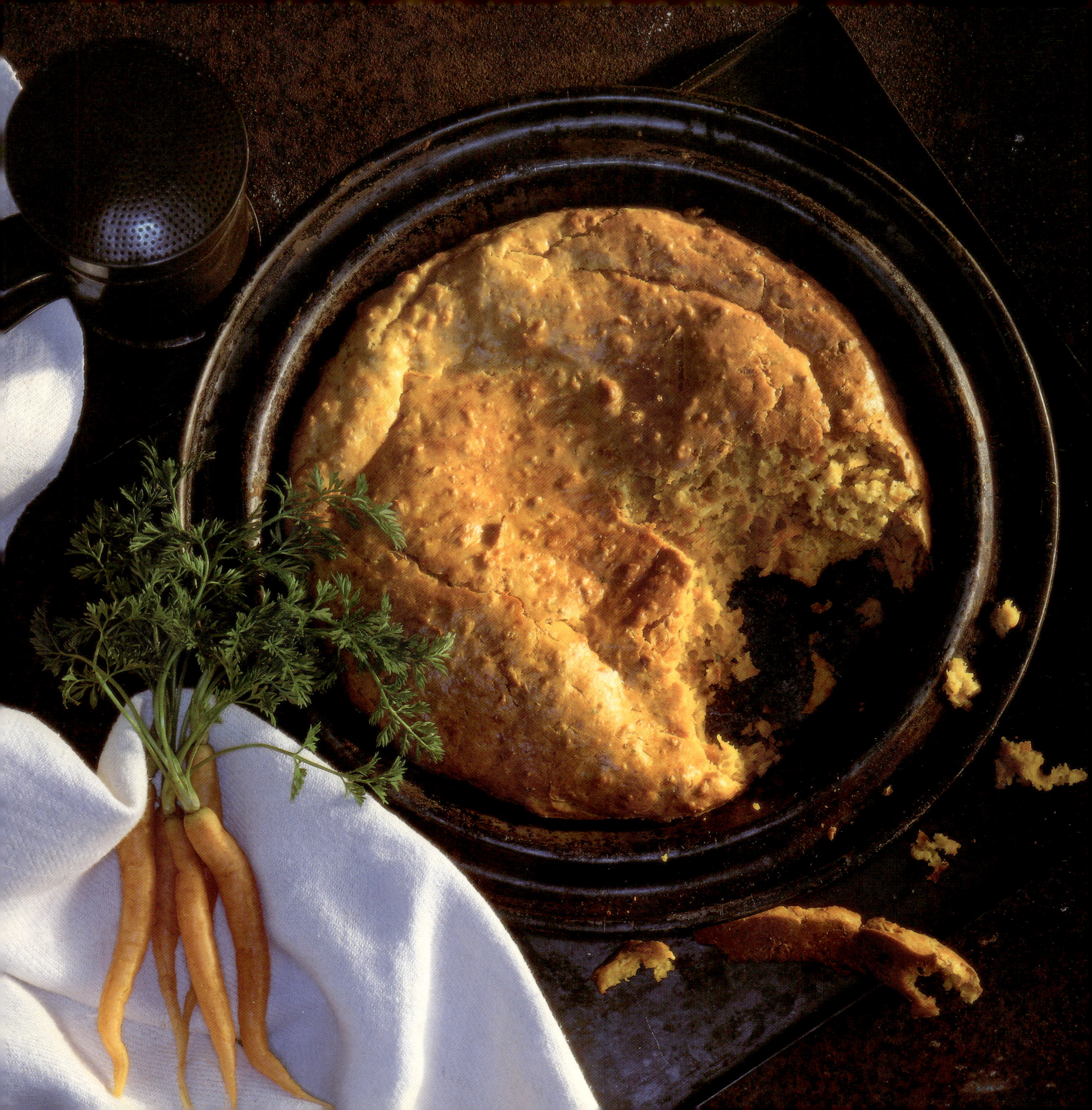

GRIESSROLLE MIT ERBSEN UND ARTISCHOCKEN
Rotolo di Semolino con Piselli e Carciofi

4 kleine runde Artischocken
Saft von 1/2 Zitrone
120 g gepalte frische, grüne Erbsen
30 g (2 EL) Butter
4 EL frisch gehackte glatte Petersilie
5 EL Wasser
1 l Milch
240 g Hartweizengrieß
2 Eier
120 g Emmentaler, in feine Scheiben geschnitten
Salz und frisch gemahlener Pfeffer

Bei Grieß handelt es sich um körnig gemahlenes geschältes Getreide, meist Weizen. Er wird häufig in Suppen und Puddings verwendet und bildet die Grundlage für die berühmten gnocchi alla romana. Die hier vorgestellte Zubereitungsart ist sehr interessant und nicht besonders schwierig. Noch einfacher ist es indes, die Grießmischung in eine gebutterte Backform zu geben, Erbsen, Käse und Artischocken darauf zu verteilen und das Ganze zu backen, bis es leicht gebräunt ist.

Die Artischocken von den harten Außenblättern und vom Heu befreien. In feine Scheiben schneiden und in eine Schüssel mit Wasser legen, das mit dem Zitronensaft gesäuert wurde.
Die Erbsen etwa 10 Minuten in ein wenig kochendem Wasser garen. Abgießen und beiseite stellen.
Die Artischocken abgießen und trockentupfen. Die Butter in einer großen Pfanne erhitzen. Die Artischocken mit der Hälfte der Petersilie und dem Wasser hineingeben. Zugedeckt bei niedriger Temperatur etwa 10 Minuten dünsten und dabei gelegentlich durchmischen. Abtropfen lassen, wobei der Fond aufgefangen wird, und warm stellen.
Die Milch in einem Topf erhitzen. Den Grieß langsam und unter ständigem Rühren einrieseln lassen. Bei niedriger Temperatur etwa 15 Minuten garen, dabei gelegentlich mit einem Holzlöffel rühren, damit sich keine Klumpen bilden. Den Herd abschalten. Die Eier einzeln zum Grieß geben und gut unterrühren. Den Topf sogleich vom Herd nehmen. Den Backofen auf 220 °C (Gasherd Stufe 4–5) vorheizen.

Ein Küchentuch anfeuchten. Die Grießmasse daraufgießen und mit einem Spatel etwa 1 cm hoch zu einem Rechteck ausstreichen. Erbsen, Käse und Artischocken darauf verteilen, das Ganze nach Geschmack salzen und pfeffern. Die Grießplatte mit Hilfe des Tuches vorsichtig aufnehmen und wie eine Biskuitrolle zusammenrollen.
Die Rolle in eine gebutterte Backform geben und mit dem aufgefangenen Fond der Artischocken beträufeln.
Das Gericht etwa 20 Minuten backen.
Aus dem Ofen nehmen, 1 Minute ruhen lassen und dann in gut 1 cm dicke Scheiben schneiden. Auf einer vorgewärmten Platte anrichten und servieren.
Variante: Erscheint Ihnen das Aufrollen zu aufwendig, können Sie das Gericht auch wie einen Auflauf zubereiten (siehe Abbildung): Die fertig gekochte, weiche Grießmasse in eine gebutterte Auflaufform füllen, das Gemüse darüber verteilen und einsinken lassen. Den Artischockenfond darüberträufeln und den Auflauf etwa 20 Minuten backen. Heiß in der Form servieren.
Für 4 Personen

Grießrolle mit Erbsen und Artischocken

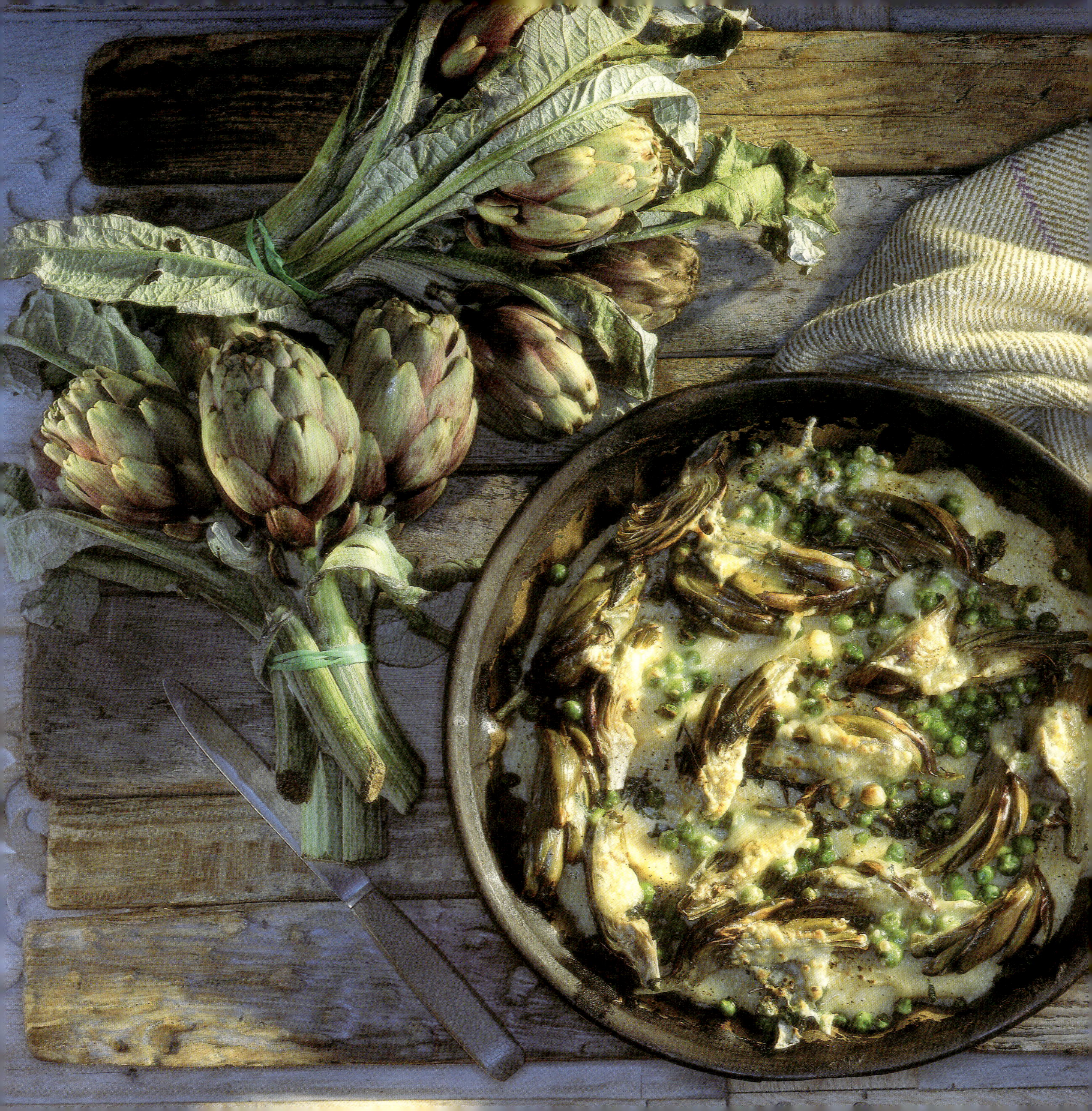

GERSTE MIT ARTISCHOCKEN
Orzo e Carciofi

200 g Rollgerste, gründlich gewaschen und über Nacht in 750 ml Wasser eingeweicht
4 kleine runde Artischocken, geputzt, in Scheiben geschnitten und in Wasser eingelegt, das mit etwas Zitronensaft gesäuert wurde
2 EL natives Olivenöl extra
2 Knoblauchzehen, gehackt
200 g Kartoffeln, geschält und gewürfelt
Salz und frisch gemahlener Pfeffer
3 EL frisch gehackte glatte Petersilie

Mit einer Suppe als Vorspeise und gefolgt von einem leichten Salat, ergibt dieses Gericht eine herzhafte und komplette Mahlzeit.

Die Gerste im Einweichwasser aufkochen und bei hoher Temperatur 10 Minuten garen. Die Temperatur verringern, einen Deckel auflegen und die Gerste weitere 40–50 Minuten garen, bis das gesamte Wasser absorbiert ist. Vom Herd nehmen und beiseite stellen.
Die Artischocken abgießen und trockentupfen. Das Öl in einem Topf erhitzen. Den Knoblauch, die Artischocken und die Kartoffeln dazugeben und einige Minuten bei hoher Temperatur braten, dabei häufig rühren. Das Gemüse nach Geschmack salzen und pfeffern und zugedeckt bei niedriger Temperatur fertig garen. Dabei nach Bedarf etwas Wasser hinzugeben, damit es nicht austrocknet.
Die Gerste und die Petersilie hinzufügen, alles gründlich vermischen und noch einige Minuten weiter garen. Das Gericht in eine vorgewärmte Schüssel füllen und servieren.
Für 4 Personen

GERSTENSALAT
Orzo in Insalata

200 g Rollgerste, gründlich gewaschen und über Nacht in 750 ml Wasser eingeweicht
Salz
1 rote Paprikaschote, gewürfelt
1 gelbe Paprikaschote, gewürfelt
8 Kirschtomaten, halbiert
1 kleine Zwiebel, in Scheiben geschnitten
2 EL frische Majoranblätter
12 schwarze Kalamata-Oliven, entsteint
120 g Ziegenkäse, gewürfelt
2 EL Essig
4 EL natives Olivenöl extra

Bei diesem Rezept kann die Gerste am Vortag gekocht und bis zur Zubereitung des Salates im Kühlschrank aufbewahrt werden.

Die Gerste abgießen. Dabei das Einweichwasser auffangen, in einen Topf geben und aufkochen lassen.
Die Gerste mit einem Küchentuch trockentupfen. In eine Pfanne geben und 7–8 Minuten unter Rühren anrösten, bis sie einen süßlichen Duft entfaltet.
Die Gerste mit Salz nach Geschmack in das kochende Wasser geben und zugedeckt etwa 50 Minuten sanft garen. Vom Herd nehmen und ruhen lassen, bis das gesamte Wasser aufgenommen ist. Abkühlen lassen – sie sollte noch etwas Biß haben.
Die Gerste in eine Schüssel geben. Paprikaschoten, Tomaten, Zwiebel, Majoranblätter, Oliven und Käse dazugeben. Etwas Salz im Essig verrühren und das Öl hinzufügen. Den Gerstensalat mit dem Dressing beträufeln und gründlich durchmischen. Noch einige Minuten ruhen lassen, damit sich die verschiedenen Aromen gut vermischen, und dann servieren.
Für 4 Personen

HAUPTGERICHTE

BRAUNER REISRING MIT WILDPILZEN
ANELLO DI RISO INTEGRALE CON FUNGHI DI BOSCO

300 g Naturreis, gründlich gewaschen
1 l Wasser
2 frische Rosmarinstengel
Salz
4 EL natives Olivenöl extra, dazu Öl zum Einfetten der Form
4 Knoblauchzehen, gehackt
500 g frische Wildpilze, gewaschen und in Scheiben geschnitten
3 EL frisch gehackte glatte Petersilie

Steinpilze mit ihrem intensiven, erdigen Aroma harmonieren exzellent mit dem kernigen Geschmack von Naturreis, es können aber auch andere Pilzarten verwendet werden. Je nach Reissorte beträgt die Garzeit zwischen einer halben und einer Stunde. Pilze werden stets bei hoher Temperatur gebraten und vom Herd genommen, sobald ihr Saft austritt.

Den Reis mit dem Wasser, dem Rosmarin und etwas Salz in einem Topf bei hoher Temperatur zum Kochen bringen und ohne Deckel etwa 10 Minuten garen. Die Temperatur verringern und den Garvorgang bei geschlossenem Topf noch etwa 30 Minuten fortsetzen, ohne zu rühren, bis der Reis weich ist. Den Topf vom Herd nehmen, den Rosmarin entfernen und den Reis zugedeckt 10 Minuten ruhen lassen.
Eine Ringform von 15 cm Durchmesser großzügig mit Öl ausstreichen. Den Reis einfüllen, gut zusammendrücken und die Form warm stellen.
Das Öl in einer Pfanne bei hoher Temperatur erhitzen und den Knoblauch goldgelb braten. Die Pilze hinzufügen und etwa 10 Minuten unter häufigem Rühren garen. Die Pfanne vom Herd nehmen, die Pilze mit der Petersilie und Salz nach Geschmack würzen.
Den Reisring auf eine vorgewärmte Platte stürzen. Die Pilze noch einmal durchmischen, in die Mitte geben und das Gericht servieren.
Für 4 Personen

BUCHWEIZENSPROSSEN MIT ÄPFELN, RADIESCHEN UND EMMENTALER
GERMOGLI DI GRANO SARACENO CON MELE, RAPANELLI E EMMENTAL

120 g Buchweizensprossen
2 Äpfel, geschält und Kerngehäuse entfernt, gewürfelt und mit etwas Zitronensaft beträufelt
12 kleine Radieschen, in feine Scheiben geschnitten
1 Stange Lauch, längs in feine Streifen geschnitten
120 g Emmentaler, gewürfelt
Saft von 1 Zitrone
1 EL Paprikapulver
4 EL natives Olivenöl extra
Salz
Einige Salatblätter

Die meisten gekeimten Körner besitzen nach zwei bis drei Tagen das Maximum an Nährstoffen. Zum Ziehen von Sprossen eignen sich verschiedenste Samen, etwa Getreide wie Hafer, Roggen und Weizen oder auch Hülsenfrüchte. Man läßt die Samen über Nacht in etwas Wasser quellen, gibt sie dann in ein Sieb, stellt sie an einen dunklen Platz und spült sie mindestens zweimal täglich unter fließendem Wasser gründlich ab. Dieser erfrischende Salat kann an einem heißen Sommertag ein Hauptgericht ersetzen.

Die Sprossen sorgfältig abspülen und leicht trockentupfen. Mit den Äpfeln, den Radieschen, dem Lauch und dem Käse in eine Schüssel geben.
Zitronensaft, Paprika, Öl und etwas Salz in einer kleinen Schüssel verrühren.
Das Dressing über den Salat geben, alles gut durchmischen und einige Minuten ziehen lassen.
Eine Servierschüssel mit den Salatblättern auslegen und den Salat darauf anrichten.
Für 4 Personen

REIS MIT LINSEN
RISO CON LENTICCHIE

Dieses Gericht ist sehr nährstoffreich. Dazu passen gut ein Salat von Chicorée, Orangen und Radicchio (Rezept S. 122) und Blumenkohl mit gerösteten Semmelbröseln (Rezept S. 128).

200 g Naturreis, gründlich gewaschen
750 ml Wasser
Salz und frisch gemahlener Pfeffer
4 EL natives Olivenöl extra
1 Zwiebel, in Scheiben geschnitten
150 g Linsen
2 EL Tomatenmark
1 Knoblauchzehe, gehackt
1 EL frisch gehackte glatte Petersilie

Den Reis mit dem Wasser aufsetzen. Nach dem ersten Aufsprudeln 10 Minuten bei hoher Temperatur kochen, dann leicht salzen. Zugedeckt weitere 30–40 Minuten bei niedriger Temperatur garen, bis der Reis das gesamte Wasser aufgenommen hat und weich ist. Zugedeckt beiseite stellen.

Die Zwiebel in einem Topf in der Hälfte des Öls bei hoher Temperatur weich dünsten. Die Linsen mit der doppelten Volumenmenge Wasser hinzufügen. Das Tomatenmark einrühren, das Ganze nach Geschmack salzen und pfeffern und etwa 20 Minuten garen, bis die Linsen die Flüssigkeit absorbiert haben.

Das restliche Öl mit dem Knoblauch, der Petersilie und einer Prise Salz verrühren.

Die Reis-Linsen-Mischung in eine Schüssel füllen und das Dressing gründlich unterziehen. Das Gericht warm servieren.

Für 4 Personen

WARMER SALAT VON GEDÄMPFTEM MAISGEMÜSE
INSALATA TIEPIDA DI MAIS

Ein leichtes Hauptgericht, ideal im Anschluß an einen herzhaften ersten Gang wie Gemelli mit Knoblauch und Champignons (Rezept S. 73).

4 Maiskolben
1 kleiner Blumenkohl, in kleine Röschen geteilt
2 Zucchini, in kleine Würfel geschnitten
120 g gepalte frische, grüne Erbsen
4 EL natives Olivenöl extra
Saft von 1 Zitrone
Salz und frisch gemahlener Pfeffer
Einige frische Basilikumblätter, zerpflückt

Den Mais in reichlich kochendem Salzwasser etwa 15 Minuten garen, bis er zart ist. Abgießen und, sobald man sich nicht mehr die Finger verbrennt, die Körner von den Kolben streifen.

Blumenkohl, Zucchini, Erbsen und Mais etwa 15 Minuten dämpfen. Das Gemüse einige Minuten abkühlen lassen.

Das Öl mit dem Zitronensaft und Salz und Pfeffer nach Geschmack in einer kleinen Schüssel verrühren.

Die Gemüsemischung in eine Salatschüssel füllen. Das Basilikum und das Dressing darüber verteilen, den Salat gründlich durchmischen und servieren.

Für 4 Personen

HAUPTGERICHTE

BUNTER SALAT VON BROT UND TOMATEN
PANZANELLA

900 g altbackenes, kerniges Weizenvollkornbrot, in Scheiben geschnitten
250 ml Rotweinessig
4 Tomaten, nicht zu reif, in Scheiben geschnitten
3 rote Zwiebeln, in feine Scheiben geschnitten
2 Gurken, geschält und in Scheiben geschnitten
2 Stangen Bleichsellerie, in Scheiben geschnitten
Handvoll Radieschen, in Scheiben geschnitten
12 Oliven
12 frische Basilikumblätter, von Hand fein zerpflückt
Salz und frisch gemahlener Pfeffer
6 EL natives Olivenöl extra

Damit diese toskanische Spezialität wirklich gelingt, muß das verwendete Brot ohne Salz gebacken und knochentrocken sein. Zu den traditionellen Zutaten – Brot, Tomaten, Zwiebeln, Essig und Öl – kommen heute meist Gurken, Oliven, Sellerie und Radieschen hinzu.

Die Brotstücke in einer Schüssel mit Wasser und dem Essig bedecken und gründlich einweichen. Abgießen und möglichst kräftig ausdrücken. In eine große Schüssel geben. Tomaten, Zwiebeln, Gurken, Sellerie, Radieschen, Oliven und Basilikum hinzufügen. Vorsichtig durchmischen. Den Salat abschmecken, mit dem Öl beträufeln, nochmals kurz mischen und dann sogleich servieren.
Für 4 Personen

BEILAGEN

In diesem Kapitel habe ich Beilagen aus rohem und gekochtem, frischem und getrocknetem Gemüse zusammengestellt. Dabei sind die Rezepte vor allem auch als Anregung zu verstehen und lassen sich meist ebenso mit anderen Gemüsesorten oder Hülsenfrüchten zubereiten. Wenn Sie beispielsweise mitten im Winter einen Rohkostsalat auf den Tisch bringen möchten, einige der Originalzutaten aber nicht finden, experimentieren Sie einfach mit dem, was der Markt gerade bietet. Radicchio etwa ist in der kalten Jahreszeit erhältlich und mit seiner bitteren Note eine aparte und nahrhafte Alternative zu den üblichen Salaten.

Beim Zusammenstellen von Salaten befolge ich die Faustregel, niemals mehr als drei Gemüsesorten – zusätzlich zu Blattsalat oder auch für sich – zu kombinieren. Denn bei einer größeren Zahl kann es leicht passieren, daß die verschiedenen Geschmacksrichtungen sich gegenseitig überdecken und so nicht mehr wahrzunehmen sind.

Mit dem Wechsel der Jahreszeiten ändert sich auch die Art der Zubereitung. Wenn es kühler wird, verarbeite ich häufiger gekochtes Gemüse in meinen Salaten. Zum Beispiel ergänze

BEILAGEN

ich eine Mischung aus grünem Salat, sehr feinen Karottenscheiben, Radicchio und Rucola gerne mit gedämpften roten Beten oder Kartoffeln, Rosenkohl oder Blumenkohl. Rohes und gekochtes Gemüse vertragen sich ganz ausgezeichnet.

In der vegetarischen Küche spielen Hülsenfrüchte eine wichtige Rolle, da sie dem Organismus in Kombination mit Kornfrüchten vollwertiges Eiweiß zur Verfügung stellen. Zusammen mit Gemüse gewährleisten sie die Versorgung mit hochwertigen Proteinen und dazu Kohlenhydraten, Ballaststoffen, Vitaminen und Spurenelementen in ausgewogenem Verhältnis. Da sie äußerst nahrhaft sind, kommt man mit kleinen Mengen aus.

Getrocknete Hülsenfrüchte lassen sich gut lagern und leicht zubereiten. Abgesehen von der Einweichzeit, die zu berücksichtigen ist, gibt es bei ihrer Verarbeitung keine besonderen Hürden zu nehmen. Gekocht lassen sie sich im Kühlschrank einige Tage aufbewahren oder auch einfrieren. Für ganz Eilige bietet der Markt Bohnen und andere Hülsenfrüchte aus der Dose in großer Auswahl.

REZEPTE

ARTISCHOCKEN MIT WÜRZIGEM ZITRONENDIP
Carciofi con Salsa di Limone

Saft von 1 Zitrone
6 junge runde Artischocken, (kleine italienische Sorte) jeweils etwa 150 g
3 EL frisch gehackte glatte Petersilie
10 grüne Oliven, in Scheiben geschnitten
1 hartgekochtes Ei, gehackt
6 EL natives Olivenöl extra
Salz und frisch gemahlener Pfeffer

Wenn sie noch jung und zart sind, schmecken die kleinen italienischen Artischocken auch roh ganz ausgezeichnet, und seien sie einfach nur mit gutem Olivenöl und Salz angemacht.

Eine Schüssel mit Wasser füllen und mit 1 Eßlöffel Zitronensaft säuern. Die Artischockenstiele auf 2–3 cm Länge stutzen. Die harten Außenblätter entfernen, die Artischocken längs halbieren und das Heu aus dem Inneren entfernen. Die fertig vorbereiteten Hälften in das Zitronenwasser einlegen.
In einer kleinen Schüssel den restlichen Zitronensaft, die Petersilie, die Oliven, das Ei, das Öl sowie Salz und Pfeffer gründlich vermischen. Die Schüssel in die Mitte einer großen Servierplatte stellen.
Die Artischocken abgießen, mit Küchenpapier sorgfältig trockentupfen und um die Schüssel mit dem Dip arrangieren.
Für 4 Personen

GEDÜNSTETE KAROTTEN IN BALSAMESSIG
Carote al Balsamico

2 EL natives Olivenöl extra
500 g Karotten, in 1 × 3 cm große Streifen geschnitten
2 Wacholderbeeren, zerdrückt
4 EL Balsamessig
1 EL Kümmelsamen
Salz

Der süße Karottengeschmack wird durch die aromatische Sauce zusätzlich betont. Gedünstete Karotten passen exzellent zu Getreide, Eiern oder Kartoffeln.

Das Öl in einer großen Pfanne bei mäßiger Temperatur erhitzen. Sobald es flüssiger erscheint, die Karotten mit den Wacholderbeeren hinzufügen und gut rühren. Die Karotten etwa 20 Minuten unter häufigem Rühren dünsten. Eventuell etwas Wasser dazugeben, damit sie nicht anbrennen.
Den Balsamessig und den Kümmel in die Pfanne geben. Die Temperatur verringern und das Ganze kurze Zeit köcheln lassen, bis die Sauce etwas eindickt. Vom Herd nehmen, mit einer Prise Salz würzen und zugedeckt noch einige Minuten ziehen lassen.
Die Karotten mit der Sauce auf einer vorgewärmten Platte anrichten und servieren.
Für 4 Personen

Artischocken mit würzigem Zitronendip

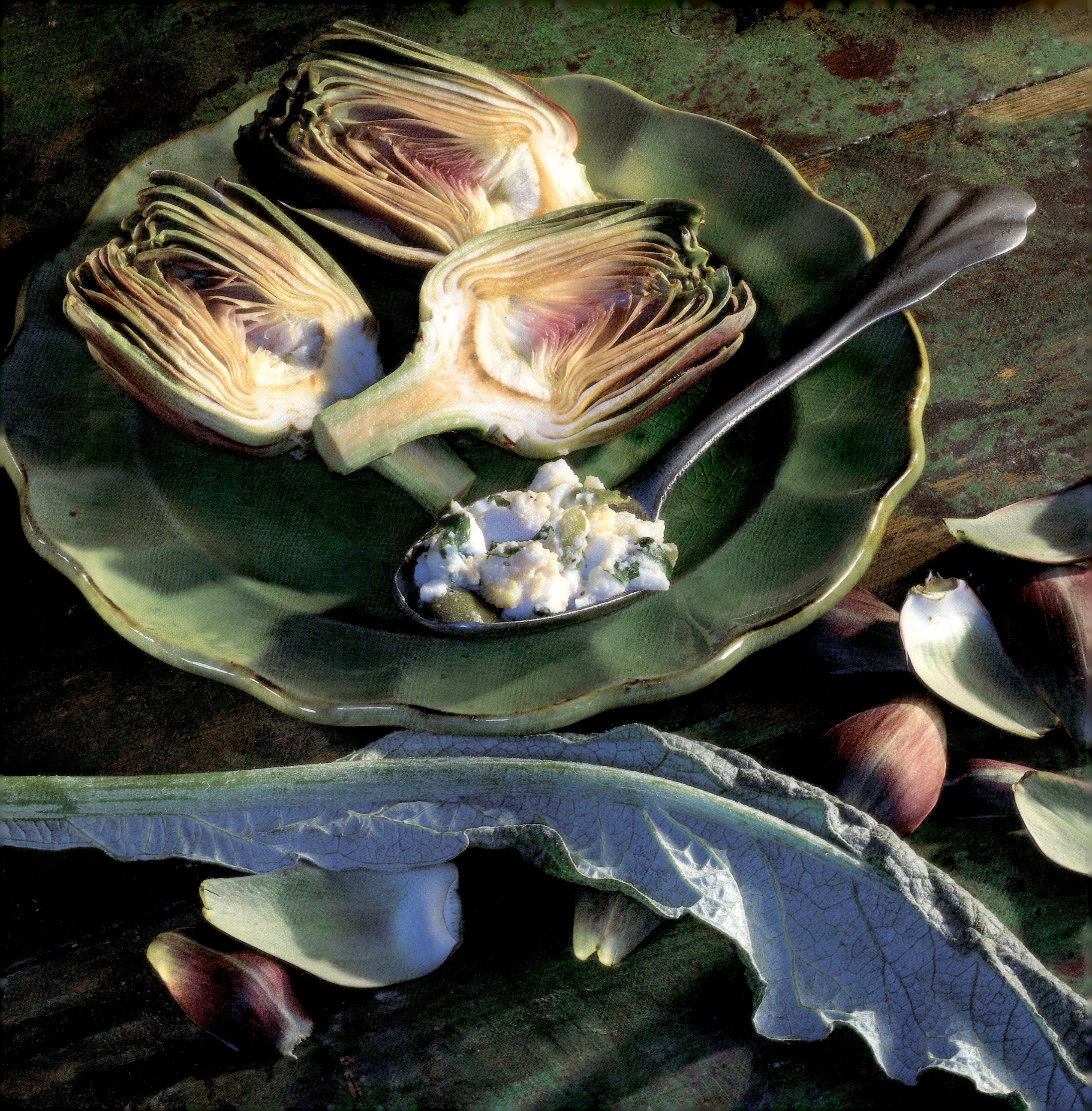

REZEPTE

SALAT VON PAPRIKASCHOTEN, ZWIEBELN UND TOMATEN
Peperoni, Pomodori e Cipolle

4 grüne Paprikaschoten
4 Tomaten
2 Gemüsezwiebeln, in Scheiben geschnitten und die Ringe voneinander getrennt
2 Gewürzgurken, in Scheiben geschnitten
2 EL Rotweinessig
Salz und frisch gemahlener Pfeffer
4 EL natives Olivenöl extra

Dieser Salat bildet eine farbenfrohe und auch geschmacklich perfekte Ergänzung zur toskanischen panzanella (Rezept S. 111).

Die Paprikaschoten über einer offenen Flamme oder unter dem Elektrogrill rösten, bis sie ringsum kräftig gebräunt sind. Mit einem feuchten Tuch bedecken oder in eine Plastiktüte geben, damit sich Dampf entwickelt, und abkühlen lassen. Anschließend enthäuten, entkernen und in Streifen schneiden. Die Tomaten 1 Minute in kochendem Wasser blanchieren. Abgießen, enthäuten, entkernen und feinwürfeln. Die Zwiebelringe einige Sekunden in kochendem Wasser blanchieren, abgießen und zum Abtropfen auf Küchenpapier geben.

Die Gurkenscheiben in der Mitte einer Servierplatte arrangieren. Mit den Paprikastreifen umlegen, außerhalb die Zwiebelringe und dann die Tomatenwürfel verteilen.

Den Essig in einer kleinen Schüssel mit Salz und Pfeffer nach Geschmack mischen. Das Öl sorgfältig einrühren. Das Dressing über den Salat träufeln und diesen sofort servieren.

Für 4 Personen

RADICCHIO MIT MINZE
Radicchio alla Menta

300 g Radicchio, in feine Streifen geschnitten
1 Handvoll frische Minzeblätter
1 EL Honig
1 Knoblauchzehe, durch die Knoblauchpresse gedrückt
4 EL Balsamessig
Salz
4 EL natives Olivenöl extra

Das süßsaure Dressing rundet die leicht bittere Note des Radicchio angenehm ab.

Den Radicchio mit den Minzeblättern in eine Schüssel geben.

Honig, Knoblauch, Balsamessig und eine Prise Salz in einer kleinen Schüssel gut miteinander verrühren. Zuletzt das Olivenöl untermischen und die Sauce einige Minuten ruhen lassen, so daß sich die Aromen schön verbinden.

Das Dressing nochmals kräftig umrühren, über den Salat gießen, diesen gründlich durchmischen und servieren.

Für 4 Personen

SELLERIESALAT MIT PARMESAN
Sedano e Parmigiano

300 g Bleichsellerie, in sehr feine Scheiben geschnitten
180 g Parmesan, in feine Flocken gehobelt
2 EL Balsamessig
4 EL natives Olivenöl extra
Salz und frisch gemahlener Pfeffer

Da Parmesan mit vielen Gemüsesorten vorzüglich harmoniert, könnte man hier anstelle des Selleries auch Fenchel oder junge Artischocken, beides roh, verwenden.

Den Sellerie in eine flache Servierschüssel füllen und die Oberfläche glätten. Den Parmesan gleichmäßig darüber verteilen.

In einer kleinen Schüssel Essig, Öl und etwas Salz vermischen. Den Salat gleichmäßig mit dem Dressing beträufeln, mit Pfeffer bestreuen und servieren.

Für 4 Personen

BEILAGEN

APFEL-SELLERIE-SALAT MIT KRESSE
Germogli, Mele e Sedano

2 Äpfel, geschält, feingewürfelt und mit etwas Zitronensaft beträufelt
5 Stangen Bleichsellerie, in feine Scheiben geschnitten
60 g Walnüsse, grobgehackt
½ EL Kümmelsamen
120 g frische Gartenkresse- und Senfsprossen (als Mischung erhältlich)
Saft von 1 Zitrone
Salz und frisch gemahlener Pfeffer
4 EL natives Olivenöl extra

Besonders lecker schmeckt der knackige und appetitanregende Salat zu Gerichten wie Eierkuchen mit Kartoffeln und Zwiebeln (Rezept S. 94). Anstelle von Kresse- und Senfsprossen eignen sich auch Mungobohnen-, Bockshornklee- oder Alfalfasprossen.

Äpfel, Sellerie, Walnüsse, Kümmel und Sprossen in eine Schüssel geben. Den Zitronensaft mit etwas Salz und Pfeffer mischen und dann das Öl einrühren. Das Dressing über den Salat geben, durchmischen und servieren.
Für 4 Personen

GEEISTE TOMATEN
Pomodori Ghiacciati

400 g Tomaten, geachtelt
2 TL getrockneter Oregano und einige Blättchen frischer Oregano (zum Garnieren, nach Wunsch)
2 EL Balsamessig
Salz und frisch gemahlener Pfeffer
4 EL natives Olivenöl extra
8 Eiswürfel

Dieser denkbar einfache Salat ist für heiße Tage wie geschaffen. Er verlangt nach festen, sonnengereiften Tomaten mit vollem Aroma, die vor der Verwendung möglichst nicht im Kühlschrank aufbewahrt werden, da sie sonst an Geschmack einbüßen.

Die Tomaten in einer Salatschüssel mit dem getrockneten Oregano, dem Essig und etwas Salz und Pfeffer gründlich vermischen. Das Öl darüberträufeln und nochmals durchmischen. Die Eiswürfel auf den Salat geben und diesen vor dem Servieren noch einige Minuten ruhen lassen, damit die Tomaten gut gekühlt werden. Servieren bevor das Eis zu schmelzen beginnt.
Für 4 Personen

Seite 118/119: Apfel-Sellerie-Salat mit Kresse, Geeiste Tomaten

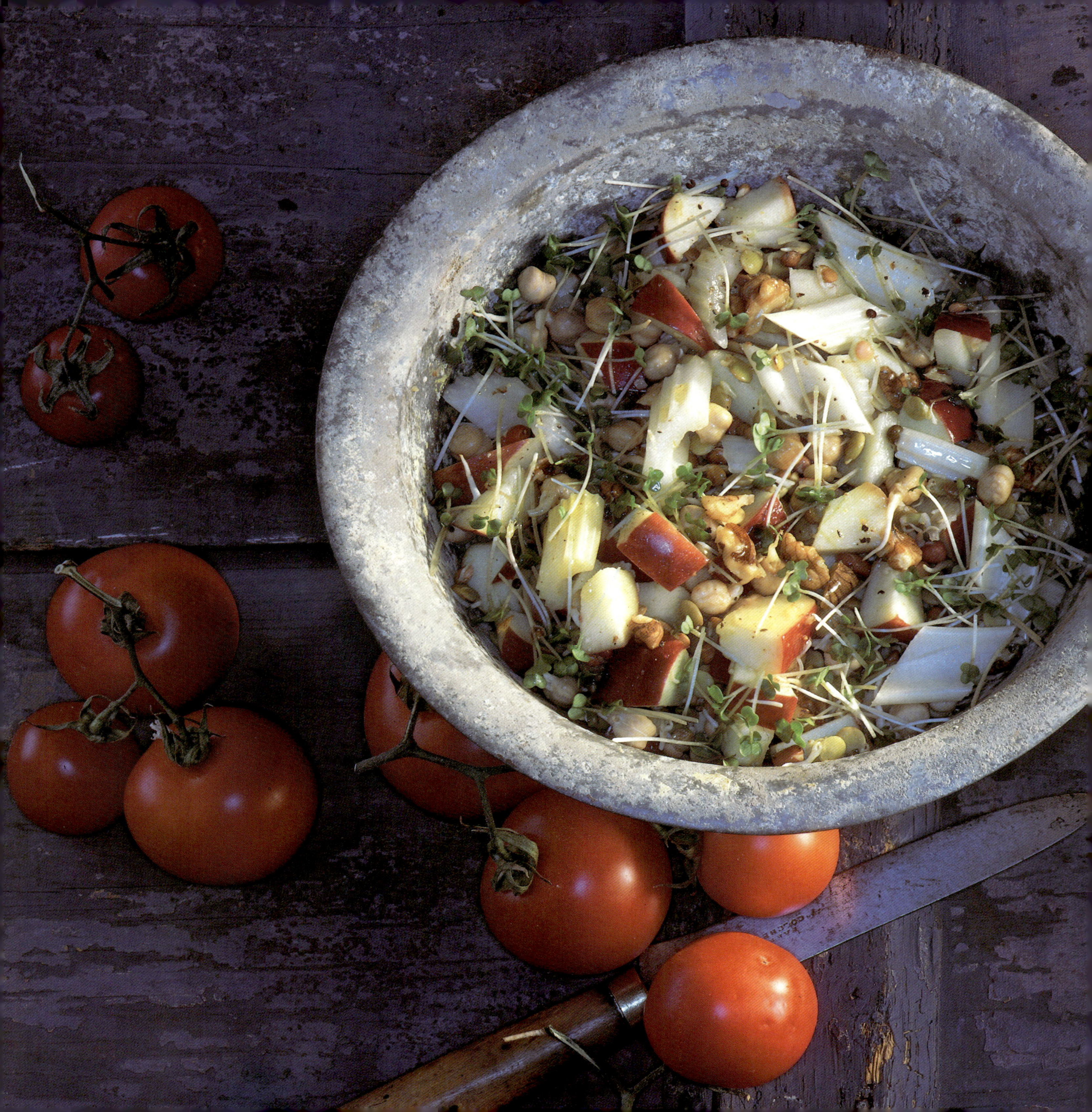

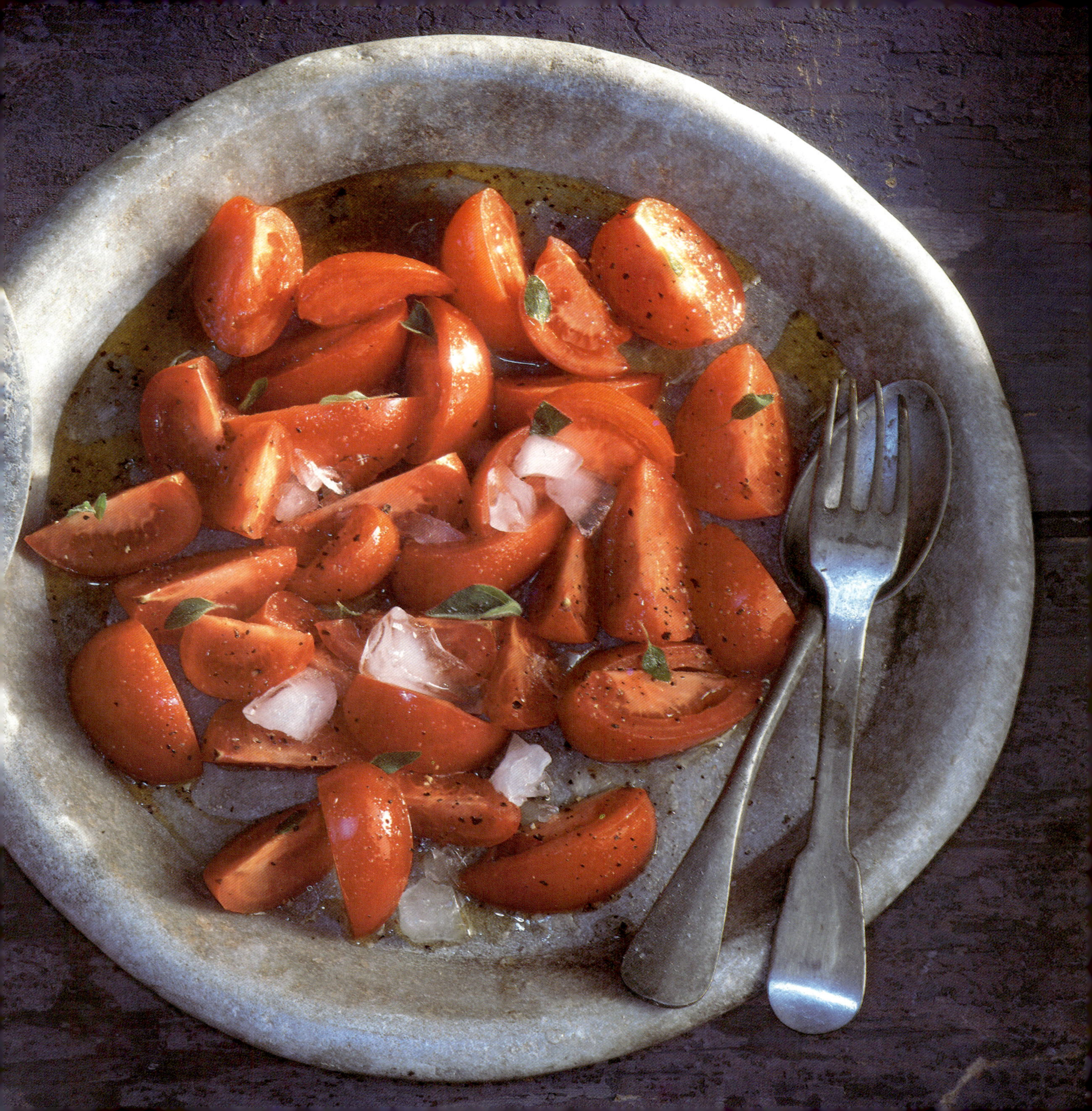

REZEPTE

FENCHEL MIT RUCOLA UND ZITRONEN
FINOCCHI E RUCOLA

2 Zitronen
2 Fenchelknollen, quer in feine Scheiben geschnitten
120 g Rucola, entstielt und in Streifen geschnitten
Salz
4 EL natives Olivenöl extra

Ideal als erfrischender Vitaminspender an heißen Tagen, schmeckt dieser Salat auch rund ums Jahr köstlich, insbesondere als Beilage zu stark gewürzten Speisen.

Die Zitronen schälen, dabei auch die weiße Schicht sauber entfernen. In dünne Scheiben schneiden und diese mit Fenchel und Rucola in eine Schüssel geben.
Mit einer Prise Salz würzen und mit dem Olivenöl beträufeln. Den Salat gründlich durchmischen, einige Minuten ruhen lassen, damit sich der volle Geschmack entfalten kann, und servieren.
Für 4 Personen

SALAT VON KAROTTEN, RUCOLA UND OLIVEN
CAROTE ALLE OLIVE

500 g Karotten, gerieben
100 g Rucola
Salz
1 EL Weißweinessig
2 EL natives Olivenöl extra
120 g schwarze entsteinte Oliven, in Scheiben geschnitten
1 EL frischer Oregano

Farblich sehr ansprechend und reich an Vitamin A ist die Kombination aus diesem Salat und einem Karotten-Haferflocken-Auflauf (Rezept S. 104).

Karotten und Rucola in eine Salatschüssel geben.
Eine Prise Salz im Essig auflösen und das Olivenöl einrühren. Den Salat mit dem Dressing beträufeln und sorgfältig durchmischen. Mit den Oliven und dem Oregano bestreuen und sofort servieren.
Für 4 Personen

SALAT VON ROTEN BETEN UND JUNGEM SPINAT
BARBABIETOLE E SPINACI CON SESAMO

3 EL natives Olivenöl extra
Saft von 1 Zitrone
Salz und frisch gemahlener Pfeffer
2 EL Sesamkörner
4 EL Rosinen, gut eingeweicht
300 g frische, junge Spinatblätter
350 g rote Beten, gekocht, geschält und in kleine Würfel geschnitten

Spinat, der für einen Rohkostsalat vorgesehen ist, muß ganz jung und zart sein. Um genügend solcher Blätter zusammenzubekommen, kaufen Sie mindestens 1 kg Spinat und verarbeiten das, was nicht in den Salat kommt, zu einer delikaten Füllung für Zwiebeln (Rezept S. 100).

Das Öl mit dem Zitronensaft und etwas Salz und Pfeffer in einer kleinen Schüssel verrühren. Sesamkörner und Rosinen hinzufügen und das Dressing etwa 10 Minuten beiseite stellen, so daß sich die verschiedenen Aromen gut vermischen.
Den Spinat in eine Schüssel geben. Die Hälfte des Dressings darüberträufeln und untermischen. Die roten Beten in einer zweiten Schüssel mit dem restlichen Dressing vermischen. Den Spinat ringförmig auf einer Servierplatte anrichten und die roten Beten in die Mitte geben. Den Salat sofort servieren.
Für 4 Personen

Fenchel mit Rucola und Zitronen

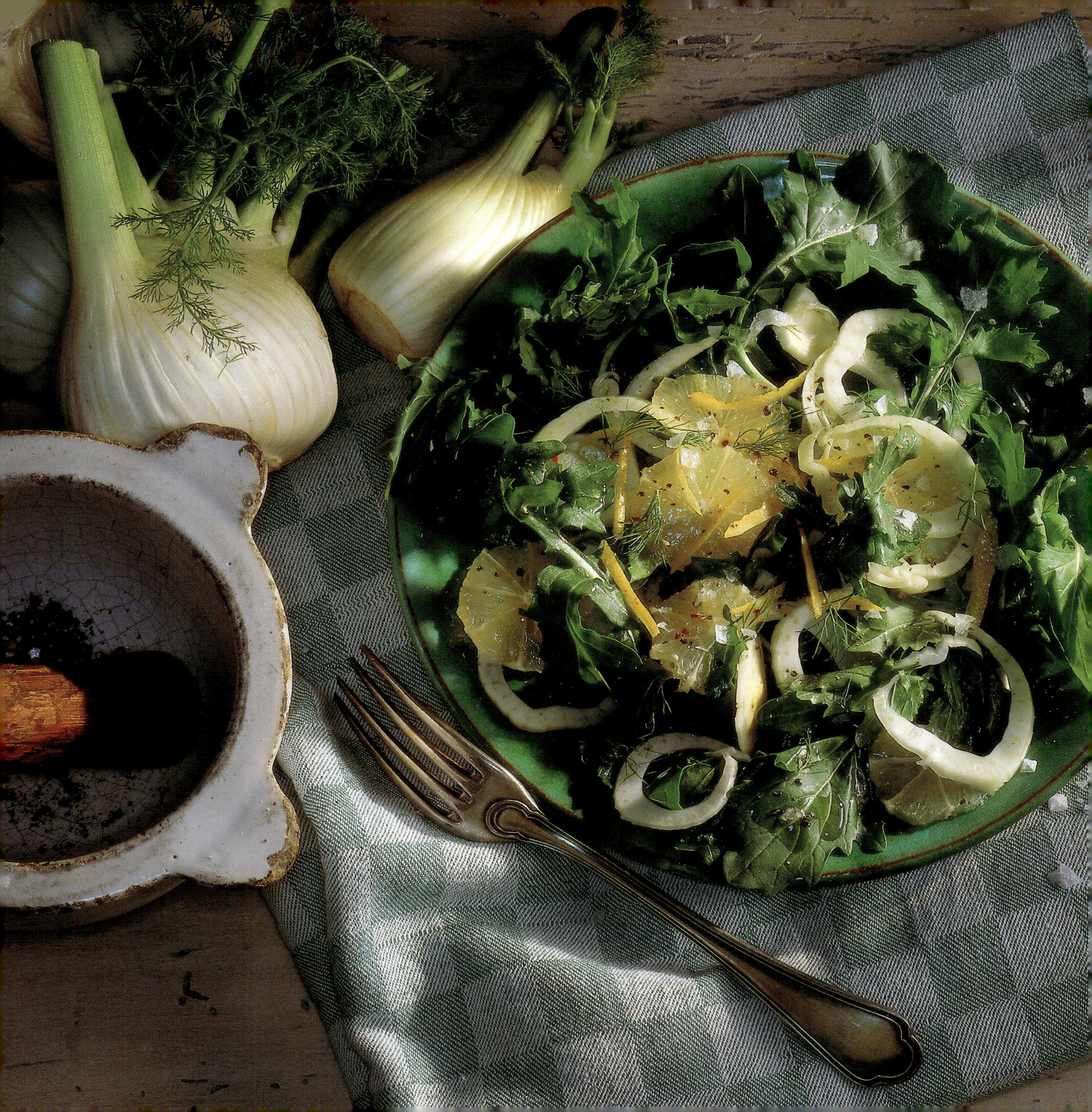

REZEPTE

SPARGEL MIT WARMER BROTSAUCE
ASPARAGI IN SALSA DI PANE

Ein einfaches aber raffiniertes Spargelrezept.

900 g grüner Spargel
60 g entrindetes grobes Weizenvollkornbrot (etwa 2 Scheiben)
4 EL Weißweinessig
1 hartgekochtes Ei
60 g frische glatte Petersilie
60 g Kapern
4 EL natives Olivenöl extra
Salz und frisch gemahlener Pfeffer

Den Spargel dämpfen, bis er gar ist. Inzwischen das Brot mit der Hälfte des Essigs tränken und danach ausdrücken. Brot, Ei, Petersilie und Kapern zusammen grobhacken.
Den restlichen Essig mit dem Öl sowie Salz und Pfeffer nach Geschmack in einem kleinen Topf bei niedriger Temperatur erwärmen. Die Brotmischung hineingeben.
Den Spargel auf einer vorgewärmten Servierplatte anrichten und die Sauce darüber verteilen. Sogleich servieren.
Für 4 Personen

ERBSEN MIT PAPRIKA
PISELLI ALLA PAPRICA

Mit seinem pikant-süßen Geschmack ergibt dieses Gericht eine exzellente Beilage zu Polenta mit Lauch (Rezept S. 79).

600 g gepalte frische grüne Erbsen
4 EL Sahne
1 kleine Zwiebel, in feine Scheiben geschnitten
1 TL Paprikapulver
Salz

Die Erbsen in 10–15 Minuten gar dämpfen.
Die Sahne in einem Topf erhitzen. Die Zwiebel hineingeben und bei niedriger Temperatur etwa 5 Minuten garen. Erbsen, Paprika und Salz nach Geschmack hinzufügen und alles einige Minuten sanft köcheln lassen, so daß die Aromen schön verschmelzen. Das Gericht in eine vorgewärmte Schüssel füllen und gleich servieren.
Für 4 Personen

SALAT VON CHICORÉE, ORANGEN UND RADICCHIO
INDIVIA, ARANCE E RADICCHIO ROSSO

Nicht von ungefähr sind Orangen in Sizilien eine beliebte Salatzutat – die dortigen malerischen Orangenhaine bieten einen unvergeßlichen Anblick. Bei diesem Rezept werden die Orangen ungeschält verarbeitet. Verwenden Sie daher biologisch angebaute Früchte und schneiden Sie die Scheiben möglichst dünn.

2 Orangen, ungeschält in sehr feine Scheiben geschnitten
2 Chicoréestauden, in feine Streifen geschnitten
1 Radicchioherz, in feine Streifen geschnitten
120 g junge Kopfsalatblätter, in feine Streifen geschnitten
Saft von 1 Orange
2 EL Balsamessig
Salz und frisch gemahlener Pfeffer
4 EL natives Olivenöl extra
2 EL Sesamkörner

Die Orangenscheiben aufeinanderlegen und in Segmente schneiden. Die Streifen von Chicorée, Radicchio und Kopfsalat in einer flachen Schüssel vermischen. Die Orangenstücke dazugeben und untermischen.
Den Orangensaft über einer kleinen Schüssel durch ein Sieb gießen. Den Essig sowie Salz und Pfeffer nach Geschmack einrühren, dann das Olivenöl und die Sesamkörner hinzufügen und alles gut verrühren.
Den Salat mit dem Dressing beträufeln, gründlich durchmischen, noch kurz ziehen lassen und servieren.
Für 4 Personen

Spargel mit warmer Brotsauce

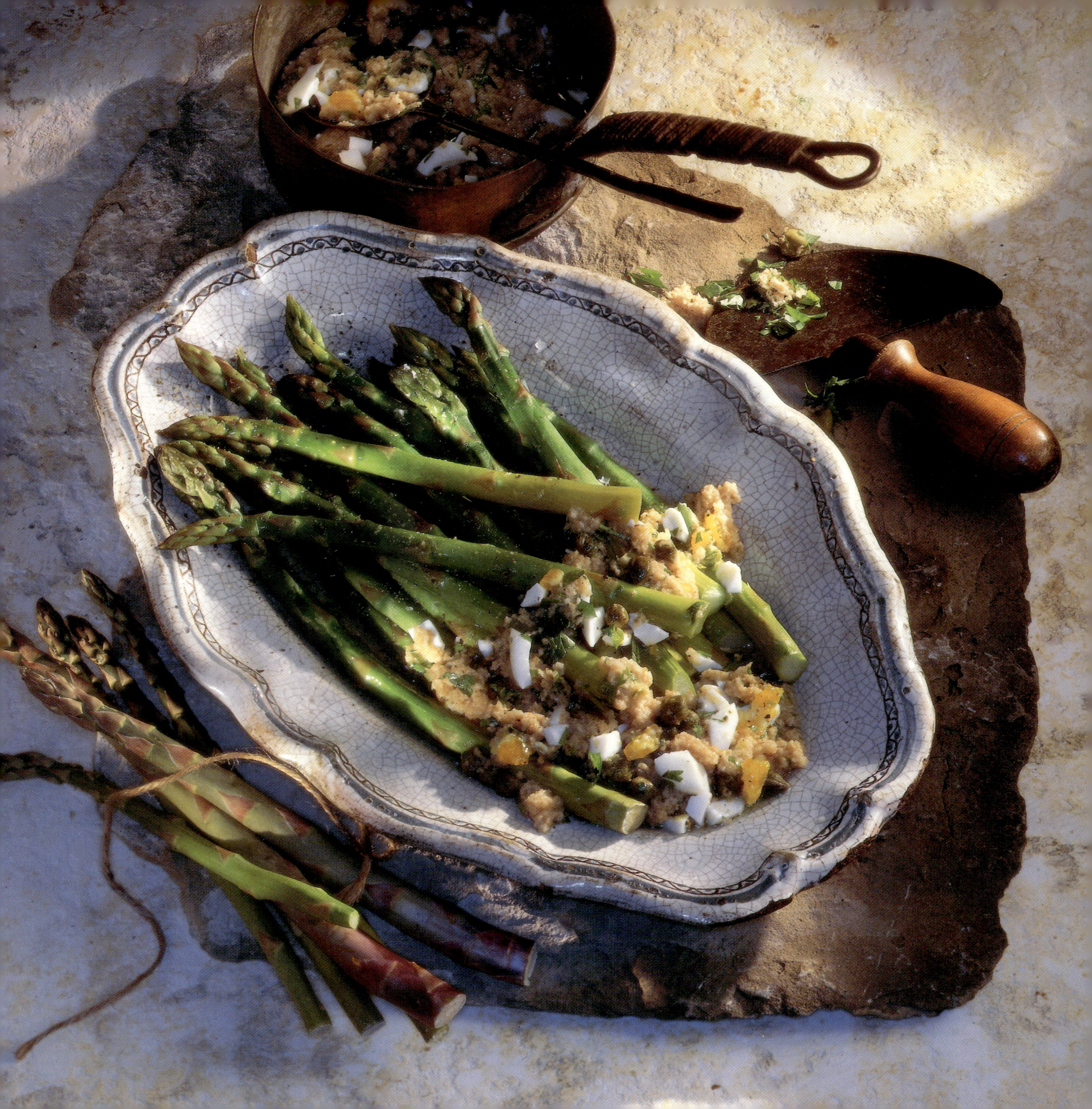

GEBACKENE ZUCCHINI
ZUCCHINE AL FORNO

4 mittelgroße Zucchini
30 g frisch geriebener Parmesan
¼ TL geriebene Muskatnuß
Salz und frisch gemahlener Pfeffer
1 Eiweiß
Öl zum Ausstreichen der Backform

Die delikat gefüllten Zucchini schmecken das ganze Jahr über. Servieren Sie dazu ein Getreidegericht.

Den Backofen auf 180 °C (Gasherd Stufe 2–3) vorheizen.
Die Zucchini einige Minuten in kochendem Salzwasser blanchieren und abgießen. Die Enden abschneiden und die Zucchini längs halbieren. Mindestens die Hälfte des Fruchtfleisches herauskratzen und im Mixer mit dem Parmesan, der Muskatnuß sowie Salz und Pfeffer nach Geschmack fein pürieren. Das Eiweiß zu festem Schnee schlagen und unter die Zucchinicreme heben.
Die ausgehöhlten Zucchini großzügig mit der Zucchinicreme füllen.
Eine Backform mit Öl einstreichen und die Zucchinihälften hineinlegen. Etwa 40 Minuten backen, bis die Füllung aufgegangen und appetitlich gebräunt ist. Während des Backens bei Bedarf gelegentlich einige Eßlöffel Wasser in die Form geben.
Die Zucchini auf einer vorgewärmten Platte anrichten und sogleich servieren.
Für 4 Personen

ZARTE DICKE BOHNEN MIT FRÜHLINGSZWIEBELN UND PECORINO
FAVE, CIPOLLOTTI E PECORINO

Einige Salatblätter
900 g frische, junge dicke Bohnen, gepalt
2 Frühlingszwiebeln, in feine Scheiben geschnitten
200 g gereifter Pecorino, gehobelt
4 EL natives Olivenöl extra
Salz und frisch gemahlener Pfeffer

Wenn die frischen dicken Bohnen auf den Märkten auftauchen, ist der Sommer nicht mehr allzu weit. In Italien genießt man sie gerne, einfach ungeschält in einer großen Schüssel in die Tischmitte gestellt, zu jungem, in Scheiben geschnittenem Pecorino.

Eine Salatschüssel mit den Salatblättern auslegen. Die Bohnen mit den Frühlingszwiebeln vermischen und auf den Salatblättern anrichten. Die Pecorinostücke gleichmäßig darüber verteilen.
Das Öl mit etwas Salz und reichlich frisch gemahlenem Pfeffer verrühren und als Dressing über den Salat träufeln. Den Salat sogleich servieren.
Für 4 Personen

Zarte dicke Bohnen mit Frühlingszwiebeln und Pecorino

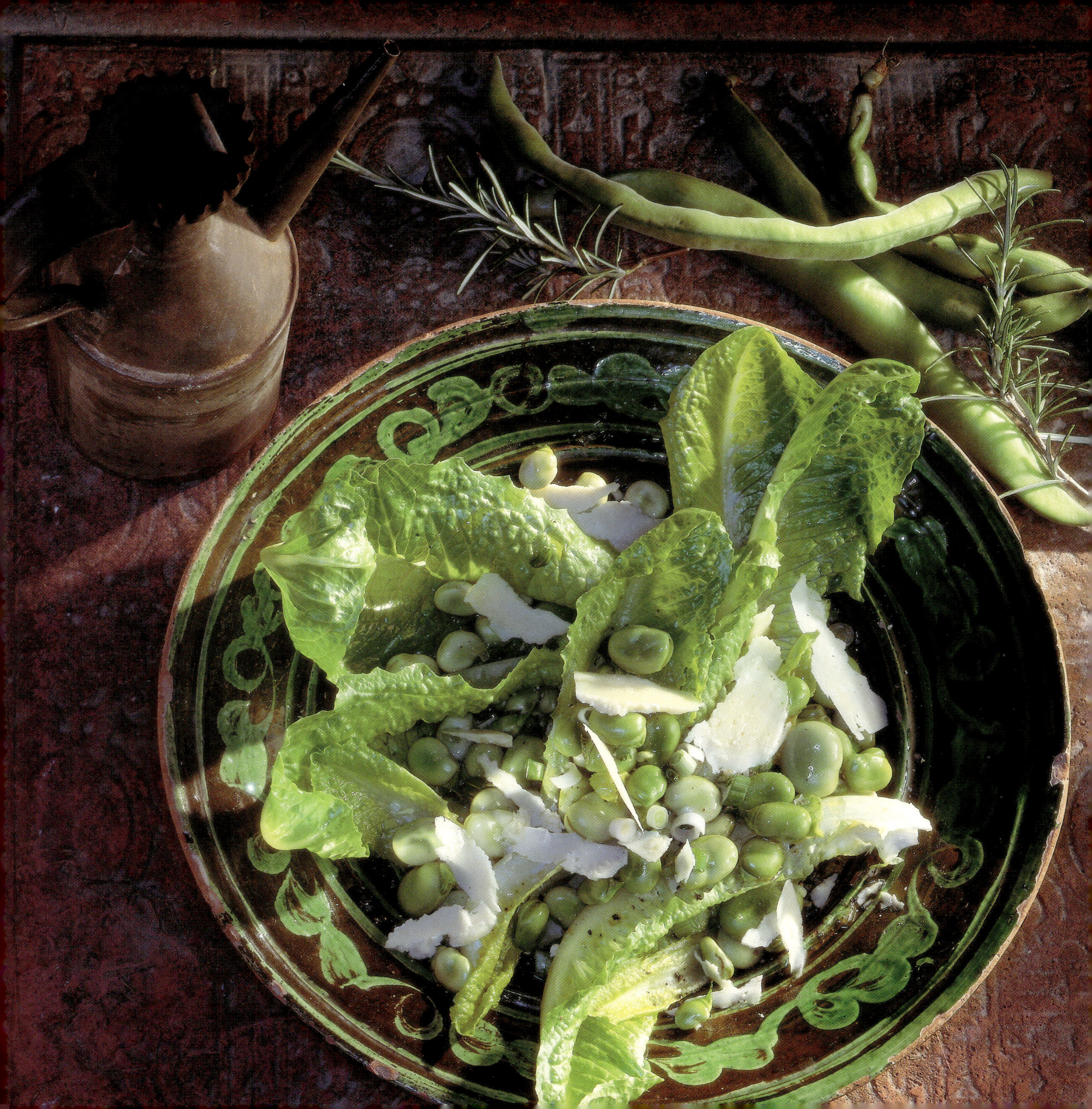

CHICORÉE-SCHIFFCHEN MIT BOHNEN
Barchette di Indivia ai Fagioli

120 g getrocknete Cannellini- oder andere weiße Bohnen, über Nacht eingeweicht und abgetropft
Salz und frisch gemahlener Pfeffer
4 EL natives Olivenöl extra
2 EL Rotweinessig
2 Stauden Chicorée
1 Bund frische glatte Petersilie, gehackt
1 Handvoll schwarze Oliven (nach Wunsch)

Auch als Appetithappen kommen die originellen »Chicorée-Schiffchen« ausgesprochen gut an.

Die Bohnen abspülen und in einem Topf 2–3 cm hoch mit Wasser bedecken. Einmal aufkochen und dann in etwa 1 1/2 Stunden gar kochen. Die Bohnen erst gegen Ende des Garvorgangs salzen.
Die Bohnen abgießen und durchpassieren. Das Püree in eine Schüssel geben.
Öl und Essig gründlich unterrühren und das Bohnenpüree nach Geschmack salzen und pfeffern.
Die einzelnen Chicoréeblätter großzügig mit dem Bohnenpüree füllen. Die gefüllten Blätter auf einer Servierplatte anrichten, mit der Petersilie bestreuen, nach Wunsch die Oliven dazwischenstreuen und servieren.
Für 4 Personen

FRISÉE IN BUTTER GEDÜNSTET
Cicoria Ripassata

900 g Frisée, in Streifen geschnitten
Saft von 1 Zitrone
60 g (4 EL) Butter
1 Prise geriebene Muskatnuß
Salz und frisch gemahlener Pfeffer

Wie jedes leicht bitter schmeckende Gemüse regt auch Frisée – krause Endivie – die Leber und die Verdauungsorgane an. Anstatt mit Butter und Muskatnuß können Sie dieses Gericht ebenso mit gutem Olivenöl und Cayennepfeffer zubereiten.

Den Frisée mit 1 Teelöffel Zitronensaft etwa 2 Minuten in sprudelndem Wasser blanchieren. Abgießen und ausdrücken.
Die Butter in einer großen Pfanne bei niedriger Temperatur zerlassen.
Den Frisée mit dem restlichen Zitronensaft hinzufügen und mit Muskatnuß, Salz und Pfeffer würzen. Die Temperatur erhöhen und den Frisée einige Minuten dünsten, dabei häufig rühren. Das Gemüse anschließend bei niedriger Temperatur noch etwa 10 Minuten ziehen lassen, so daß es die verschiedenen Aromen gut aufnimmt.
In eine vorgewärmte Schüssel füllen und zu Tisch bringen.
Für 4 Personen

Chicorée-Schiffchen mit Bohnen

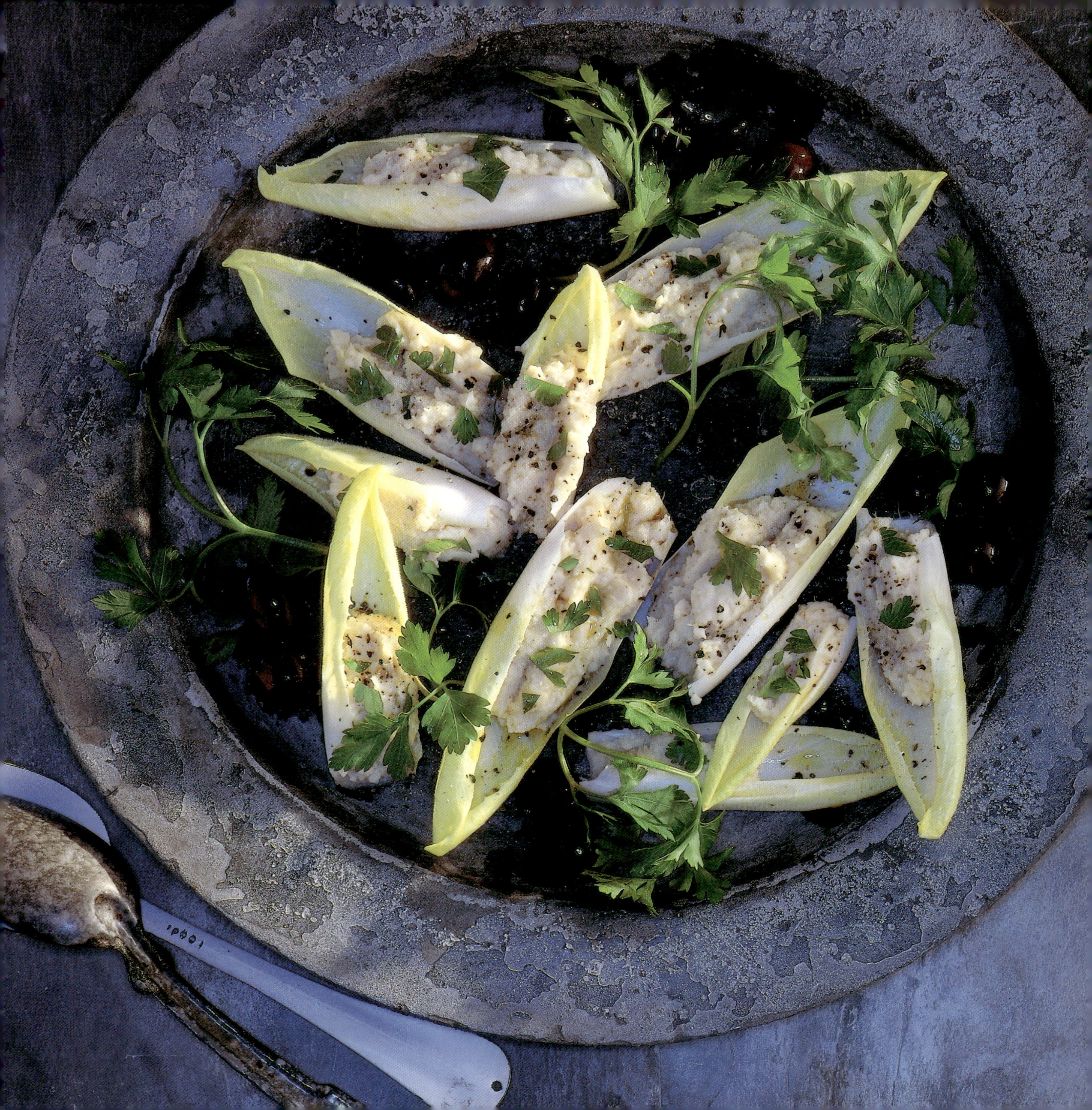

GEBACKENE KARTOFFELN UND ZWIEBELN
Patate e Cipolle gratinate

500 g Kartoffeln, geschält und in 2–3 cm große Stücke geschnitten
2 rote Zwiebeln, in 1 cm dicke Scheiben geschnitten
6 EL natives Olivenöl extra
2 EL frischer Oregano
Salz

Zu knackiger Rohkost wie einem Salat von Chicorée, Orangen und Radicchio (Rezept S. 122) paßt dieses Gericht besonders gut.

Den Backofen auf 180 °C (Gasherd Stufe 2–3) vorheizen.
Kartoffeln und Zwiebeln in eine mit Öl eingestrichene Backform geben. Mit dem restlichen Öl beträufeln und mit dem Oregano und etwas Salz würzen.

Für etwa 40 Minuten in den Ofen schieben, bis das Gemüse gar und appetitlich gebräunt ist, dabei gelegentlich durchmischen.
Auf einer vorgewärmten Platte anrichten und servieren.
Für 4 Personen

BLUMENKOHL MIT GERÖSTETEN SEMMELBRÖSELN
Cavolfiore al Pangrattato

1 großer Blumenkohl, in Röschen geteilt (es werden 600 g benötigt)
4 EL natives Olivenöl extra
1 kleine Zwiebel, in feine Scheiben geschnitten
30 g Semmelbrösel
3 EL frisch gehackte glatte Petersilie
Salz und frisch gemahlener Pfeffer

Bereiten Sie das Gericht zur Abwechslung mit Kümmel anstatt mit Petersilie zu.

Die Blumenkohlröschen dämpfen, bis sie gar, aber noch fest sind. Warm stellen.
Das Öl in einer Pfanne erhitzen. Die Zwiebel bei hoher Temperatur unter häufigem Rühren weich dünsten. Die Semmelbrösel hinzufügen und mitbraten, bis sie knusprig gebräunt sind, dabei häufig rühren. Die Blumenkohlröschen dazugeben und alles sorgfältig vermischen.
Mit der Petersilie bestreuen und nach Geschmack salzen und pfeffern.
Das Gemüse nochmals durchmischen, auf eine vorgewärmte Platte geben und sogleich servieren.
Für 4 Personen

ERBSEN MIT KOPFSALAT
Piselli e Lattuga

1 weiße Zwiebel, in feine Scheiben geschnitten
2 Kopfsalatherzen, in Streifen geschnitten
600 g gepalte frische grüne Erbsen
60 g (4 EL) Butter
125 ml Wasser
1 EL Zucker
Bund frischer Estragon
Salz und frisch gemahlener Pfeffer
2 EL Crème double

Ein typisches Frühlingsrezept und eine gelungene Ergänzung zu vielen Hauptgerichten.

Zwiebel, Salat und Erbsen mit der Butter in einen Topf geben und unter häufigem Rühren 5–6 Minuten leicht andünsten. Wasser, Zucker und Estragon hinzufügen, salzen und pfeffern. Einen Deckel auflegen, die Temperatur verringern und das Gemüse etwa $1/2$ Stunde sanft schmoren, bis die Erbsen weich sind.

Den Deckel abnehmen und den Fond einkochen lassen.
Den Estragon entfernen, die Crème double dazugeben und unterziehen.
Das Gericht auf eine vorgewärmte Platte geben und sogleich servieren.
Für 4 Personen

BEILAGEN

GRÜNE BOHNEN MIT MINZSAUCE
FAGIOLINI IN SALSA DI MENTA

700 g grüne Bohnen
2 EL natives Olivenöl extra
1 Knoblauchzehe, gehackt
1 EL Essig
2 EL frisch gehackte Minzeblätter
Salz

Mit seinem frischen, leichten Aroma paßt dieses Gericht vorzüglich zu einem vollmundigen Gerstensalat (Rezept S. 108).

Die Bohnen 5 Minuten in reichlich sprudelndem Salzwasser kochen – sie sollen gar, aber noch fest sein. Abgießen und in eine vorgewärmte Servierschüssel geben.
Wenn die Bohnen beinahe gar sind, das Olivenöl in einer Pfanne erhitzen. Den Knoblauch darin bei hoher Temperatur einige Minuten braten, dabei rühren.
Den Essig, die Minze und eine Prise Salz hinzufügen. Alles zusammen erhitzen, über die Bohnen geben und diese sogleich servieren.
Für 4 Personen

GRÜNE BOHNEN MIT ZITRONENSAUCE
FAGIOLINI IN SALSA DI LIMONE

700 g grüne Bohnen
60 g (4 EL) Butter, zimmerwarm
1 TL Mehl
1 Eigelb
Saft von 1 Zitrone
3 EL trockener Weißwein
Salz
1 EL frisch gehacktes Basilikum

Die Bohnen in reichlich kochendem Salzwasser garen, bis sie nach etwa 5 Minuten zart, aber nicht zu weich sind. Abgießen, unter fließendem kaltem Wasser abschrecken und schräg in 2–3 cm lange Stücke schneiden. Die Bohnen in eine Pfanne geben.
Butter, Mehl, Eigelb, Zitronensaft und Wein mit dem Schneebesen verrühren. Die Mischung über die Bohnen geben und das Ganze bei mäßiger Temperatur unter häufigem Rühren mit dem Holzlöffel erhitzen, bis die Sauce eindickt – sie darf auf keinen Fall aufkochen.
Die Bohnen erst zuletzt nach Geschmack salzen. Auf einer vorgewärmten Platte anrichten, mit dem Basilikum bestreuen und servieren.
Für 4 Personen

DICKE BOHNEN MIT FENCHEL UND APFEL
FAVE, FINOCCHI E MELE

30 g (2 EL) Butter
700 g frische, junge dicke Bohnen, gepalt
1 Fenchelknolle, in feine Scheiben geschnitten
1 Apfel, geschält und ohne Kerngehäuse gewürfelt
Salz und frisch gemahlener Pfeffer

In Kombination mit Frischkäse wie Ricotta oder Hüttenkäse kommen die zarten Aromen dieser Gemüsezubereitung besonders zur Geltung.

Die Butter in einer Pfanne bei mäßiger Temperatur zerlassen. Die Bohnen mit etwas Wasser dazugeben und zugedeckt etwa 20 Minuten garen. Fenchelscheiben und Apfelwürfel hinzufügen und weitere 10 Minuten mitdünsten. Danach den Deckel abnehmen und die überschüssige Flüssigkeit verkochen lassen. Das Gemüse mit Salz und Pfeffer abschmecken, in eine Schüssel geben und servieren.
Für 4 Personen

WARMER KICHERERBSEN-ZWIEBEL-SALAT
Ceci e Cipolle

300 g getrocknete Kichererbsen, über Nacht eingeweicht und abgetropft
Salz
2 Zwiebeln, geschält
2 EL Balsamessig
1 TL frisch gehackter Rosmarin
4 EL natives Olivenöl extra

Noch herzhafter gerät dieses Gericht, wenn Sie die gedämpften Zwiebeln anschließend noch in einigen Eßlöffeln gutem Olivenöl braten.

Die Kichererbsen abspülen, in einem Topf mit kaltem Wasser bedecken und etwa 2 Stunden kochen, bis sie gar sind. Erst gegen Ende des Garvorgangs salzen. Die Kichererbsen abgießen, in eine Salatschüssel geben und mit einer Gabel ein wenig zerdrücken.
Unterdessen die ganzen Zwiebeln in etwa 20 Minuten gar dämpfen. In Scheiben schneiden und zu den Kichererbsen geben. Essig, Rosmarin, Öl und etwas Salz in einer kleinen Schüssel verrühren. Das Dressing über den Salat geben, gründlich durchmischen und servieren.
Für 4 Personen

BOHNENPÜREE MIT KAROTTEN
Crema di fagioli con Carote

200 g getrocknete Cannellini- oder andere weiße Bohnen, über Nacht eingeweicht und abgetropft
1 großer Bund Salbei
Salz
4 EL natives Olivenöl extra
Saft von 1 Zitrone
4 Karotten, längs in Stifte geschnitten
Paprikapulver

Dieses Püree läßt sich gut im Kühlschrank aufbewahren. An heißen Tagen schmeckt es auch kalt ganz vorzüglich.

Die Bohnen abspülen, in einem Topf 2–3 cm hoch mit Wasser bedecken und aufkochen. Den Salbei hinzufügen und die Bohnen 1 1/2 Stunden leise köchelnd garen. Gegen Ende des Garvorgangs salzen.
Den Salbei entfernen, die Bohnen abgießen und passieren. Das Püree in eine Servierschüssel geben. Öl und Zitronensaft sorgfältig unterrühren. Die Karottenstifte außen ringsum anordnen. Das Ganze mit Paprikapulver bestäuben und servieren.
Für 4 Personen

BOHNEN-TOMATEN-TOPF
Fagioli al Pomodoro

250 g getrocknete Cannellini-Bohnen, über Nacht eingeweicht und abgetropft
5 EL natives Olivenöl extra
2 Knoblauchzehen, gehackt
Einige frische Basilikumblätter
250 g reife Eiertomaten, geschält und gewürfelt (ersatzweise Dosentomaten)
Salz und frisch gemahlener Pfeffer

Im Winter, wenn Basilikum kaum zu bekommen ist, bildet Salbei einen gleichwertigen Ersatz.

Die Bohnen abspülen und in einem Topf 2–3 cm hoch mit Wasser bedecken. Einmal aufkochen lassen und 1 1/2 Stunden garen, bis sie zart sind. Abgießen.
Das Öl in einer Pfanne erhitzen. Den Knoblauch mit dem Basilikum einige Minuten bei mäßiger Temperatur andünsten. Die Tomaten und die abgetropften Bohnen hinzufügen. Das Ganze mit Salz und Pfeffer abschmecken, einen Deckel auflegen und weitere 10 Minuten bei niedriger Temperatur garen – es sollte zuletzt noch etwas Flüssigkeit in der Pfanne sein.
Das Gemüse in eine vorgewärmte Schüssel füllen und gleich servieren.
Für 4 Personen

BEILAGEN

GRÜNE BOHNEN MIT TOMATEN
Fagiolini al Pomodoro

Ein Klassiker für die warme Jahreszeit.

2 EL natives Olivenöl extra
300 g Tomaten, enthäutet, entkernt, gehackt und gut abgetropft
700 g grüne Bohnen, in 2–3 cm lange Stücke geschnitten
8 frische Basilikumblätter, in Streifen geschnitten, dazu einige ganze Blätter zum Garnieren
Salz und frisch gemahlener Pfeffer

Das Öl in einer Pfanne erhitzen und die Tomaten etwa 10 Minuten dünsten. Die Bohnen mit einigen Eßlöffeln Wasser dazugeben und etwa 15 Minuten garen, bis sie weich sind, dabei gelegentlich rühren. Die Basilikumstreifen unterrühren und das Gemüse mit Salz und Pfeffer abschmecken. In eine vorgewärmte Schüssel füllen, mit den ganzen Basilikumblättern garnieren und servieren.

Für 4 Personen

KICHERERBSENPÜREE MIT TOMATEN
Passato di Ceci con Pomodoro

Mit Brot und Käse serviert, ergibt dieses Gericht eine komplette Mahlzeit. Gut schmeckt es auch nach einer herzhaften Suppe.

300 g getrocknete Kichererbsen, über Nacht eingeweicht und abgetropft
Salz und frisch gemahlener Pfeffer
2 EL natives Olivenöl extra
1 Zwiebel, in Scheiben geschnitten
2 Knoblauchzehen, gehackt
300 g reife Eiertomaten, enthäutet und gewürfelt (ersatzweise Dosentomaten)

Die Kichererbsen abspülen und in einem Topf mit kaltem Wasser bedecken. Bei mäßiger Temperatur etwa 2 Stunden leise köchelnd garen und gegen Ende der Kochzeit salzen. Die Kichererbsen abgießen und durch ein Sieb passieren.
Das Öl in einer Pfanne bei hoher Temperatur erhitzen. Die Zwiebel mit dem Knoblauch 2–3 Minuten braten, dabei häufig rühren. Die Tomaten dazugeben und einige Minuten mitdünsten. Das Kichererbsenpüree hinzufügen und mit Pfeffer würzen. Die Temperatur herunterschalten und die Mischung unter häufigem Rühren mit einem Holzlöffel weiter garen, bis sie durch und durch heiß und nicht mehr feucht, aber noch cremig ist. In eine vorgewärmte Schüssel geben und servieren.

Für 4 Personen

BUNTER KICHERERBSEN-PAPRIKA-SALAT
Ceci e Peperoni

Eine andere Geschmacksnote erhält dieser Salat durch Basilikum oder Petersilie anstelle des Estragons.

300 g getrocknete Kichererbsen, über Nacht eingeweicht und abgetropft
Salz und frisch gemahlener Pfeffer
Je 1 gelbe, rote und grüne Paprikaschote, Samen und Scheidewände entfernt und das Fruchtfleisch gewürfelt
Saft von 1/2 Zitrone
4 EL natives Olivenöl extra
2 EL frisch gehackter Estragon

Die Kichererbsen abspülen. In einem Topf mit kaltem Wasser bedecken und in etwa 2 Stunden leise köchelnd weich garen, dabei gegen Ende der Kochzeit salzen.
Die Kichererbsen abgießen und zusammen mit den Paprikawürfeln in eine Salatschüssel geben.
In einer kleinen Schüssel den Zitronensaft und das Olivenöl mit dem Estragon sowie Salz und Pfeffer nach Geschmack verrühren. Den Salat mit dem Dressing beträufeln, gut durchmischen. Vor dem Servieren noch ein wenig ziehen lassen, damit sich die Aromen verbinden.

Für 4 Personen

LINSEN MIT SAFRAN
Lenticchie allo Zafferano

2 EL natives Olivenöl extra
½ Zwiebel, in feine Scheiben geschnitten
2 Lorbeerblätter
300 g braune Linsen, gründlich gewaschen
4 EL trockener Weißwein
600 ml Wasser
1 Prise Safran
Salz und frisch gemahlener Pfeffer

Die Garzeit der Linsen hängt von ihrer Größe und Lagerzeit ab. Verwenden Sie hier am besten kleine, braune Linsen. Sie werden nicht eingeweicht und stets mit der doppelten Wassermenge aufgesetzt.

Das Öl in einem Topf bei mäßiger Temperatur erhitzen. Die Zwiebel mit den Lorbeerblättern glasig dünsten. Die Linsen mit dem Wein hinzufügen. Die Temperatur erhöhen und den Wein unter häufigem Rühren verdampfen lassen. Das Wasser dazugeben und die Linsen zugedeckt etwa 40 Minuten garen.

Den Safran in etwas Wasser verrühren und zu den Linsen geben. Das Gericht nach Geschmack salzen und pfeffern und überschüssige Flüssigkeit verkochen lassen. Die Lorbeerblätter entfernen und die Linsen in einer vorgewärmten Schüssel servieren.
Für 4 Personen

PIKANTE LINSEN MIT TOMATEN
Lenticchie al Pomodoro Piccante

2 EL natives Olivenöl extra
2 Knoblauchzehen, gehackt
1 Stange Bleichsellerie, gehackt
1 kleine Karotte, gehackt
2 Lorbeerblätter
300 g Linsen, gewaschen
300 g Dosentomaten, abgetropft und gewürfelt
375 ml Wasser
1 Prise Cayennepfeffer
2 EL frisch gehackte glatte Petersilie
Salz

Falls Sie für dieses Rezept große, grüne Linsen verwenden, weichen Sie sie möglichst zuvor über Nacht ein. Bei den kleinen, braunen Linsen ist die Garzeit kürzer, als nachfolgend angegeben.

Das Öl in einem Topf bei mäßiger Temperatur erhitzen. Knoblauch, Sellerie, Karotte und Lorbeerblätter hinzufügen und etwa 10 Minuten andünsten.
Die Linsen und die gewürfelten Tomaten mit dem Wasser dazugeben. Das Ganze mit Cayennepfeffer würzen und etwa 1 Stunde bei niedriger Temperatur kochen lassen, bis die Linsen die gesamte Flüssigkeit aufgenommen haben und weich sind.
Das Gericht mit der Petersilie und Salz nach Geschmack würzen und in einer vorgewärmten Schüssel servieren.
Für 4 Personen

Linsen mit Safran

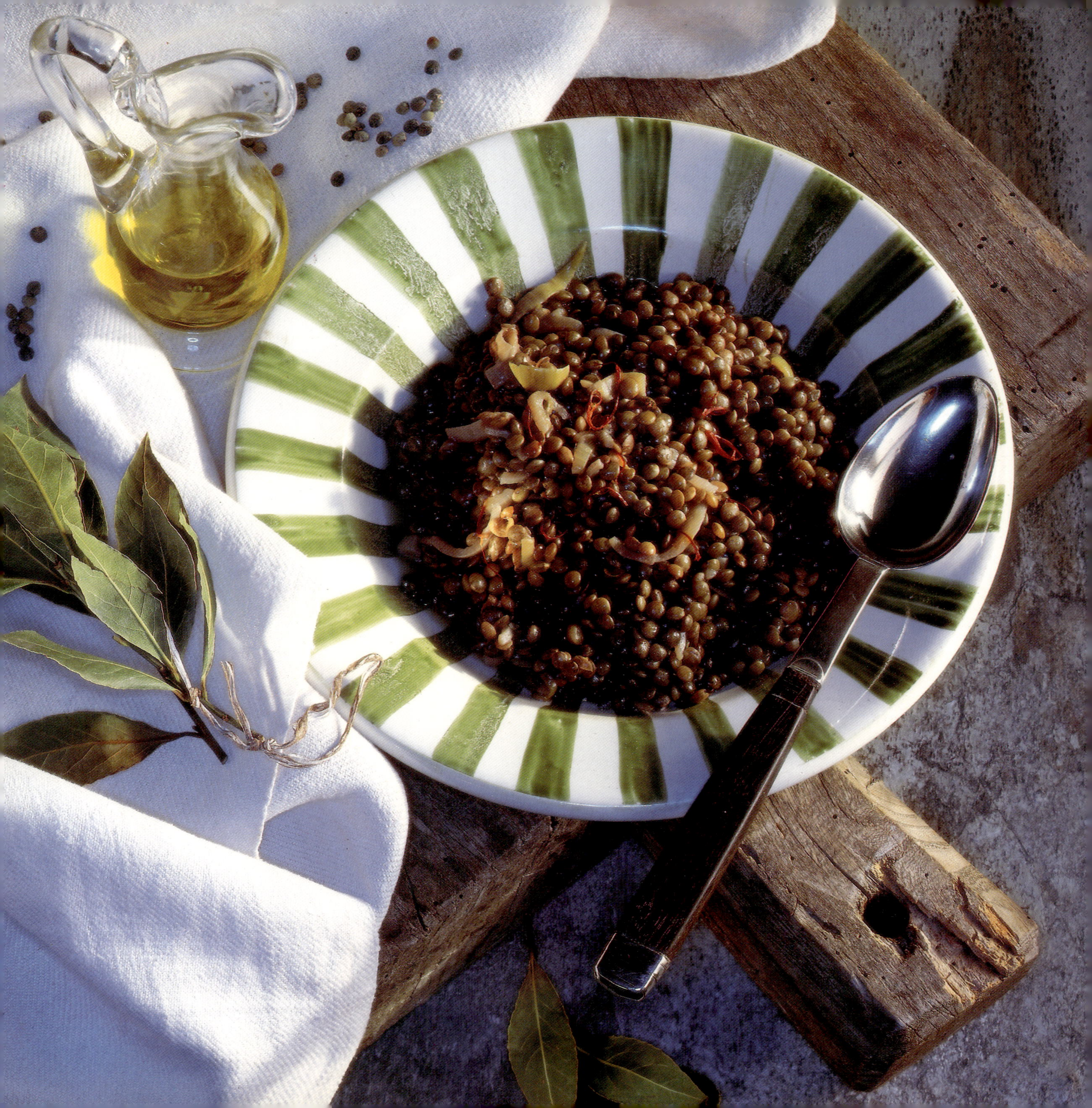

DESSERTS

Meine Familie mag zwar Süßspeisen, doch spielen sie, wie so oft in Italien, gegenüber dem ersten Gang und dem Hauptgericht nur eine untergeordnete Rolle. Wenn es bei uns zu Hause ein Dessert gibt, dann meist etwas Einfaches und Gesundes, eine leichte Süßspeise mit dem Aroma der frischen Früchte der Saison. Zu meinen Favoriten zählen geschmorte Äpfel mit Safran (Rezept S. 135), Ricotta-Gratin mit Himbeeren (Rezept S. 136) und Mont Blanc (Rezept S. 138).

Wenn ich etwas Besonderes servieren möchte, entscheide ich mich mit Vorliebe für eine Schokoladentorte. Die Version, die ich auf Seite 143 vorstelle, ist sehr üppig und sollte Ihre Schokoladengelüste für eine ganze Weile stillen. Ein Genuß spezieller Art sind auch die gebratenen Grießrauten (Rezept S. 142), deren Duft zur Karnevalszeit die Straßen der Toskana erfüllt.

In der Beliebtheitsskala ganz oben steht wohl unbestritten Eis, das, mit den verschiedensten frischen Früchten zubereitet, einen ebenso köstlichen wie erfrischenden Abschluß eines Essens bildet. Ich serviere Eis gerne in Fruchtschalen. So lassen sich etwa Zitronensorbet oder Mandarineneis (Rezept S. 145) vor dem letzten Gefriergang gut in die leeren Schalen der Zitrusfrüchte füllen und erfreuen in dieser dekorativen Hülle Auge und Gaumen gleichermaßen.

DESSERTS

GESCHMORTE ÄPFEL MIT SAFRAN
Mele allo Zafferano

60 g (4 EL) Butter
4 Äpfel, geschält und ohne Kerngehäuse in große Stücke geschnitten
1 Prise Safran
1 EL Zucker
4 EL Wasser
Abgeriebene Schale von ½ unbehandelten Zitrone

Sie sind nicht nur leicht zuzubereiten, sondern mit ihrer safrangelben Farbe auch ausgesprochen hübsch anzusehen. Gehaltvoller wird das Dessert, mit Sahnetupfern garniert und mit gehackten Haselnüssen bestreut.

Die Butter in einem Topf bei hoher Temperatur zerlassen. Die Äpfel mit dem Safran hineingeben und einige Minuten unter häufigem Rühren andünsten. Zucker und Wasser dazugeben, die Temperatur herunterschalten und die Äpfel zugedeckt unter gelegentlichem Rühren schmoren, bis sie beinahe zu Mus zerfallen. Die Zitronenschale dazugeben. Die Äpfel nach einigen Minuten vom Herd nehmen, in einzelnen vorgewärmten Schalen anrichten und sogleich genießen.
Für 4 Personen

HIMBEEREN IN LÄUTERZUCKER
Lamponi Sciroppati

900 g Himbeeren
Saft von 1 Zitorne
300 g extrafeiner Zucker
4 EL Wasser

Nach diesem Rezept lassen sich auch andere Sommerfrüchte wie Heidelbeeren, Brombeeren und rote oder schwarze Johannisbeeren leicht konservieren. Verarbeiten Sie nur voll ausgereifte, makellose Früchte, die Sie sorgfältig säubern, jedoch nicht waschen. Probieren Sie diese Köstlichkeit zu Eiscreme!

Die Beeren in ein großes Einmachglas geben und mit dem Zitronensaft beträufeln.
In einem Topf den Zucker im Wasser bei niedriger Temperatur auflösen und den Sirup kurz kochen, bis er einen eingetauchten Holzlöffel beim Herausziehen sichtbar überzieht. Die Beeren damit übergießen.
Das Glas verschließen. Zum Sterilisieren in einem hohen Topf mit Wasser bedecken und 20 Minuten kochen.
Das Wasser abkühlen lassen, das Einmachglas aus dem Wasser nehmen und an einem kühlen, dunklen Ort lagern.
Ergibt etwa 1,2 kg

SALBEISORBET
Sorbetto alla Salvia

200 g extrafeiner Zucker
500 ml Wasser
175 ml Zitronensaft, durchgeseiht
8–10 frische Salbeiblätter
2 Eiweiß

Bei einem besonders üppigen oder stark gewürzten Essen hilft ein aromatisches Kräutersorbet, zwischendurch gereicht, dem Appetit wieder auf die Sprünge.

In einem Topf Zucker und Wasser verrühren und langsam erhitzen, bis sich der Zucker aufgelöst hat. Den Sirup fünf Minuten kochen. Den Zitronensaft hinzugießen. Die Mischung in einer Schüssel abkühlen lassen und dann ins Gefrierfach geben.
Wenn die Zitronenmischung gefroren ist, in Stücke brechen und diese mit dem Salbei im Mixer zu einer feinen Creme verrühren.
Das Eiweiß zu festem Schnee schlagen und behutsam unter die Creme heben. Das Sorbet im Gefrierfach halbfest werden lassen und servieren.
Für 4–6 Personen

REZEPTE

RICOTTA-GRATIN MIT HIMBEEREN
Terrina di Ricotta e Lamponi

2 Eier, getrennt
3 EL extrafeiner Zucker
3 EL gehackte Pistazien
275 g Ricotta
Abgeriebene Schale und Saft
von ½ unbehandelten Zitrone
Etwas Vanillezucker
500 g Himbeeren

Für dieses Dessert müssen die Himbeeren richtig süß und reif sein. Auch wilde Erdbeeren, die sich durch einen unvergleichlichen, intensiven Duft und Geschmack auszeichnen, eignen sich ganz hervorragend. Ebenso lohnt sich ein Versuch mit Brombeeren. Das Dessert läßt sich nach Belieben in einzelnen Portionsformen oder auch in einer großen Form zubereiten.

Den Backofen auf 200 °C (Gasherd Stufe 3–4) vorheizen.
Das Eigelb mit dem Zucker in einer großen Schüssel zu einer hellen, schaumigen Creme verschlagen. Pistazien, Ricotta, Zitronenschale und -saft hinzufügen. Das Eiweiß mit dem Vanillezucker zu steifem Schnee schlagen und unter die Ricottacreme ziehen.
Vier kleine ofenfeste Formen mit Butter ausstreichen.
Die Ricottamischung gleichmäßig auf die Formen verteilen und die Himbeeren daraufgeben. Das Dessert für etwa 20 Minuten in den Ofen schieben, bis es zart gebräunt ist. Heiß genießen.
Für 4 Personen

MANDELMAKRONEN
Spumini alle Mandorle

3 Eiweiß
6 EL extrafeiner Zucker
1 Prise Salz
120 g Mandeln, feingehackt

Mit diesem Rezept läßt sich das Eiweiß, das bei der Zubereitung eines Reispuddings (Rezept S. 139) übriggeblieben ist, wunderbar verwerten.

Den Backofen auf 180 °C (Gasherd Stufe 2–3) vorheizen.
Das Eiweiß mit dem Zucker und Salz zu festem Schnee schlagen. Die Mandeln vorsichtig unter den Eischnee ziehen. Backbleche mit Pergamentpapier auslegen und die Masse löffelweise in Form von kleinen Häufchen daraufsetzen.
Die Makronen etwa 10 Minuten backen. Den Backofen abschalten und die *spumini* langsam im Ofen auskühlen lassen.
Ergibt etwa 30 Makronen

Ricotta-Gratin mit Himbeeren, Mandelmakronen

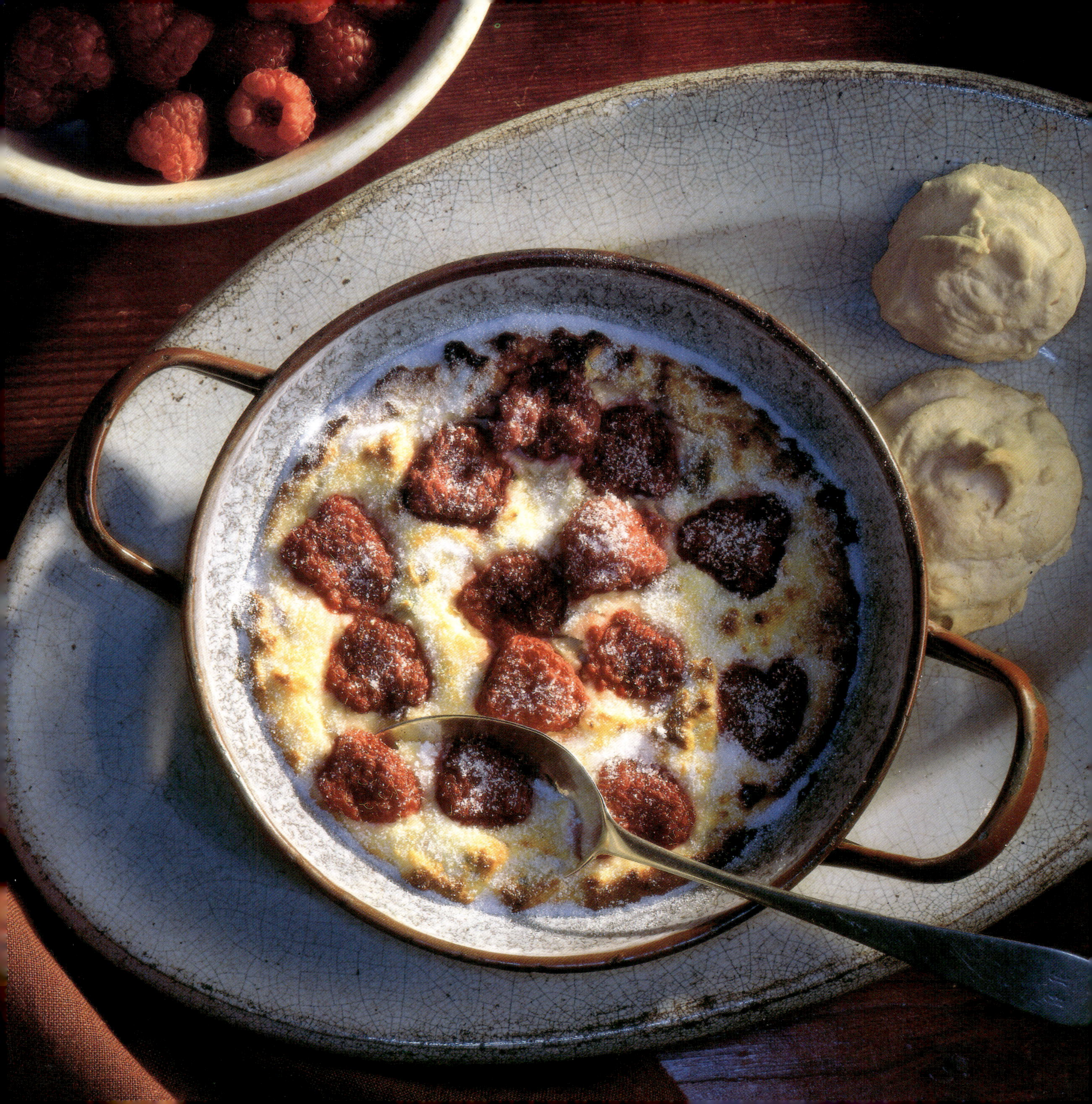

MONT BLANC
Montebianco di Castagne

500 ml Sahne
20 g extrafeiner Zucker
500 g Maronen
250 ml Milch
1 Vanilleschote, längs aufgeschnitten
Salz

Von jeher ist dies eines der beliebtesten Winterdesserts. Es sieht sehr dekorativ aus und ist leicht zuzubereiten, das Schälen der Maronen allerdings verlangt viel Geduld – und Zeit. So kommt es, daß heutzutage nur noch selten ein Essen in diesem köstlichen Maronenberg gipfelt.

Die Sahne mit 2 Eßlöffeln Zucker steif schlagen und kalt stellen.
Die Maronen mit einem spitzen Messer über Kreuz einritzen. Portionsweise in kochendes Wasser geben, nach 1 Minute herausholen, schälen und die innere Haut abziehen.
Die Maronen in einen Topf geben. Die Milch, den restlichen Zucker, die Vanilleschote und eine Prise Salz hinzufügen. Das Ganze bei mäßiger Temperatur 30–40 Minuten kochen, bis die Maronen weich sind und die gesamte Milch aufgesogen haben.

Die Vanilleschote entfernen. Die Maronen über einer Servierplatte durch ein feinmaschiges Sieb streichen – das in dünnen Strängen herunterfallende Püree soll sich dabei gleichmäßig zu einem Hügel auftürmen. Vollständig abkühlen lassen.
Den Hügel mit der Schlagsahne überziehen. Dabei von oben nach unten vorgehen und den Spatel zwischendurch immer wieder in kaltes Wasser tauchen. Das Dessert bis zum Servieren kalt stellen.
Für 6 Personen

KÜRBISPUDDING MIT AMARETTI
Budino di Amaretti

1,4 kg Kürbis, geschält und
in Stücke geschnitten
1 l Milch
6 Amaretti (italienische
Mandelkekse), zerbröselt
1 Prise Salz
60 g (5 EL) Zucker
3 große Eier, getrennt
15 g (1 EL) Butter
2 EL Semmelbrösel
6 Mandeln

Ein sehr ungewöhnlicher Pudding aus Kürbisfleisch, dem die Amaretti ein leicht bittersüßes Aroma verleihen.

In einem Topf den Kürbis in der Milch bei niedriger Temperatur etwa 10 Minuten sanft garen, bis die gesamte Milch absorbiert ist. Die Amaretti, das Salz und den Zucker hinzufügen und das Ganze mit einem Holzlöffel – oder auch im Mixer – zu einem glatten Püree verrühren. Die Mischung in eine Schüssel geben.
Den Backofen auf 200 °C (Gasherd Stufe 3–4) vorheizen.

Die Eidotter einzeln in die Mischung einrühren. Das Eiweiß zu festem Schnee schlagen und diesen vorsichtig unterheben.
Eine 1,5-Liter-Form mit der Butter ausstreichen und mit den Semmelbröseln ausstreuen. Die Masse einfüllen und 45 Minuten im Ofen backen. Den fertigen Pudding abkühlen lassen und dann stürzen. Zimmerwarm oder gekühlt servieren.
Für 6 Personen

REISPUDDING MIT ROSINEN
Dolce di Riso e Uvetta Sultanina

Kinder lieben dieses köstliche Dessert, das heiß oder kalt serviert werden kann.

1 l Milch
150 g Zucker
45 g (3 EL) Butter
1 Vanilleschote
Salz
250 g Milchreis
6 Eigelb
60 g Rosinen, in 5 EL Marsala eingeweicht, abgetropft und trockengetupft
Abgeriebene Schale von 1 unbehandelten Zitrone
100 g Pekannüsse, grobgehackt
Butter zum Ausstreichen der Backform

Die Milch in einem Topf aufkochen. Den Zucker, die Butter, die Vanilleschote und eine Prise Salz hinzufügen. Gründlich umrühren und nach dem erneuten Aufkochen der Milch den Reis hineingeben. Etwa 1/2 Stunde leise köchelnd garen. Falls erforderlich, abgießen und abkühlen lassen.
Den Backofen auf 180 °C (Gasherd Stufe 2–3) vorheizen.
Den Reis in eine Schüssel geben, die Vanilleschote entfernen. Das Eigelb, die Rosinen, die Zitronenschale und die Pekannüsse sorgfältig unterziehen. Das Ganze in eine gebutterte Backform von etwa 20 × 30 cm füllen und für etwa 20 Minuten in den Ofen schieben, bis der Reispudding oben zart gebräunt ist. Heiß oder zimmerwarm genießen.
Für 6 Personen

VOLLKORNKRANZ MIT JOGHURT
Ciambella Integrale allo Yogurt

Dieser leichte und nur dezent gesüßte Kuchen schmeckt zum Frühstück, stillt den kleinen Kinderhunger zwischendurch und mundet auch den Großen, wenn sie plötzlich Gelüste auf etwas Süßes verspüren.

150 g Weizenvollkornmehl, dazu etwas Mehl für die Backform
30 g (3 EL) heller brauner Zucker
Prise Salz
125 ml Naturjoghurt
6 EL natives Olivenöl extra
Abgeriebene Schale von 2 unbehandelten Zitronen
3 Eier
1 TL Backpulver
Einige Tropfen Vanille-Essenz
Butter zum Ausstreichen der Backform

Den Backofen auf 180 °C (Gasherd Stufe 2–3) vorheizen.
Mehl, Zucker, Salz, Joghurt, Öl, Zitronenschale, 1 Ei, Backpulver und Vanille-Essenz in eine Schüssel geben und mit einem Rührgerät gründlich vermischen. Dann nacheinander die beiden restlichen Eier unterrühren.
Eine Ringform von 20 cm Durchmesser buttern und mit Vollkornmehl ausstreuen. Den Teig einfüllen. Den Kuchen etwa 45 Minuten backen. Zur Garprobe ein Holzspießchen hineinstechen: Wenn beim Herausziehen keine Teigreste anhaften, ist der Kuchen gar. Auf ein Kuchengitter stürzen und heiß oder kalt servieren.
Für 6 Personen

REZEPTE

ZITRONENCREME MIT BEEREN
Crema al Limone e Frutti di Bosco

4 Eigelb
90 g extrafeiner Zucker
500 ml Milch
Abgeriebene Schale von
2 unbehandelten Zitronen
Saft von 1 Zitrone
400 g frische Beeren der Saison,
zum Beispiel Heidelbeeren,
Himbeeren oder Brombeeren

Die samtige Creme und das säuerliche Aroma der frischen Beeren stehen in reizvollem Kontrast zueinander.

In einer hitzebeständigen Schüssel das Eigelb mit dem Zucker vermischen und schlagen, bis man einen hellen Schaum erhält. Die Milch erhitzen und unter den Eischaum rühren. Die Zitronenschale dazugeben und die Schüssel in einen Topf mit leise sprudelndem Wasser einhängen (sehr gut eignet sich auch ein Doppeltopf). Die Mischung unter ständigem Rühren sehr sanft erhitzen, bis sie cremig wird, jedoch nicht aufkochen lassen.

Die Schüssel aus dem Wasserbad nehmen und den Zitronensaft einrühren. Die Creme in vier flachen Dessertschalen verteilen und jeweils ein passend zugeschnittenes Stück angefeuchtetes Pergamentpapier auflegen, damit sich keine Haut bildet.
Die Zitronencreme abkühlen lassen. Erst unmittelbar vor dem Servieren die Beeren auf der Creme verteilen.
Für 4 Personen

MARONENKUCHEN
Castagnaccio

250 g Kastanienmehl
(in Delikatessengeschäften erhältlich)
2 EL natives Olivenöl extra
1 Prise Salz
4 EL Wasser
100 g Rosinen, gründlich in warmem Wasser eingeweicht, abgetropft und trockengetupft
120 g Pinienkerne
1 EL frisch gehackter Rosmarin

Eine ungewöhnliche Kombination zarter Aromen kennzeichnet diese alte toskanische Spezialität. Ihre liebliche Note, begleitet von einem Hauch Rosmarin, ist geradezu unwiderstehlich.

Den Backofen auf 180 °C (Gasherd Stufe 2–3) vorheizen.
Das Kastanienmehl in einer Schüssel mit der Hälfte des Öls und dem Salz vermengen. Nach und nach das Wasser hinzufügen und gründlich mit einer Gabel oder einem elektrischen Rührgerät einrühren, so daß sich keine Klumpen bilden. Der Teig sollte nicht zu fest werden. Rosinen, Pinienkerne und Rosmarin untermengen.
Eine 28-cm-Backform mit dem restlichen Öl ausstreichen und den Teig einfüllen. Den Kuchen etwa 40 Minuten backen, bis der Teig sich fest anfühlt und sich eine leichte Kruste gebildet hat. Auskühlen lassen und servieren.
Für 4–6 Personen

Zitronencreme mit Beeren

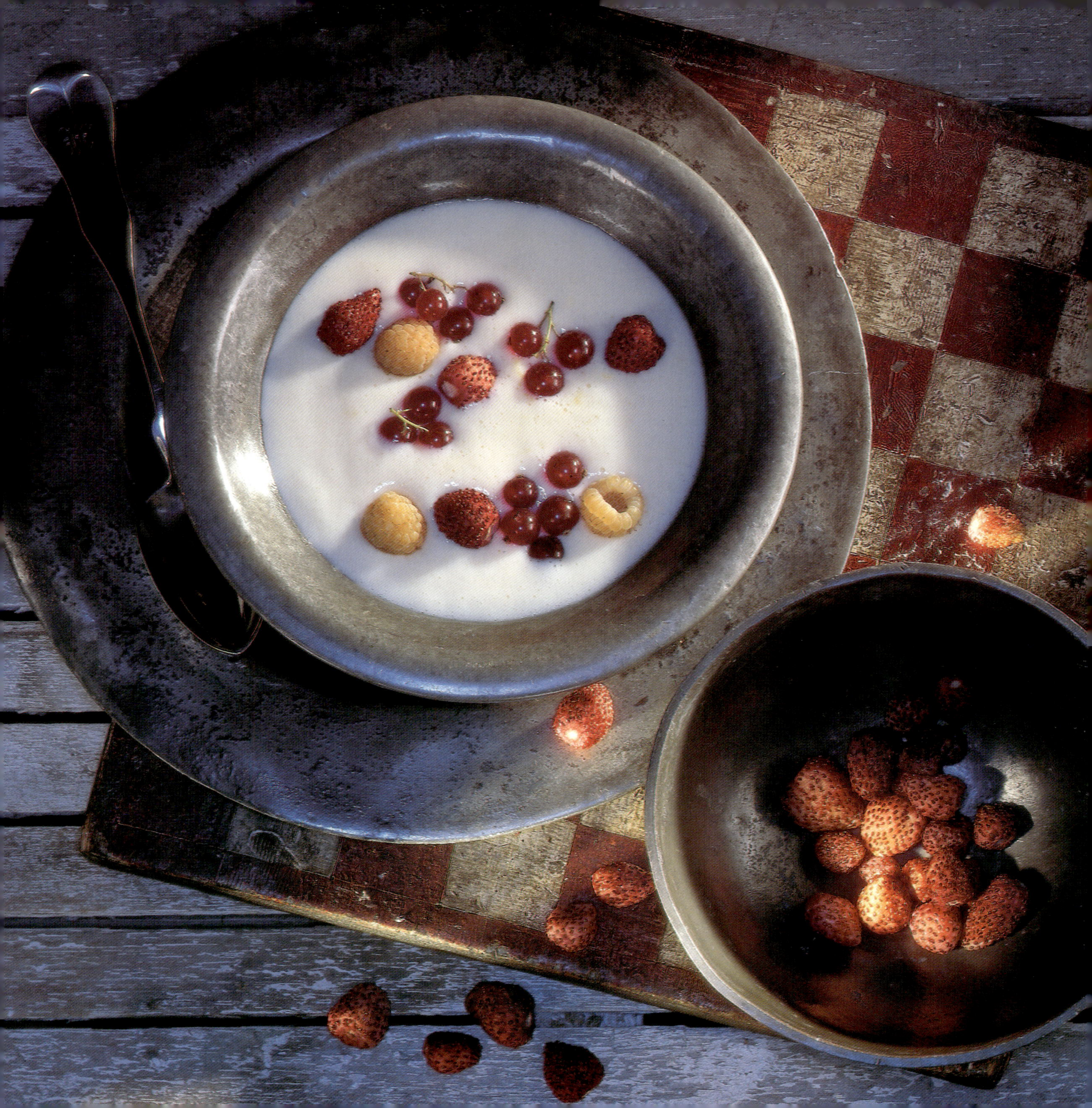

KATZENZUNGEN
Lingue di Gatto

120 g Butter, zimmerwarm und in Stücke geschnitten
1 Prise Salz
120 g extrafeiner Zucker
120 g Mehl
3 Eiweiß
1 EL Mandelöl
(in Feinkostgeschäften erhältlich)
100 g Zartbitterschokolade

Ihrer gebogenen Form verdanken diese Plätzchen ihren Namen. Sie schmecken herrlich zu Zabaione (Rezept S. 157). Durch Zugabe von 30 Gramm ungesüßtem Kakaopulver zusammen mit dem Mehl erhält man eine nicht minder köstliche dunkle Variante.

Die Butter mit dem Salz und dem Zucker mit einem Holzlöffel schaumig rühren. (Für diesen Arbeitsschritt können Sie ebenso die Küchenmaschine oder ein elektrisches Handrührgerät verwenden.) Das Mehl nach und nach einrühren, so daß sich keine Klumpen bilden. Das Eiweiß zu festem Schnee schlagen und vorsichtig unterziehen.
Den Backofen auf 240 °C (Gasherd Stufe 5–6) vorheizen.
Ein Backblech mit Butter einfetten und leicht bemehlen. Den Teig in einen Spritzbeutel mit weiter, glatter Tülle füllen und etwa 6 cm lange Streifen auf das Blech spritzen. Ausreichenden Abstand halten, da der Teig noch auseinanderläuft – eventuell werden mehrere Bleche benötigt. Etwa 10 Minuten ruhen lassen.
Die Katzenzungen 6–7 Minuten backen, bis sie zart gebräunt sind. Ein Rollholz mit etwas Mandelöl bestreichen und die noch warmen Plätzchen einzeln um die Rundung legen. Abkühlen lassen. Die Schokolade im Wasserbad schmelzen und die Katzenzungen in der inneren Rundung damit bestreichen. Vor dem Servieren auskühlen lassen.
Ergibt etwa 30 Plätzchen

GEBRATENE GRIESSRAUTEN
Diamanti di Semolino Fritti

375 ml Milch
2 EL Honig
Prise Salz
120 g feiner Grieß
1 Eigelb
120 g Butterschmalz
60 g feine Semmelbrösel
Einige EL extrafeiner Zucker

Exquisit schmeckt dieses Gebäck zu einem Dessert aus frischen Früchten oder Pflaumenmus mit Zimt (Rezept S. 148) oder einer anderen Konfitüre.

Die Milch mit dem Honig und dem Salz in einem Topf erhitzen. Sobald sie aufkocht, den Grieß langsam einrieseln lassen und dabei ständig rühren, so daß sich keine Klumpen bilden. Das Ganze bei niedriger Temperatur etwa 10 Minuten unter ständigem Rühren kochen. Vom Herd nehmen und das Eigelb unterziehen.
Ein Backblech oder eine flache Form mit etwas kaltem Wasser ausspülen und die Grießmischung 2–3 cm hoch einfüllen. Abkühlen lassen.
Wenn die Grießmischung fest geworden ist, mit einem in Wasser getauchten Messer Rauten von 6 cm Länge ausschneiden.
Das Butterschmalz in einer großen Pfanne erhitzen. Die Grießrauten in den Semmelbröseln wenden und goldbraun braten.
Die Grießrauten herausheben, abtropfen lassen und zum Aufsaugen von überschüssigem Fett kurz auf Küchenpapier geben, mit etwas Zucker bestreuen, auf einer vorgewärmten Servierplatte anrichten und servieren.
Für 4 Personen

SCHOKOLADENTORTE
Torta di Cioccolato

500 g Zartbitterschokolade, in kleine Stücke geschnitten
220 g Butter, in kleine Stücke geschnitten
2 EL extrafeiner Zucker
6 Eier
1 Prise Zimtpulver
250 ml Sahne
Prise Salz

»Schokoladiger« könnte sie nicht schmecken, diese zart schmelzende Torte, die festliche Gelegenheiten krönt. Das A und O ist eine hochwertige Schokolade.

Den Backofen auf 220 °C (Gasherd Stufe 4–5) vorheizen.
Die Schokolade in einer hitzebeständigen Schüssel über einem Topf mit kochendem Wasser schmelzen. Die Butter und den Zucker sorgfältig unterrühren. Die Schokoladencreme vom Herd nehmen und warm stellen.
Die Eier mit dem Zimtpulver im Wasserbad oder Doppeltopf verschlagen, bis die Mischung etwa Körpertemperatur erreicht hat. Den Topf vom Herd nehmen und die Eier weiter schlagen, bis sich das Volumen verdreifacht hat. Die Eicreme in zwei Portionen unter die Schokoladencreme ziehen und alles gut vermischen.
Eine runde Backform von 26 cm Durchmesser leicht buttern und den Boden mit Pergamentpapier auslegen. Die Masse hineingießen. Die Form für 5 Minuten in den Ofen schieben, dann die Torte mit gefettetem Pergamentpapier abdecken und weitere 10 Minuten backen. Aus dem Ofen nehmen und 45 Minuten auf einem Kuchengitter abkühlen lassen. Für 3 Stunden in den Kühlschrank stellen.
Die Torte auf eine Servierplatte stürzen und erneut zimmerwarm werden lassen.
Die Sahne mit dem Salz und dem restlichen Zucker steif schlagen. In eine Schüssel füllen und zu der Torte reichen.
Für 6–8 Personen

FRUCHTSALAT IN ORANGENSCHALEN
Arance Ripiene di Macedonia

2 große Orangen
1 Apfel
Saft von 1/2 Zitrone
1 Banane
1 Prise Zimtpulver
3 EL Zucker
125 ml Sahne

Verwenden Sie möglichst Orangen, die weder chemisch noch mit Wachs behandelt wurden. Falls diese nicht zu bekommen sind, waschen Sie die Orangen sehr gründlich. Anstatt Sahne paßt auch Mandarineneis (Rezept S. 145) ausgezeichnet zu dem Fruchtsalat.

Die Orangen halbieren, vorsichtig auspressen, ohne die Schalen zu verletzen, und das restliche Fruchtfleisch sorgfältig herauslösen. Saft und Schalen aufbewahren.
Den Apfel schälen und in kleine Würfel schneiden, diese in einer Schüssel mit dem Zitronensaft beträufeln. Die Banane in Scheiben schneiden und zum Apfel geben. Zimtpulver, 2 Eßlöffel Zucker und den Orangensaft zu den Früchten geben. Behutsam durchmischen und für etwa 1 Stunde kalt stellen, damit die Aromen schön verschmelzen. Die Orangenschalen mit dem Fruchtsalat füllen und auf eine Servierplatte setzen.
Kurz vor dem Servieren die Sahne mit dem restlichen Zucker steif schlagen, in einen Spritzbeutel füllen und den Fruchtsalat hübsch dekorieren. Nochmals bis unmittelbar vor dem Servieren kalt stellen.
Für 4 Personen

KIRSCHEN IN WEINSIRUP
Ciliegie in Salsa di Vino

900 g Kirschen
500 ml trockener Rotwein
90 g extrafeiner Zucker
1 Zimtstange

Das Rezept verlangt nach einem guten, trockenen Wein. Auch mit Birnen, in Achtel geschnitten, mundet dieses Dessert vorzüglich.

Die Kirschen entstielen und entsteinen. Mit dem Wein, dem Zucker und der Zimtstange in einen Topf geben und zugedeckt 10 Minuten leise köchelnd garen. Die Kirschen mit einer Schaumkelle herausnehmen und auf vier Dessertschälchen verteilen. Abkühlen lassen.
Den Sirup ohne Deckel kochend eindicken lassen. Um die Konsistenz zu überprüfen, einen Löffel hineintauchen und durch Blasen abkühlen lassen: Wenn der Sirup am Löffel haftet, hat er die richtige Konzentration.
Den Topf vom Herd nehmen, die Zimtstange entfernen und den Sirup auf Zimmertemperatur abkühlen lassen. Die Kirschen mit dem Sirup übergießen und vor dem Servieren noch einige Stunden kalt stellen.
Für 4 Personen

ZITRONENGELEE MIT VEILCHEN UND BROMBEEREN
Gelatina di Limoni alle More

750 ml Wasser
Abgeriebene Schale und Saft von 4 unbehandelten Zitronen
120 g extrafeiner Zucker
1 1/2 EL Gelatinepulver oder Agar-Agar
30 g (1 EL) Veilchenblüten aus biologischem Anbau
300 g Brombeeren

Das reizvoll schimmernde, aromatische Gelee bietet sich als leichter Abschluß für ein elegantes Essen an. Sie können auch andere eßbare Blüten verwenden, etwa Kapuzinerkresse-, Orangen- und Holunderblüten. Bei Holunder ist allerdings Vorsicht geboten, da es auch eine giftige Art, den Zwergholunder, gibt.

Das Wasser mit der Zitronenschale und dem Zucker erhitzen, aber nicht aufkochen lassen. Den Topf vom Herd nehmen, den Sirup 15 Minuten ziehen lassen und dann durchseihen. Von dem noch heißen Sirup eine kleine Tasse abnehmen und Gelatinepulver oder Agar-Agar darin vollständig auflösen. Den Zitronensaft einrühren und die Mischung unter Rühren zum Sirup geben.
Eine runde 1-Liter-Form mit kaltem Wasser ausspülen. Auf dem Boden in einem kleinen Kreis Veilchenblüten auslegen und mit der Zitronenmischung bedecken. Für etwa 1 Stunde kalt stellen, bis das Gelee erstarrt ist.
Die restlichen Veilchen in die Form geben und diese bis auf halbe Höhe mit der Zitronenmischung füllen. Erneut für etwa 1 Stunde in den Kühlschrank stellen.
Die Brombeeren und die restliche Zitronenmischung in die Form geben. Das Gelee im Kühlschrank durch und durch fest werden lassen.
Am Innenrand der Form mit einer Messerklinge entlangfahren. Die Form kurz in heißes Wasser tauchen, eine Servierplatte darauflegen und das Ganze mit Schwung umdrehen. Die Form abnehmen und das Gelee sogleich servieren.
Für 4 Personen

HALBGEFRORENES VON RICOTTA UND BIRNEN MIT THYMIAN
Semifreddo di Ricotta e Pere al Timo

3 Birnen
1 TL Zitronensaft
200 g Ricotta
4 EL Honig
1 TL Zimtpulver
2 EL Rum
2 Eiweiß
Frischer Thymianstengel, die Blättchen abgetrennt

Ein apartes und erfrischendes Dessert für besondere Gelegenheiten. Damit es ein vollfruchtiges Aroma erhält, verwenden Sie Birnen, die am Baum gereift sind.

Die Birnen schälen und das Kerngehäuse entfernen. Mit dem Zitronensaft im Mixer glatt pürieren. Ricotta, Honig, Zimt und Rum unterrühren. Das Eiweiß zu festem Schnee schlagen und unter die Mischung heben.

Die Masse in vier frostbeständige Becherformen füllen, mit den Thymianblättchen bestreuen und vor dem Servieren für einige Stunden ins Gefrierfach stellen.
Für 4 Personen

MANDARINENEIS
Gelato al Mandarino

1 Ei plus 1 Eigelb
90 g extrafeiner Zucker
250 ml frisch gepreßter Mandarinensaft
125 ml Sahne
Saft von 1 Zitrone
Einige Tropfen Vanille-Essenz

Dieses Eis bildet den krönenden Abschluß eines eleganten Essens. Außer mit Mandarinen, Clementinen oder Satsumas läßt es sich auch mit Orangen herstellen, wobei die Zuckermenge leicht erhöht wird. Wenn Sie keine Eismaschine zur Verfügung haben, lassen Sie die Masse in einem flachen Gefäß gefrieren, bis sie beinahe fest ist, rühren sie im Mixer durch und schieben sie dann erneut ins Gefrierfach.

Das Ei, das Eigelb und den Zucker mit einem Schneebesen oder Rührgerät zu einer dickschaumigen Creme aufschlagen. Den Mandarinensaft, die Sahne, den Zitronensaft und die Vanille-Essenz gut unterrühren.

Die Mischung in die Eismaschine geben und gefrieren lassen. Falls keine Eismaschine vorhanden ist, verfahren Sie, wie in der Rezepteinleitung beschrieben.
Für 4 Personen

Seite 146/147: Mandarineneis, Halbgefrorenes von Ricotta und Birnen mit Thymian

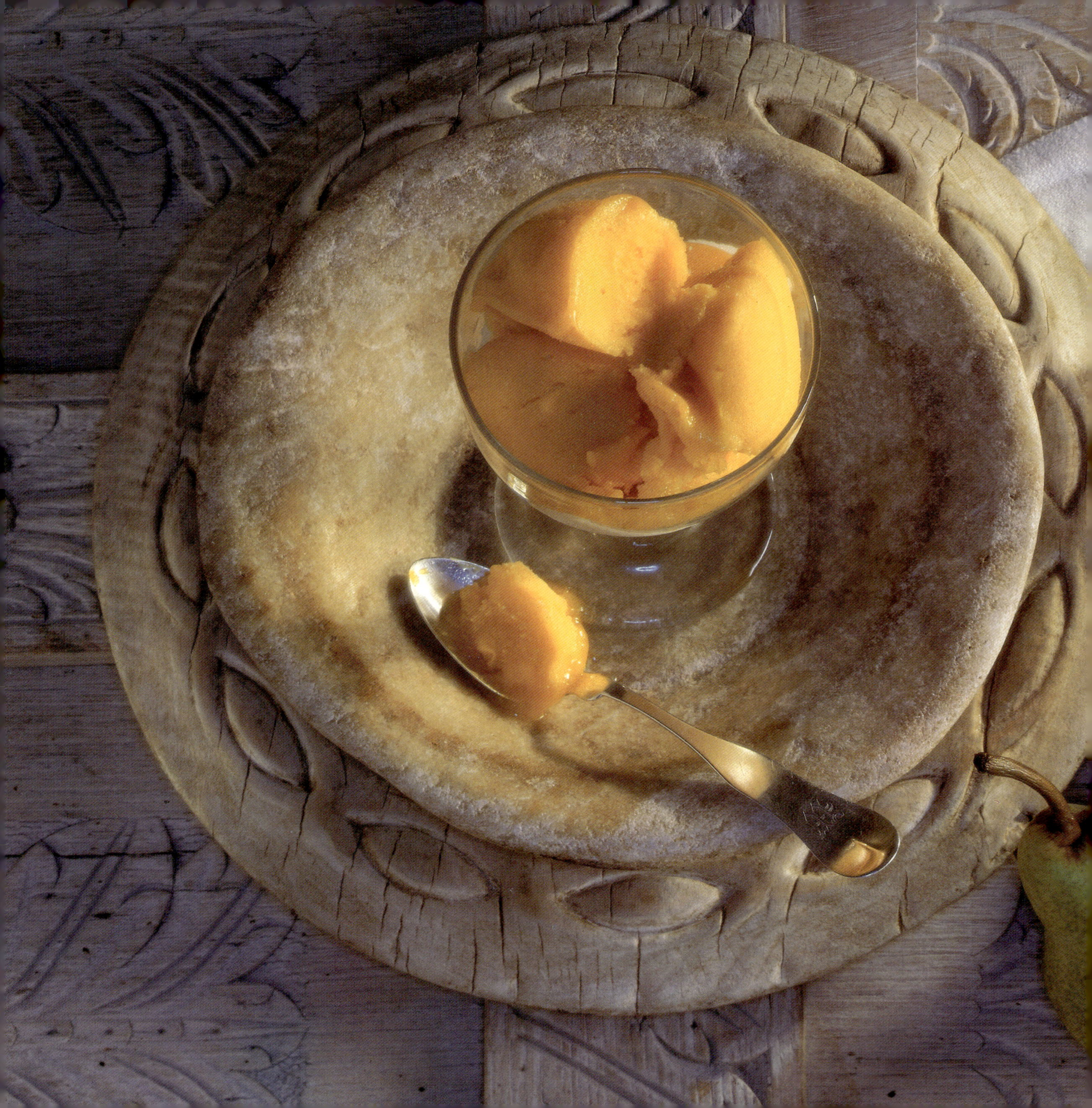

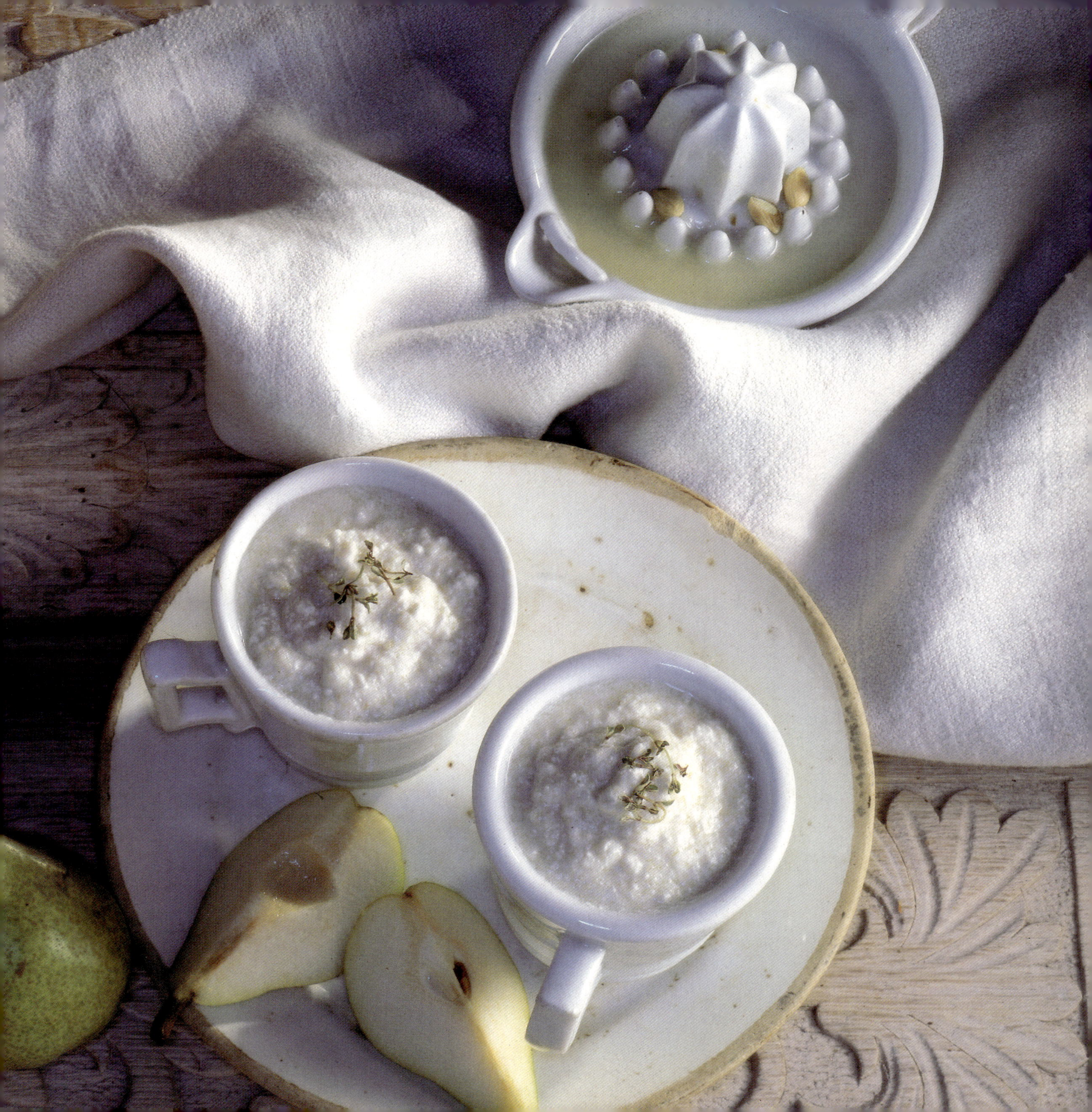

SAHNE-EIS
Gelato di Crema

5 Eigelb
200 g extrafeiner Zucker
1 l Sahne

Auch ohne Eismaschine läßt sich dieses unwiderstehliche, sahnige Eis ohne weiteres herstellen. Sie müssen es, während es gefriert, lediglich mehrmals durchmischen. Anstelle des Zuckers können Sie auch einen guten Honig verwenden, der, falls er zu fest ist, im Wasserbad erwärmt wird.

Das Eigelb mit dem Zucker in einer hitzebeständigen Schüssel verschlagen, bis eine dickschaumige Creme entsteht. Die Schüssel in einen Topf mit leise sprudelndem Wasser einhängen oder auch einen Doppeltopf verwenden. Langsam die Sahne zur Eicreme gießen und dabei ununterbrochen rühren. Die Mischung unter ständigem Rühren eindicken lassen, wobei sie jedoch nicht zum Kochen kommen darf.
Abkühlen lassen und in der Eismaschine gefrieren lassen oder ins Gefrierfach stellen und häufig durchrühren.
Für 8–10 Personen

PFLAUMENMUS MIT ZIMT
Marmellata di Prugne alla Cannella

500 g Pflaumen, gewaschen und entsteint
1 Zimtstange
250 g extrafeiner Zucker

Mit Konfitüren lassen sich die fruchtigen Aromen des Sommers aufs wundervollste einfangen. Der Markt bietet jedoch exzellente Produkte in solcher Auswahl, daß sich die eigene Herstellung nur dann lohnt, wenn man Gelegenheit hat, die Früchte selbst zu ernten. So kann man später Konfitüren genießen, die nicht nur sorgfältig ausgewählte Früchte enthalten, sondern zugleich auch persönliche Erinnerungen wecken.

Den Backofen auf 150 °C (Gasherd Stufe 1) erhitzen.
Die Pflaumen in einen Topf mit dickem Boden geben und bei niedriger Temperatur garen, bis sie weich sind.
Die Zimtstange und 60 g (5 Eßlöffel) Zucker hinzufügen und gut verrühren. Die Mischung auf ein Backblech geben und für etwa 40 Minuten in den Ofen schieben.
Weitere 60 g (5 Eßlöffel) Zucker hinzufügen, gut verrühren und das Pflaumenmus nochmals 40 Minuten backen. Diesen Vorgang noch zweimal wiederholen.
Die Zimtstange entfernen. Das Pflaumenmus in kleine, sterilisierte Gläser füllen. Fest verschließen, abkühlen lassen und im Kühlschrank aufbewahren.
Ergibt etwa 500 g

BROMBEERGELEE
Gelatina di More

1,8 kg Brombeeren
2 grüne Äpfel
(möglichst aus biologischem Anbau),
ungeschält mitsamt dem
Kerngehäuse in kleine Stücke
geschnitten
150 ml Wasser
Extrafeiner Zucker, entsprechend der
gewonnenen Fruchtsaftmenge
Saft von 1 Zitrone

Genauso verlockend, wie es aussieht, schmeckt dieses Gelee auch. Feiern Sie doch nach einer erfolgreichen Beerensuche mit Freunden ein kleines Fest, bei dem Sie eine Kostprobe servieren. Köstlich schmeckt dieses Gelee auf Pfannkuchen oder Crêpes oder zu gebratenen Grießrauten (Rezept S. 142).

Die Brombeeren mit den Äpfeln und dem Wasser in einen Topf geben und bei niedriger Temperatur unter gelegentlichem Rühren kochen, bis die Früchte sehr weich sind. Den Fruchtbrei in einen Saftbeutel füllen und über einer Schüssel abtropfen lassen. Den Beutel über Nacht stehen lassen, damit aller Saft abtropft. Nicht auspressen, da das Gelee sonst trüb wird.
Den Saft abmessen und pro 500 ml Saft 500 g Zucker unterrühren. Den Zitronensaft dazugeben und die Mischung unter ständigem Rühren kochen, dabei immer wieder den Schaum von der Oberfläche abschöpfen, bis der Gelierpunkt erreicht ist. Zur Probe einen Löffel Gelee auf einen kalten Teller geben und diesen kippen: Behält der Klecks seine Form, ist das Gelee fertig.
Das Gelee in sterilisierte Gläser füllen, diese verschließen und an einem kühlen, dunklen Ort lagern.
Ergibt etwa 1 kg

MARONEN IN FENCHELSIRUP
Marroni al Finocchio

500 g Maronen
200 g extrafeiner Zucker
2 EL Wasser
1 EL Fenchelsamen
Abgeriebene Schale und Saft
von 1 unbehandelten Zitrone
1 Vanilleschote

Die Kombination von Maronen und Fenchelsamen ist typisch für die toskanische Küche. Ob zu Eiscreme oder einfach mit Schlagsahne serviert, schmeckt diese Spezialität exquisit und erweist sich, wenn unerwartet Besuch kommt, als wertvolle Notreserve.

Die Maronen mit einem spitzen Messer über Kreuz einritzen. Portionsweise in kochendes Wasser geben, nach 1 Minute herausholen, schälen und die innere Haut abziehen.
Die Maronen in einem Topf mit Wasser bedecken und etwa 30 Minuten leise köcheln lassen, bis sie weich sind.
Den Zucker, das Wasser, die Fenchelsamen und den Zitronensaft in einen kleinen Topf geben und alles bei niedriger Temperatur zu einem Sirup verkochen – er hat die richtige Konsistenz, wenn er einen hineingetauchten Löffel beim Herausziehen dick überzieht.
Die Maronen in ein Einmachglas füllen und mit dem Sirup übergießen. Die Zitronenschale und die Vanilleschote dazugeben. Das Glas verschließen. Zum Sterilisieren in einem Topf mit Wasser bedecken und 20 Minuten kochen, danach im Wasser abkühlen lassen. Die Maronen an einem kühlen, dunklen Ort aufbewahren.
Ergibt etwa 500 g

BROTE UND KLASSISCHE SAUCEN

Ohne Brot wäre ein Essen in Italien nahezu undenkbar. Meist steht in der Tischmitte ein kleiner Korb mit verschiedenen Brotsorten, und während der gesamten Mahlzeit nimmt man sich immer wieder ein Stück, sogar zum Pasta-Gang. Tunkt man die letzten köstlichen Tropfen der Sauce oder auch des Salatdressings oder einer Suppe mit Brot auf, ist dies nicht ungebührlich, sondern vielmehr ein Kompliment an den Koch. Der ausgeprägten Vorliebe für Brot ist auch eine überaus reiche Vielfalt an Rezepten zu verdanken.

Ich erinnere mich noch lebhaft daran, wie früher nach toskanischer Tradition im Holzofen lange Brotlaibe gebacken wurden. Dieses Brot, das ohne Salz zubereitet war, wurde auf Holzregalen gelagert, wo es seine einmalige Beschaffenheit mehrere Tage behielt. Bis heute backt man in der Toskana das salzlose Brot, ohne das die kulinarischen Klassiker der Region wie *panzanella* (Bunter Salat von Brot und Tomaten, Rezept S. 111) undenkbar wären.

Neben Anleitungen für die Herstellung von herzhaftem Gebäck beinhaltet dieses Kapitel Rezepte für einige klassische Saucen – pikante wie auch süße –, die in den verschiedensten Kombinationen vorkommen. Sie bilden nicht nur eine unverzichtbare Grundlage der *cucina italiana*, sondern dienen zugleich als Ausgangsbasis für eine kreative, abwechslungsreiche Küche. Schon durch kleine, phantasievolle Abwandlungen, etwa den Ersatz eines Küchenkrauts durch ein anderes, entsteht eine neue Variation von ungeahntem Reiz.

WEIZENVOLLKORNBROT MIT NÜSSEN UND SAMEN
Pane Integrale con Semi e Noci

30 g Frischhefe
1 TL Zucker
400 g Weizenvollkornmehl, dazu weiteres Mehl für die Teigbearbeitung
2 EL natives Olivenöl extra
1 Prise Salz
175 ml warmes Wasser
2 EL grobgehackte Walnüsse,
2 EL grobgehackte Sonnenblumenkerne
30 g Rosinen, eingeweicht und trockengetupft
1 EL feingehackter frischer Rosmarin
Abgeriebene Schale von 1 Zitrone
2 EL Fenchelsamen

Weder richtig süß, noch eindeutig salzig, ist dieses Brot eine wunderbare Ergänzung zu Käse, besonders zu frischen, saftigen Sorten. Nicht minder köstlich aber schmeckt es mit Marmelade, Honig oder einem anderen süßen Aufstrich.

Hefe und Zucker in etwas warmem Wasser verrühren. Das Mehl auf eine Arbeitsfläche häufen. In die Mitte eine Mulde drücken und die Hefemischung, das Öl, das Salz und das restliche Wasser hineingeben. Die Zutaten mit einer Gabel von innen nach außen ins Mehl einarbeiten. Wenn dies mit der Gabel nicht mehr möglich ist, die Hände zu Hilfe nehmen und alles zu einem weichen, glatten Teig verarbeiten. Überschüssiges Mehl mit einem Pinsel entfernen und den Teig noch einige Minuten kneten.

Eine Schüssel mit Mehl ausstreuen. Den Teig zu einer Kugel formen, hineingeben und an einem warmen Ort etwa 20 Minuten auf das doppelte Volumen aufgehen lassen.

Walnüsse, Sonnenblumenkerne, Rosinen, Rosmarin, Zitronenschale und Fenchelsamen dazugeben und den Teig nochmals gründlich kneten. In zwei Portionen teilen, diese jeweils zu einem runden Laib formen und abermals 1/2 Stunde gehen lassen.

Den Backofen auf 180 °C (Gasherd Stufe 2–3) vorheizen.

Ein Backblech buttern und mit Mehl bestreuen. Die Teiglaibe 40 Minuten backen. Vor dem Aufschneiden völlig auskühlen lassen.
Ergibt 2 Laibe

KAROTTENBROT
Pane di Carote

450 g Weizenvollkornmehl
175 ml Milch
30 g Frischhefe
1 TL Zucker
1 TL Salz
60 g (4 EL) Butter, zerlassen, dazu Butter zum Einfetten des Backblechs
175 ml Karottensaft
220 g Karotten, sehr fein gerieben

Das appetitlich gefärbte Brot ist eine interessante Bereicherung für den Brotkorb. Es schmeckt wundervoll, einfach nur mit frischer Butter bestrichen oder auch als Sandwich zubereitet.

Das Mehl auf eine Arbeitsfläche häufen und in der Mitte eine tiefe Mulde formen. Die Milch in einem kleinen Topf erwärmen. Hefe und Zucker mit einer Gabel einrühren und die Mischung in die Mulde gießen. Das Salz, die zerlassene Butter, den Karottensaft und die geriebenen Karotten dazugeben. Alles vermengen und kneten, bis man eine glatte, elastische Teigkugel erhält. Wenn der Teig nicht das gesamte Mehl aufnimmt, macht dies nichts. Den Teig in einer Schüssel mit einem Tuch abdecken und etwa 20 Minuten an einem warmen Ort gehen lassen.

Anschließend den Teig nochmals kneten, dann in zwei Portionen teilen und daraus Laibe formen.

Die Teiglaibe auf ein mit Butter eingefettetes und bemehltes Backblech legen oder in eine eingefettete und mit Mehl ausgestreute Kastenformen geben. Erneut 20 Minuten gehen lassen.

Den Backofen auf 180 °C (Gasherd Stufe 2–3) vorheizen.

Die Brote 40 Minuten backen. Kalt werden lassen und erst dann aufschneiden.
Ergibt 2 Laibe

ROSMARINZÖPFE
Trecce al Rosmarino

350 g Weizenvollkornmehl, dazu weiteres Mehl für die Teigbearbeitung
150 g Roggenmehl
30 g Frischhefe
1 TL Zucker
125 ml warme Milch
60 g (4 EL) Butter, zerlassen
½ TL Salz
1 TL frisch gehackter Rosmarin
1 Ei, verquirlt

Servieren Sie dieses herzhafte Gebäck zusammen mit anderen Brötchen, hübsch in einem Brotkorb angerichtet. Ganz ausgezeichnet schmeckt es zu einer Käseplatte zum Abschluß einer Mahlzeit.

Die beiden Mehlsorten zusammen auf die Arbeitsfläche häufen und in die Mitte eine Mulde drücken. Die Hefe in eine kleine Schüssel bröckeln. Zucker und Milch hinzufügen und alles gründlich vermengen. Die Mischung zusammen mit der Butter, dem Salz und dem Rosmarin in die Vertiefung geben.
Diese Zutaten mit kreisförmigen Bewegungen mit einer Gabel ins Mehl einarbeiten und dann den Teig weiter mit den Händen kneten, bis er glatt und elastisch ist. Versuchen Sie nicht, mehr Mehl einzuarbeiten, als der Teig von sich aus aufnimmt. Eine Kugel formen, in eine Schüssel geben, mit einem Tuch abdecken und an einem warmen Ort etwa 25 Minuten gehen lassen.
Den Teig nochmals einige Minuten kneten. In sechs gleiche Portionen teilen und diese zu etwa 25 cm langen Rollen formen. Aus jeweils drei Rollen einen Zopf flechten.
Ein Backblech mit Mehl bestreuen, die Zöpfe darauflegen und mit dem verquirlten Ei bestreichen. Erneut 20 Minuten gehen lassen. Inzwischen den Backofen auf 180 °C (Gasherd Stufe 2–3) vorheizen.
Die Zöpfe etwa 40 Minuten backen. Sie schmecken frisch besonders gut.
Ergibt 2 Zöpfe

KARTOFFEL-GRISSINI MIT SESAM
Grissini di Patate al Sesamo

220 g große Kartoffeln
220 g Weizenvollkornmehl, dazu weiteres Mehl für die Teigbearbeitung
100 g Butter, dazu Butter zum Einfetten des Backblechs
2 EL Sesamkörner
1 TL Salz, dazu grobes Salz zum Bestreuen

Exquisit schmecken diese Grissini zu den nur walnußgroßen Mozzarellas oder auch zu Frischkäse wie Ricotta.

Einen Topf mit Wasser aufsetzen. Sobald es aufwallt, die Kartoffeln hineingeben und in etwa 20 Minuten gar kochen. Abgießen, schälen und zerdrücken und das Püree auf eine Arbeitsfläche geben. Mehl, Butter, Sesamkörner und Salz hinzufügen. Alles mit den Händen zu einem glatten Teig verkneten. Alternativ die in Stücke geschnittenen Kartoffeln mit den übrigen Zutaten in der Küchenmaschine verarbeiten.
Den Teig zu einer dicken, etwa 20 cm langen Rolle formen. Etwa 2 cm dicke Scheiben abschneiden und diese jeweils zu einer dünnen Rolle von etwa 20 cm Länge formen. Dabei die Arbeitsfläche wiederholt einmehlen, damit der Teig nicht festklebt.
Den Backofen auf 170 °C (Gasherd Stufe 2) vorheizen.
Ein Backblech mit Butter einstreichen. Die Rollen mit etwas Abstand darauflegen und leicht mit Salz bestreuen. Die *grissini* für etwa 20 Minuten in den Ofen schieben, bis sie goldbraun sind.
Ergibt 8–10 Stück

Rosmarinzopf

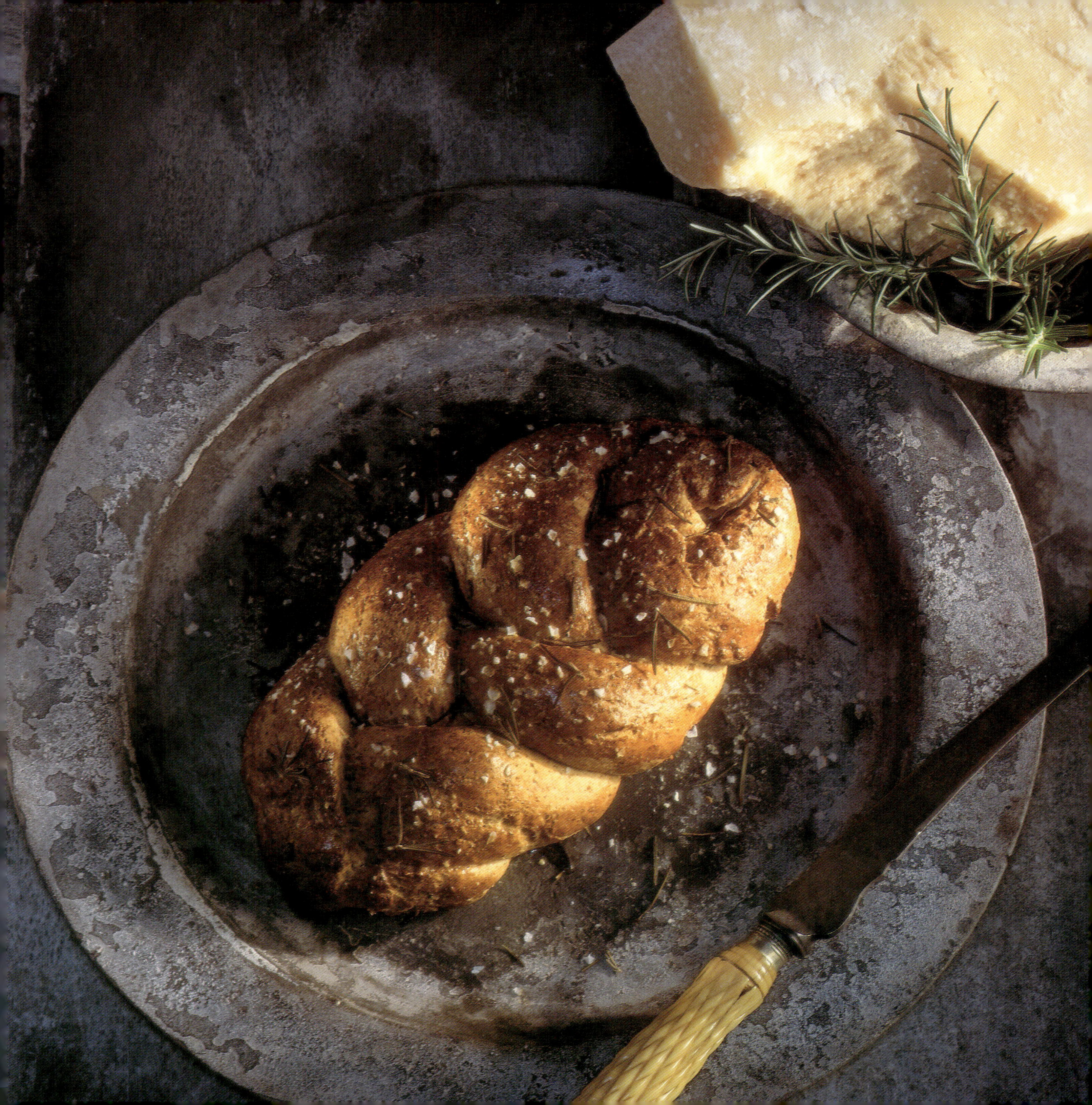

BÉCHAMELSAUCE
Salsa Besciamella

500 ml Milch
30 g (2 EL) Butter
30 g (3 EL) Mehl
1 Prise geriebene Muskatnuß
Salz

Mit ihrer samtigen Konsistenz paßt diese Sauce zu den verschiedensten Zubereitungen, herrlich schmeckt sie etwa zu Omelettes und Kartoffeln. Nachfolgende Version eignet sich besonders für Pasta und andere Speisen, die viel Flüssigkeit aufnehmen.

Die Milch in einem kleinen Topf erhitzen, aber nicht aufkochen, und dann warm stellen.
Die Butter in einem Topf bei mäßiger Temperatur zerlassen. Das Mehl einstreuen und ständig rühren, bis die Mischung leicht gebräunt ist. Den Topf von der Kochstelle nehmen und die Milch langsam und unter ständigem Rühren in feinem Strahl hinzugießen. Wenn sie von der Sauce aufgenommen ist, diese mit Muskatnuß und Salz abschmecken, unter Rühren aufkochen und dann leise köchelnd eindicken lassen.

An einen warmen Platz stellen und abdecken, damit sich keine Haut bildet.
Aus einem einfachen Gemüse wie Blumenkohl wird ein delikates Gericht, wenn man ihn soeben halb gar kocht, in einer Gratinform mit Béchamelsauce überzieht und etwa 20 Minuten im Ofen backt. Auch viele Arten von Pasta werden, mit Béchamelsauce, Tomaten und frisch geriebenem Parmesan vermischt und unter dem Grill gebräunt, zu einem exquisiten und sättigenden Genuß.
Für 4 Personen

BASILIKUMSAUCE
Pesto

60 g frische Basilikumblätter
30 g frische Minzeblätter
60 g Pinienkerne
4 EL frisch geriebener Parmesan
2 EL frisch geriebener Pecorino
125 ml natives Olivenöl extra
Salz

Traditionsgemäß wird diese uralte Genueser Spezialität im Mörser zubereitet. Zunächst werden die Blätter einer besonders aromatischen kleinblättrigen Basilikumart mit dem Stößel fein zerrieben und dann nach und nach die übrigen Zutaten eingearbeitet, so daß schließlich eine Sauce entsteht, die beinahe so cremig ist wie Mayonnaise. Der Elektromixer nimmt uns heute diese Arbeit ab und erzielt ebenfalls ein exzellentes Ergebnis. In der hier vorgestellten Variante habe ich das Pesto mit Minzeblättern angereichert und dafür den Knoblauch weggelassen, der in der Originalversion allerdings nicht fehlen darf.

Basilikum, Minze, Pinienkerne, Parmesan, Pecorino, Öl und etwas Salz in den Mixer geben und alles zu einer sämigen Sauce verarbeiten. Mit einer dünnen Ölschicht bedeckt, die ein Anlaufen des Basilikums verhindert, läßt sich Pesto im Kühlschrank mindestens eine Woche aufbewahren. Soll die Sauce zu gedämpften oder gekochten Kartoffeln und aufgeschnittenem Siedfleisch gereicht werden, verdünnt man einige Eßlöffel davon mit etwas Brühe oder heißem Wasser. Vorzüglich schmeckt Pesto auch in Gemüsesuppen oder einer Brühe mit Reiseinlage.
Für 4–6 Personen

TOMATENSAUCE MIT BASILIKUM
Salsa di Pomodoro al Basilico

*500 g reife Eiertomaten
(ersatzweise Dosentomaten)
100 g Butter
1 kleine Zwiebel, gehackt
1 TL Zucker
Salz
8–10 frische Basilikumblätter,
in Streifen geschnitten*

Dieser Grundpfeiler der traditionellen italienischen Küche ist, so könnte man sagen, zweifach verankert: einerseits im Norden, wo die Sauce mit Butter und Zwiebel zubereitet wird, und andererseits im Süden – Florenz und südlicher –, wo die salsa al pomodoro auf gutem Olivenöl und Knoblauch basiert. Während die Version mit Butter und Zwiebel besser zu frischen Eiernudeln wie Fettuccine und Tagliatelle schmeckt, ist die knoblauchhaltige Variante ideal zu Spaghetti, Maccheroni und anderer getrockneter Pasta.

Bei Verwendung frischer Tomaten diese 1/2 Minute blanchieren, abgießen und mit einem kleinen Messer enthäuten; danach in Stücke schneiden und nach Wunsch entkernen. Dosentomaten einfach abgießen und hacken.
Die Butter in einem Topf bei niedriger Temperatur zerlassen. Die Zwiebel mit einigen Eßlöffeln Wasser dazugeben und im geschlossenen Topf etwa 10 Minuten glasig dünsten, dabei gelegentlich rühren. Die Tomaten, den Zucker sowie Salz nach Geschmack hinzufügen und im fast geschlossenen Topf etwa 20 Minuten garen. Gelegentlich rühren und, falls nötig, etwas Wasser hinzugießen – die fertige Sauce soll cremig und nicht zu trocken sein. Das Basilikum einrühren. Den Topf vom Herd nehmen und bis zur Verwendung warm stellen.
Zu Pasta mit Tomatensauce reicht man gewöhnlich reichlich frisch geriebenen Parmesan. Gut paßt diese Sauce auch zu Gnocchi, Polenta, weißem Reis, Eierspeisen und Gemüse. Im Kühlschrank läßt sie sich einige Tage aufbewahren.
Für 4 Personen

GRÜNE SAUCE
Salsa Verde

*60 g altbackenes Landbrot
4 EL frisch gehackte glatte Petersilie
1 hartgekochtes Ei, feingehackt
2 EL gehackte Kapern
Salz und frisch gemahlener Pfeffer
125 ml natives Olivenöl extra
2 EL Essig*

Gedämpftes oder gekochtes Gemüse wie Kartoffeln, Karotten, Zucchini, weiße Rüben oder Zwiebeln wird durch diese klassische norditalienische Sauce herzhaft abgerundet. Vorzüglich schmeckt Grüne Sauce auch zu Reis oder als Dressing über Tomatenhälften.

Das Brot 10 Minuten in Wasser einweichen, abgießen und kräftig ausdrücken.
Mit der Petersilie, den Eiern und den Kapern in eine Schüssel geben. Salz und Pfeffer nach Geschmack sowie das Öl und den Essig hinzufügen und alles gründlich verrühren. In eine Sauciere füllen und servieren.
Im Kühlschrank hält sich Grüne Sauce einige Tage.
Für 4 Personen

REZEPTE

SOFFRITTO MIT OREGANO
Soffritto all'Origano

4 EL natives Olivenöl extra
3 Knoblauchzehen, gehackt
1 kleine Karotte, gehackt
½ Zwiebel, gehackt
1 Lorbeerblatt
1 Stange Bleichsellerie, gehackt
125 ml trockener Weißwein
Salz und frisch gemahlener Pfeffer

Soffritto bildet die Grundlage zahlloser Zubereitungen. So darf es in einer Tomatensauce nach mediterraner Art, wie man sie in Mittel- und Süditalien zu Spaghetti und anderer getrockneter Pasta serviert, niemals fehlen. Auch alle Gerichte aus Getreide, Hülsenfrüchten und Gemüse erhalten durch ein soffritto mehr Geschmack. Mit verschiedenen Kräutern wie Oregano, Basilikum, Thymian und Petersilie können Sie ihm immer wieder eine andere Note verleihen.

Ein guter Koch zeichnet sich dadurch aus, daß er genau weiß, wann das *soffritto* fertig ist, denn die Garzeit variiert je nach der Zubereitung, für die das *soffritto* gedacht ist. Für eine Minestrone etwa muß es nicht so lange gedünstet werden, während eine Tomatensauce besonders schmackhaft gerät, wenn das Gemüse leicht angebräunt wird.

Das Öl in einem Topf erhitzen und den Knoblauch unter Rühren darin braten. Nicht anbrennen lassen, sonst schmeckt er bitter. Karotte, Zwiebel, Lorbeerblatt und Sellerie hinzufügen und alles zusammen noch 5–6 Minuten bei hoher Temperatur braten, dabei häufig rühren.

Den Weißwein angießen und völlig verkochen lassen.

Die Temperatur herunterschalten. Das *soffritto* nach Geschmack salzen und pfeffern und zugedeckt weitere 15–30 Minuten schmoren. Dabei gelegentlich rühren und bei Bedarf – insbesondere bei einer längeren Garzeit – etwas Wasser dazugeben, damit die Mischung nicht austrocknet.

Verwenden Sie das *soffritto* als Grundlage für Saucen, Suppen, Risottos, Gemüsegerichte und anderes mehr. Im Kühlschrank hält es sich einige Tage.

Für 4 Personen

MAYONNAISE
Salsa Maionese

1 Eigelb
Saft von ½ Zitrone
Salz und frisch gemahlener Pfeffer
150 ml natives Olivenöl extra

Die Qualität des Olivenöls ist von entscheidender Bedeutung für das Gelingen einer Mayonnaise. Es muß ohne Wärmebehandlung bei der ersten Pressung gewonnen sein. Mayonnaise ist eine äußerst vielseitige Sauce. Man kann sie durch Zugabe von Joghurt leichter und umgekehrt mit Sahne reichhaltiger machen. Mit Knoblauch oder Kräutern, mit Bedacht verwendet, ergibt sich eine schier endlose Geschmackspalette. Mayonnaise ist ein herrliches Dressing für Eier, Kartoffeln, Tomaten, Gurken und die verschiedensten Gemüse.

Eigelb und Zitronensaft mit etwas Salz und Pfeffer in den Mixer geben. Den Schalter kurz betätigen, um die Zutaten zu vermischen. Dann bei laufendem Gerät das Öl in feinem Strahl hinzugießen, bis die Mayonnaise eindickt und eine samtige Konsistenz annimmt.

Im Kühlschrank läßt sich Mayonnaise einige Tage aufbewahren, doch sollte man sie gut verschließen.

Für 4 Personen

BROTE UND KLASSISCHE SAUCEN

VINAIGRETTE
SALSA VINAIGRETTE

1 Prise Salz
2 EL Weinessig
4 EL natives Olivenöl extra

Dieses klassische Dressing für Gemüse und Salate wird in Italien allgemein bevorzugt. Mit seiner bewußten Schlichtheit unterstreicht es die natürlichen Aromen von Salaten, anstatt sie zu übertönen.

Bei diesem Dressing ist es unerläßlich, daß die Zutaten von bester Qualität sind. So ist natives Olivenöl extra zu verwenden, das nicht mit Hilfe von Chemie gewonnen, sondern mechanisch gepreßt wurde. Nur bei dieser Art der Ölgewinnung bleibt der unverfälschte Olivengeschmack erhalten. Der Essig muß aus gutem Wein hergestellt und natürlich vergoren sein.
In einer kleinen Schüssel das Salz mit einer Gabel im Essig verrühren. Das Öl zufügen und gründlich einrühren.
Für 4 Personen

WEINSCHAUMSAUCE
ZABAIONE

3 Eigelb
90 g extrafeiner Zucker
4 EL Marsala oder Vin Santo

Es handelt sich um eine ursprünglich venezianische Spezialität. Mit zerbröselten Amaretti (italienische Mandelkekse) oder Mascarpone vermischt, ergibt sie eine exquisite Dessertcreme. Sehr lecker ist sie auch, über Beeren, Feigen, Kirschen oder gedünstete Birnen gegeben oder als Tortenfüllung verwendet.

Das Eigelb mit dem Zucker in eine hitzebeständige Schüssel geben. Mit einem Schneebesen oder Handmixer einige Minuten rühren, bis sich der Zucker vollständig aufgelöst hat und man einen hellen Schaum erhält.
Den Marsala oder Vin Santo hinzugießen und gründlich einrühren.
Die Schüssel in einen Topf mit leise sprudelndem Wasser einhängen oder die Mischung in einen Doppeltopf geben und noch etwa 4 Minuten kräftig rühren, bis die Weinschaumsauce ihr Volumen verdoppelt hat. In eine Sauciere oder Dessertgläser füllen und sogleich servieren oder aber bis zur baldigen Verwendung in den Kühlschrank stellen.
Für 4 Personen

CREMIGE VANILLESAUCE
Crema di Vaniglia

250 ml Milch
250 ml Crème double
1 Vanilleschote
2 Eigelb
60 g (5 EL) extrafeiner Zucker

Heiß oder kalt ist diese Sauce ausgesprochen köstlich, zum Beispiel über Eiscreme, Puddings oder gedünsteten Früchten wie Pflaumen, Birnen, Äpfel oder Beeren. Wenn sie nicht sofort verwendet wird, sollte man sie gelegentlich umrühren, damit sich auf der Oberfläche keine Haut bilden kann.

Die Milch mit der Crème double und der Vanilleschote in einem Doppeltopf oder in einer Schüssel im Wasserbad erhitzen.
Das Eigelb mit dem Zucker zu einer dickschaumigen Creme aufschlagen. Ein wenig von der heißen Milchmischung langsam hinzugießen. Die Mischung in den Doppeltopf beziehungsweise die Schüssel geben und rühren, bis sie dick und cremig wird, dabei nicht aufkochen lassen.
Vor dem Servieren die Vanilleschote entfernen.
Für 4 Personen

WEINSIRUP
Salsa di Vino

1 l trockener Rotwein
400 g extrafeiner Zucker

Das Rezept wurde in einer Zeit ersonnen, in der jeder Weinrest verwertet wurde. Doch ist dieser Sirup so gut, daß er durchaus verdient, mit einem hochwertigen, allerdings nicht zu körperreichen Wein zubereitet zu werden. Heiß oder kalt schmeckt er gleichermaßen gut – ob über Eiscreme oder zu gedünsteten Früchten, besonders Äpfeln und Birnen. Ein Stück Zimtstange oder auch Gewürznelken verleihen ihm eine ganz eigene Note.

Den Wein in einen Topf geben und den Zucker bei mittlerer Temperatur einrühren, bis er sich aufgelöst hat. Die Mischung leise köcheln lassen, bis sie sirupartig eindickt. Einen Löffel kurz hineintauchen und anblasen: Der Sirup hat die richtige Konzentration, wenn er am Löffel kleben bleibt.
Abkühlen lassen und in sterilisierte Gläser füllen.
Weinsirup läßt sich gut auch über längere Zeit im Kühlschrank aufbewahren – damit können Sie jederzeit ein unwiderstehliches Dessert zaubern.
Ergibt etwa 500 g

Register

Kursiv gesetzte Seitenzahlen beziehen sich auf Abbildungen

A

Anello di riso integrale con funghi di bosco 109
Apfel 24, *24*
    -Sellerie-Salat mit Kresse 117, *118*
    Äpfel, geschmorte mit Safran 135
Aprikose 24, *24*
Arance ripiene di macedonia 143
Arborio-Reis 34
Artischocken 10
    mit würzigem Zitronendip 114, *115*
Asparagi in salsa di pane 122, *123*
Aspic di sedano e noci 61
Auberginen 10, *10*
    gefüllte 97, *98*
    -pastetchen 56
    Pikanter Auberginentopf 97, *99*
Avena
    agli spinaci 102
    cruda, carote, sedano e rapanelli 104

B

Balsamessig 48
Banane 25, *25*
Barbabietole e spinaci con sesamo 120
Barchette di indivia ai fagioli 126, *127*
Basilikum *38, 39*
    -sauce 154
Béchamelsauce 154
Beeren 25, *25*
Bier 49
Birne 28, *28*
Blattsalat 19, *19*
Bleichsellerie 13, *13*
Blumenkohl 12, *12*
    -Hirse-Suppe, feine 68
    mit gerösteten Semmelbröseln 128
    »Surprise« 58
Bohnen 11, *11*
    Borlotti-Bohnen *37*
    Cannellini-Bohnen 36, *37*
    Dicke 11, *11, 37*
    mit Fenchel und Apfel 129
    Zarte Dicke Bohnen mit Frühlingszwiebeln und Pecorino 124, *125*
    -Dinkel-Suppe 72
    getrocknete 36
    Grüne Bohnen 11, *11*
    Grüne Bohnen mit Minzsauce 129
    Grüne Bohnen mit Tomaten 131
    Grüne Bohnen mit Zitronensauce 129
    -püree mit Karotten 130
    -Tomaten-Topf 130
Bombe di pomodori 57
Borlotti-Bohnen *37*
Brauner Reisring mit Wildpilzen 109
Braunreis 34–35
Broccoli 12, *12*
Brodo con crespelle 68
Brombeergelee 149
Bruschetta
    di broccoli 54, *55*
    di peperoni 54
Bruschetta mit Broccoli 54
Bruschetta mit Paprikaschoten 54
Buchweizen 32, *33*
    -sprossen mit Äpfeln, Radieschen und Emmentaler 109
Budino di amaretti 138
Bunter Conchiglie-Salat 76, *77*
Bunter Kichererbsen-Paprika-Salat 131
Bunter Salat von Brot und Tomaten 111

C

Cannellini-Bohnen 36, *37*
Cannellini-Suppe, cremige, mit Salbei und Zitrone 72
Capelli d'angelo ai pomodori crudi 76
Caponata 97, *99*
Carciofi con salsa di limone 114, *115*
Carnaroli-Reis 34
Carote
    al balsamico 114
    alle olive 120
Castagnaccio 140
Cavolella in salsa di balsamico 62, *63*
Cavolfiore
    a sorpresa 58
    al pangrattato 128
Cavolini e castagne al timo 95
Ceci
    e cipolle 130
    e peperoni 131
Champagner-Risotto 87
Chicorée-Schiffchen mit Bohnen 126, *127*
Ciambella integrale allo yogurt 139
Cicoria ripassata 126
Ciliegie in salsa di vino 144
Cipolle
    al balsamico 56
    marinate 62
    ripiene agli spinaci 100, *101*
Conchiglie in insalata 76, *77*
Conchiglie-Salat, bunter 76, *77*
Crema
    al limone e frutti di bosco 140, *141*
    di cetrioli 66
    di fagioli con carote 130
    di vaniglia 158
Crostini di pane e ceci 60
Crostini mit Kichererbsenpüree 60

D

Diamanti di semolino fritti 142
Dicke Bohnen 11, *11, 37*
Dinkel 35
    mit Weißen Rüben und Sellerie 100
Dolce di riso e uvetta sultanina 139

E

Eier 44
Eierkuchen mit Kartoffeln und Zwiebeln 94
Eis
    Halbgefrorenes von Ricotta und Birnen mit Thymian 145, *147*
    Mandarineneis 145, *146*
    Sahne-Eis 148
Eiweißlieferanten 44
Erbsen 11, *11*
    mit Kopfsalat 128
    mit Paprika 122
    -suppe, grüne 66, *67*
Erdbeere 25, 29, *29*
Essig 48
Estragon *38, 43*

F

Fadennudeln mit Tomaten 76
Fagioli al pomodoro 130
Fagiolini
    al pomodoro 131
    in salsa di limone 129
    in salsa di menta 129
Farro alle rape e sedano 100
Fave
    cipollotti e pecorino 124, *125*
    finocchi e mele 129
Feige 27, *27*
Feine Blumenkohl-Hirse-Suppe 68
Fenchel 15, *15*, 40
    mit Rucola und Zitronen 120, *121*
Finocchi e rucola 120, *121*
Frisée in Butter gedünstet 126
Fruchtsalat in Orangenschalen 143
Frühlingszwiebel 17
Fusilli al pesto di broccoli 75
Fusilli mit Broccoli-Pesto 75

G

Gartenkürbis 20
Gebackene Kartoffeln und Zwiebeln 128
Gebackene Zucchini 124
Gebackene Zwiebeln mit Balsamessig 56
Gebratene Grießrauten 142
Gedünstete Karotten in Balsamessig 114
Geeiste Tomaten 117, *119*
Gefüllte Auberginen 97, *98*
Gelatina
    di limoni alle more 144
    di more 149
Gelato
    al mandarino 145, *146*
    di crema 148
*Gemelli ai funghi e agli*o 73
Gemelli mit Champignons und Knoblauch 73
Gemüsepaprika 18, *18*
Germogli
    di grano saraceno con mele, rapanelli e Emmenthal 109
    mele e sedano 117, *118*
Gerste 32, *33*
    mit Artischocken 108
    mit Brennesseln 102
Gerstensalat 108
Geschmorte Äpfel mit Safran 135
Getränke 49
Getreide 32–35, *33*
Gewürze 39, *42*
Gnocchi
    di spinaci e ricotta 82
    in crema di cardi 83
Gnocchi in Kardonencreme 83
Gratin
    von Lauch, Fenchel und Kartoffeln 96
    von Radicchio, Chicorée und Zucchini 95
Gratin di porri, finocchio e patate 96
Grieß
    -rauten, gebratene 142
    -rolle mit Erbsen und Artischocken 106, *107*
Grissini di patate al sesamo 152
Grüne Bohnen siehe Bohnen
Grüne Erbsensuppe 66, *67*
Grüne Sauce 155
Gurken 14, *14*
    -cremesuppe 66

H

Hafer mit Spinat 102
Halbgefrorenes von Ricotta und Birnen mit Thymian 145, *147*
Himbeeren in Läuterzucker 135
Hirse *33*, 34
    mit Spinat 103
Hülsenfrüchte
    getrocknete 36, *37*
    Nährstoffe 113

I/J

Indivia, arance e radicchio rosso 122
Insalata tiepida di mais 110
Involtini
    di bietole 92
    di lattuga e miglio 103
    di peperone 60
Joghurt 44

K

Kardone 13
Karotten 14, *14*
    -brot 151
    gedünstete in Balsamessig 114
    -Haferflocken-Auflauf 104, *105*
    -Kürbis-Risotto 88
Karotten siehe auch Möhren
Kartoffel 18, *18*
    Gebackene Kartoffeln und Zwiebeln 128
    -Grissini mit Sesam 152
    -Kürbis-Soufflé 94
Käse 44, *45*
Käserolle im Kräutermantel 61
Kasha 34
Katzenzungen 142
Kichererbsen 36, *37*
    -Paprika-Salat, bunter 131
    -püree mit Tomaten 131
    -suppe mit Tagliatelle 69
    -Zwiebel-Salat, warmer 130
Kirschen 25
    in Weinsirup 144
Knoblauch 15, *15*
Kohl 13
Kräuter *38, 39*
Kürbis 20, *20*
    -Bohnen-Suppe 70, *71*
    Gartenkürbis 20
    -pudding mit Amaretti 138

L

Lamponi sciroppati 135
Lauch 16, *16*
Lenticchie al pomodoro piccante 132
Lenticchie allo zafferano 132, *133*
Lingue di gatto 142
Linsen 36, *37*
    mit Safran 132, *133*
    Pikante Linsen mit Tomaten 132
    -suppe 70
Lorbeer *38, 39*

M

Mais 34
Maismehl *33*
Majoran *38*, 40
Mandarineneis 145, *146*

REGISTER

Mandelmakronen 136
Mangold 20
  -rouladen 92
  -torte 92, *93*
Marmellata di prugne alla cannella 148
Maronen 26, *26*
  in Fenchelsirup 149
  -kuchen 140
Marroni al finocchio 149
Mayonnaise 156
Melanzane ripiene 97, *98*
Mele allo zafferano 135
Melone 28, *28*
Melonenbällchen in Mayonnaise 57
Mesticanza 26
Miglio agli spinaci 103
Milchprodukte 44
Minestra
  di cipolle e funghi 73
  di lenticchie 70
  di riso e prezzemolo 69
Minestrone alla pasta e pesto 74
Minestrone mit Basilikumsauce 74
Minze 41
Mohn 41
Möhren 14
  -Orangen-Saft 49
  -Sellerie-Saft 49
Mont Blanc 138
Montebianco di castagne 138
Mozzarella 45
Muskatnuß 41, *42*

N/O

Natives Olivenöl extra 46–48
Naturreis 34–35
Olio extravergine di oliva 46–48
Olivenöl
  natives Olivenöl extra 46–48
  Ölgewinnung 46
  Qualitätsprobe 46
  Säuregehalt 46
Orange 26–27, *26*
Oregano *38*, 41
Orzo
  e carciofi 108
  e ortiche 102
  in insalata 108

P

Palline di melone con maionese 57
Pane
  di carote 151
  integrale con semi e noci 151
Panzanella 111
Paprika
  -Käse-Rouladen 60
  -schoten mit Reisfüllung 58, *59*
Paprikaschoten siehe auch Gemüsepaprika
Parmesan 45
Passato
  di bucce di piselli 66, *67*
  di ceci con pomodoro 131
  di fagioli, salvia e limone 72
  di miglio e cavolfiore 68
Pasta 64
Pasta e ceci 69
Patate e cipolle gratinate 128
Patisson 20
Pecorino 45
Penne ai carciofi, fave e piselli 78, *81*

Penne mit Artischocken, dicken Bohnen und Erbsen 78, *81*
Peperoni
  pomodori e cipolle 116
  ripieni 58, *59*
Perlgraupen 32
Pesto 154
Pfannkuchensuppe 68
Pfefferminze 41
Pflaume 29, *29*
Pflaumenmus mit Zimt 148
Pikante Linsen mit Tomaten 132
Pikanter Auberginentopf 97, *99*
Pilze 16–17
Pinzimonio 13
Piselli
  alla paprica 122
  e lattuga 128
Pizza
  con cipolla e pinoli 86
  con funghi di bosco e ricotta 84
  con radicchio, peperoni e olive 84, *85*
  integrale con patate, cipolle e capperi 86
Pizza 65
  mit Radicchio, Paprikaschoten und Oliven 84, *85*
  mit Wildpilzen und Ricotta 84
  mit Zwiebeln und Pinienkernen 86
  Vollkornpizza mit Kartoffeln, Zwiebeln und Kapern 86
Pizzoccheri 32
Polenta 34
  mit Lauch 79
Polenta e porri 79
Pomodori
  e mozzarella 54
  ghiacciati 117, *119*
  ripieni di riso 88, *89*
Porree 16, *16*
Protein 44

R

Radicchio 19, *19*
  mit Minze 116
Radicchio alla menta 116
Radicchio, zucchine e indivia al gratin 95
Rape al gratin 96
Reis 33, 34–35
  Brauner Reisring mit Wildpilzen 109
  Braunreis 34–35
  Carnaroli-Reis 34
  -Erbsen-Gratin 87
  mit Linsen 110
  Naturreis 34–35
  -Petersilien-Suppe 69
  -pudding mit Rosinen 139
Ribollita 13
Ricotta
  mit Pistazien 62
  -Gratin mit Himbeeren 136, *137*
Ricotta ai pistacchi 62
Riso
  con lenticchie 110
  e piselli al forno 87
Risotto
  allo spumante 87
  con carote e zucca 88
Risotto 34, 65
  Champagner-Risotto 87
  Karotten-Kürbis-Risotto 88
Rollgerste 32

Rosenkohl 12
  und Maronen mit Thymian 95
Rosmarin *38*, 43
Rosmarinzöpfe 152, *153*
Rotkohl 13
Rotolo
  di formaggio alle erbe 61
  di semolino con piselli e carciofi 106, *107*
Rüben, weiße, überbackene 96

S

Safran 42, 43
Säfte 49
  Möhren-Orangen-Saft 49
  Möhren-Sellerie-Saft 49
  Saft aus Tomaten, Gurken und roter Bete 49
  Salat-Apfel-Sellerie-Saft 49
Sahne-Eis 148
Salat
  -Apfel-Sellerie-Saft 49
  Blattsalat 19, *19*
  Bunter Salat von Brot und Tomaten 111
  -rouladen mit Hirse 103
  -saucen 46–48
  Selleriesalat mit Parmesan 116
  von Chicorée, Orangen und Radicchio 122
  von Hafer, Karotten, Sellerie und Radieschen 104
  von Karotten, Rucola und Oliven 120
  von Paprikaschoten, Zwiebeln und Tomaten 116
  von roten Beten und jungem Spinat 120
  Warmer Kichererbsen-Zwiebel-Salat 130
  Warmer Salat von gedämpftem Maisgemüse 110
Salbei 43
Salbeisorbet 135
Salsa
  besciamella 154
  di pomodoro al basilico 155
  di vino 158
  maionese 156
  verde 155
  vinaigrette 157
Sauce, Grüne 155
Schokoladentorte 143
Schwarzkohl 13
Sedano e parmigiano 116
Sellerie
  mit Walnüssen in Safrangelee 61
  -salat mit Parmesan 116
Semifreddo di ricotta e pere al timo 145, *147*
Sformatino di melanzane 56
Soffritto all' origano 156
Soffritto mit Oregano 156
Sorbetto alla salvia 135
Spaghetti aglio e noci 78, *80*
Spaghetti mit Knoblauch und Walnüssen 78, *80*
Spargel mit warmer Brotsauce 122, *123*
Spinat 19, *19*
  -Ricotta-Gnocchi 82
Spumini alle mandorle 136
Squash 20

T

Tagliatelle con zucchini, peperoni e carote 79
Tagliatelle mit Zucchini, Paprika und Karotten 79

Taglierini, hausgemachte, in Zucchinisauce 75
Taglierini in salsa di zucchine 75
Terrina di ricotta e lamponi 136, *137*
Thymian *38*, 43
Tomaten 21, *21*
  -bomben mit Mayonnaise 57
  geeiste 117, *119*
  mit Mozzarella 54
  mit würziger Reisfüllung 88, *89*
  -sauce mit Basilikum 155
Torta
  di bietole 92, *93*
  di carote all'avena 104, *105*
  di cioccolato 143
Tortino
  di cipolle, patate e uova 94
  di patate e zucca 94
Trecce al rosmarino 152, *153*

V

Vanillesauce, cremige 158
Vialone Nano-Reis 34
Vinaigrette 157
Vollkornkranz mit Joghurt 139
Vollkornpizza mit Kartoffeln, Zwiebeln und Kapern 86

W

Wacholderbeeren 40, *42*
Wacholderöl 40
Warmer Kichererbsen-Zwiebel-Salat 130
Warmer Salat von gedämpftem Maisgemüse 110
Wein 49
  -schaumsauce 157
  -sirup 158
Weiße Rüben 21, *21*
Weiße Rüben, überbackene 96
Weizen 33, 35
  -vollkornbrot mit Nüssen und Samen 151
Wildpilze 16–17
Winterkürbis 20
Wirsing 13, *13*

Z

Zabaione 157
Zarte dicke Bohnen mit Frühlingszwiebeln und Pecorino 124, *125*
Zimt 40, *42*
Zitronen 26–27, *27*
  -creme mit Beeren 140, *141*
  -gelee mit Veilchen und Brombeeren 144
Zitrusfrüchte 26–27, *26–27*
Zucchine al forno 124
Zucchini 20
  gebackene 124
Zuppa
  di fagioli e farro 72
  di fagioli e zucca 70, *71*
Zwiebel 17, *17*
  -Champignon-Suppe 73
Zwiebelchen süß-sauer 62
Zwiebeln mit Spinatfüllung 100, *101*
Gebackene Zwiebeln mit Balsamessig 56